南京大学中国语言战

语言资源与语言规划丛书

徐大明　方小兵　主编

语言规划与语言教育
Language Planning and Education

[英] 吉布森·弗格森　著

张天伟　译

赵守辉 审订

国家"双一流"建设学科"南京大学中国语言文学艺术"资助项目
江苏高校优势学科建设工程"南京大学中国语言文学"资助项目
江苏省2011协同创新中心"中国文学与东亚文明"资助项目

外语教学与研究出版社
北京

京权图字：01-2017-9071

© Gibson Ferguson, 2006
Language Planning and Education by Gibson Ferguson, originally published by
Edinburgh University Press, Edinburgh: 2006

图书在版编目（CIP）数据

语言规划与语言教育 ／（英）吉布森·弗格森（Gibson Ferguson）著；
张天伟译. -- 北京：外语教学与研究出版社，2017.12（2021.7重印）
（语言资源与语言规划丛书 ／ 徐大明，方小兵主编）
ISBN 978-7-5135-9691-6

Ⅰ. ①语… Ⅱ. ①吉… ②张… Ⅲ. ①语言规划－研究②语言教学－
研究 Ⅳ. ①H002②H09

中国版本图书馆 CIP 数据核字 (2017) 第 310973 号

出 版 人　徐建忠
责任编辑　张立萍
封面设计　高　蕾
出版发行　外语教学与研究出版社
社　　址　北京市西三环北路 19 号（100089）
网　　址　http://www.fltrp.com
印　　刷　北京虎彩文化传播有限公司
开　　本　710×1000　1/16
印　　张　16.5
版　　次　2018 年 5 月第 1 版 2021 年 7 月第 3 次印刷
书　　号　ISBN 978-7-5135-9691-6
定　　价　55.00 元

购书咨询：（010）88819926　电子邮箱：club@fltrp.com
外研书店：https://waiyants.tmall.com
凡印刷、装订质量问题，请联系我社印制部
联系电话：（010）61207896　电子邮箱：zhijian@fltrp.com
凡侵权、盗版书籍线索，请联系我社法律事务部
举报电话：（010）88817519　电子邮箱：banquan@fltrp.com
物料号：296910001

记载人类文明
沟通世界文化
www.fltrp.com

和谐语言生活　减缓语言冲突

——序"语言资源与语言规划丛书"

　　语言（也包括文字）职能主要分工具和文化两大范畴，且这两大范畴又都有显隐二态。就工具范畴看，语言作为显性的工具是用于交际，作为隐性的工具是用于思维。就文化范畴看，语言既是文化的重要组成部分，同时也是文化最为重要的承载者，这是语言的显性文化职能；语言的隐性文化职能是起到身份认同、情感依存的作用。

　　百余年来，中国因语言国情所定，一直侧重于从显性工具的角度规划语言，要者有四：其一，统一民族语言和国家语言，消减因方言、语言严重分歧带来的交际障碍。其二，进行汉字的整理与改革，为一些少数民族设计文字或进行文字改革；当年还为这些文字全力配置印刷设备，近几十年专心于进行面向计算机的国际编码，使中华语言文字进入电子时代。其三，探索给汉语拼音的各种方法，最终制定了《汉语拼音方案》，使国家通用语言有了优越的拼写和注音工具。其四，大力开展外语教育，以期跨越国家发展中的外语鸿沟。这些语言规划，保证了国家政令畅通，为各民族、各地区甚至为海内外的相互交流提供了方便，为国家的信息化奠定了基础，为建设中华民族共有的精神家园做出了贡献。

　　这些语言规划主要是改善语言的工具职能，当然也兼及语言的文化职能，比如一些少数民族的语音、文字规范化工作等。当今之时，普通话作为国家通用语言，已经成为毋庸置疑的强势语言，全国已有 70% 左右的人口能够使用；文化大发展大繁荣已是响彻大江南北的时代强音。当此之时，当此之世，语言规划也应当以时以势逐渐调适：国家通用语言文字的工作重心应由"大力推广"向"规范使用"转变；语言规划在继续关注语言工具职能的同时，要更多关注语言的文化职能。

　　规划语言的文化职能，首先要坚持"语言平等"的理念。语言平等是民族平等的宪法精神在语言政策、语言观念上的体现。要尊重各民族的语言文字、珍重各民族的方言，同时也要平心对待外国语言文字。

其次要具有"语言资源"意识。中华民族的语言文字（包括方言土语），贮存着中华民族的历史过程和"文化基因"，镌刻着"我是谁？我从哪里来？"的文化身世说明书，滋养着弥足珍贵的非物质文化遗产，必须科学卫护她，传承研究她，开发利用她。

再次要理性规划"语言功能"。由于历史上的多种原因，各语言的发育状态和能够发挥的语言职能是有差异的，比如，在使用人口多少、有无方言分歧、有无民族共同语、有无文字、拥有的文献资料、适用的社会领域等方面，都各不相同或者大不相同。因此，应在"语言平等"理念的基础上，根据语言的实际状态进行合理有序的语言功能规划，使各种语言及其方言在语言生活中各自发挥其应当发挥的作用。

最后要遵循"自愿自责，国家扶助"的方针。民族区域自治制度是中国的基本政治制度之一，宪法规定"各民族都有使用和发展自己的语言文字的自由"，各民族如何规划自己的语言，民族自治地方如何规划自己的语言生活，应当按照本民族本地方的意愿进行决策，并为这些决策负责。当在进行和实施这些决策而需要国家帮助时，国家应依法提供智力、财力等方面的援助与扶持。

中国是多民族、多语言、多方言、多文字的国度，拥有丰富的语言文字资源，但也存在着或显或隐、或锐或缓的多种语言矛盾。对这些语言矛盾认识不足，处理不当，就可能激化矛盾，甚至发生语言冲突，语言财富变成"社会问题"。语言矛盾是社会矛盾的一种，也是表现社会矛盾的一种方式，甚至在某种情况下还是宜于表现社会矛盾的一种方式。近些年，中国的各项改革都进入了"深水区"，语言矛盾易于由少增多、由隐转显、由缓变锐，许多社会矛盾也可能借由语言矛盾的方式表现出来，因此，中国也可能进入了语言矛盾容易激化甚至容易形成语言冲突的时期。

在这一新的历史时期，科学地进行语言规划，特别是重视对语言文化职能的规划，重视从语言的隐性文化职能上进行语言规划，就显得尤其重要。这就需要深入了解语言国情，工作做到心中有数，规划做到实事求是；这就需要着力研究语言冲突的机理，透彻剖析国内外语言冲突的案例，制定预防、处理语言冲突的方略，建立解决语言矛盾、语言冲突的有效机制；这就需要密切关注语言舆情，了解社会的语言心理及舆论动向，见微知著，提高对语言冲突的防范应对能力。当然从根本上来说，还是要提高全社会的语言意识，树立科学的语言观，特别是树立科学的语言规范观和语言发展观，处理好中华各语言、各方言之间的关系，处理好本土汉语与域外汉语的关系，处理好母语与外语的关系，构建和谐的语言生活，并通过语言生活的和谐促进社会生活和谐。

中国的改革开放表现在方方面面，但更重要的是思想上、学术上的改革开放。语言规划是社会实践活动，同时又是一门科学。徐大明先生具有中外语言学背景，不仅自己学有专攻，而且数年来一直致力于中外的学术交流与合作，具有学力、眼力和行动力。他所主持的"语言资源与语言规划丛书"此时出版，恰得其时，相信能为新世纪的中国语言规划起到重要的学术借鉴作用。

李宇明

2012 年 12 月 12 日

序于北京惧闲聊斋

中文版前言 [①]

　　此书的撰写缘于爱丁堡应用语言学系列教材丛书编辑、已故知名教授阿兰·戴维斯（Alan Davies）和基思·米切尔（Keith Mitchell）的盛情邀请。当时我在爱丁堡大学负责应用语言学硕士项目，并面向英国学生和国际学生开设了"语言规划与语言教育"课程。后来，我到谢菲尔德大学工作，又为研究生和本科生开设了类似的课程。本书的部分内容就源自这些课程的讲义。因为选修硕士课程的许多学生会涉及教学和教育，所以我想重点强调语言规划与教育的特殊联系是很有用的。本书主要涉及以下话题：非洲和其他地区的教学媒介语、美国的双语教育、新英语的出现及对教学的启示等。全书主要关注英语，这是因为在研究生项目中，我遇到的学生大多准备今后从事英语教学，而且英语已经快速发展为全球通用语。

　　自本书出版以来，语言规划领域（即现在经常提及的语言政策领域），随着一些新著作和新期刊的出现，如《欧洲语言政策期刊》等，已经逐渐变成一个热门领域。语言政策的研究范围在持续扩大，包括了如商业、健康、法律、军队、宗教和家庭等多个领域，所涉国家和区域的数量也是与日俱增。同时，这个领域的文献也变得非常多，语言政策已成为应用语言学领域内的一个极其重要的学科。

　　语言政策的理论研究也有重要进展。例如，英语作为通用语（ELF）理论越发成熟，人们对语言政策的规范性研究、语言与认同研究的兴趣持续增加。经济学家、社会学家和政治学家的贡献使得这一领域的交叉学科性质日益凸显，超过以往任何时候。同时，语言政策领域也对由全球化和移民国家带来的社会语言学研究效应更加感兴趣，如常见于被广泛讨论的多语制及其他相关话题，包括语言接触、语码转换和超语言等。

　　尽管语言政策研究领域发生了这么巨大的变化，教育仍然是这一领域的核心问题，也是本书的主要话题，其中包括教学媒介语的选择、少数民族语言语境中的双语教育、全球英语的不同标准等，这些重要的话题依旧

---

① 本书所有脚注均为译者注，下文不再注明。原书注释均以尾注形式出现。

充满活力。就像这本书里很多地方提到的一样，在语言规划领域，在归属与机会、认同和广泛交际间仍存在着持续的冲突。尽管本领域的文献与日俱增，但我认为，推出一本针对高水平读者的导论还是很有必要的，这也是撰写本书的出发点。我认为《语言规划与语言教育》与研究语言政策与规划的学者至今仍然密切相关，包括中国学者在内。在中国，语言政策与规划是一个日益活跃并不断拓展的领域，我相信，很多学者会对许多话题表现出强烈的兴趣，如中式英语的角色，以及在从小学到大学的教育体系中，英语作为教学媒介语的使用问题等。此外，本书讨论的其他一些话题，如语言与国家、国语的推广、国语和方言的关系、少数民族语言在教育中的地位等，也会引发中国学者的兴趣。

这本书能够被翻译为汉语，我很高兴，也很荣幸。我特别感激北京外国语大学张天伟博士承担翻译本书的艰苦工作，还要感谢外语教学与研究出版社出版此书。

吉布森·弗格森（Gibson Ferguson）

2017 年 12 月

于谢菲尔德

目　录

自 序

本书是爱丁堡大学应用语言学系列丛书中的一本。因为本书的主题是语言规划与语言政策，属于应用语言学学科，所以重点探讨了与教育相关的问题，以及语言规划与教育之间的关系问题。

由于本书的定位是应用语言学专业领域中的一本高年级导论，我们假定读者已经对一些基本的社会语言学概念和知识有所了解。我们希望本书受众面广，能够成为语言规划领域硕士课程的基础内容，或能为对这一研究领域感兴趣的学者提供基础的文献资料。此外，本书的内容也会吸引应用语言学家、语言教师和教育政策制定者。

正如其他学者所言，语言规划或语言政策，无论是在地理上还是在概念上，都是一个研究范围非常广泛的跨学科领域。任何一本书都只是涉猎其中一个小小的领域，本书也不例外。有鉴于此，当我们介绍位于不同地区，如欧洲、北美洲、非洲和亚洲的语言规划活动时，不可避免地会有所遗漏，例如拉美地区和阿拉伯地区的语言规划内容在书中几乎没有提及。

同样，书中所探讨的问题在研究范围上的纰漏也在所难免。比如对语言权利规范理论的详细讨论在书中就没有提及。尽管如此，本书对当代语言规划和语言教育的一些核心问题都尽量有所论及。

各章主要内容

本书前两章分别介绍了过去五十年间语言规划的发展概况及一些关键概念，为接下来的两章（第3章和第4章）中的移民和土著少数民族语言规划及政策问题提供相关背景。

第3章主要从教育和政治维度对美国语言小族的双语教育问题进行探讨。之所以要聚焦研究美国，一是除了加拿大以外，美国双语教育的语境和背景鲜见于其他地区，而且学界对其多样化的双语教育形式及其效果进行过翔实的研究，积累了大量的高质量文献资料。二是最新的进展（如《第227号提案》）清楚地揭示了目前双语教育政策的一个核心议题就是对大规模移民时代国家认同的重新建构。

　　第 4 章将研究语境与主题转移到对欧洲区域土著少数民族独特的文化和语言的探讨。第 4 章第一部分总体概述了语言的衰落和复兴；第二部分聚焦于两个凯尔特语言小族威尔士语和布列塔尼语的个案研究，探讨它们走向复兴的不同方式和不同动因。

　　第 5 章主要关注英语在全球范围内广泛传播的不同动因和效果，特别探讨了英语的扩张对其他语言和文化造成的影响及各种不平等现象。其中一个值得注意的议题是，语言政策本身并不能抑制英语的传播。因此民主化也许可视作更现实的管理或减轻负面影响的方式之一。

　　第 6 章依然聚焦英语，但更关注与教学直接相关的政策。本章讨论了伴随英语广泛传播而出现的其他现象，如英语的语言多样化、新英语（New Englishes）、英语作为通用语，以及在世界范围内选择合适的英语教学模式等问题。

　　本书之所以比其他语言政策类的著作更关注英语，是因为英语已成为全球主导语言，很多读者可能会成为或已经成为从事英语教学工作的老师，他们对自己的工作如何与广泛的政策问题相互联系更加感兴趣。当然，对英语在全球传播的反应本身就是世界各地政策辩论中的一个主要议题。

　　最后一章，也就是第 7 章，我们将探讨教育领域中语言规划的一些主要议题，如发展中的后殖民主义国家应该选择使用哪种语言作为教学媒介语的问题。这一章讨论了促使英语作为教学媒介语的社会政治和经济因素。尽管使用英语作为教学媒介语存在着明显的教育缺陷，但上述因素强烈地限制了进行彻底政策改革的可能性，因此应用语言学家需要采取具有实际措施的调研，以完善和支持改革。作为一种过渡，这些措施能够在一定程度上减少使用外语作为教学媒介语的不良影响。

　　在本书的第 3 章至第 7 章，一个反复出现的主题是地方与国家或全球间的紧张关系、认同与出路间的紧张关系，以及归属和机会间的紧张关系。在语言领域，这些问题通常表现为语言间的彼此对立。毫无疑问，最普遍的应急解决方案是双语制，包括个人多语制和国家层面的机构双语制。这种解决方案背后的理念是：当一种语言用于维护认同时，另一种语言，通常是广泛交流所使用的语言，往往用于在更广阔的世界中提供机会和出路。然而这种方案并非完美。首先，个人多语制并不容易保持，另外社会双语制或多语制并不总是适合传统民族观念与国家认同。此外，双语制并不稳定，如第 4 章所述，有时两种语言会转变为一种主导语言。双语制的稳定性通常指语言间在功能上相互区别，但是双语制也可以在公共和正式场合中表现为主导语言影响其附属语言。最后，要想准确地区别语言的认同功能与实用功能，并把它们整齐地分配给不同且互补的语言，也确非易事。

如上所述，其他选择，通常是单语制，也不是一个好方法。赖特（Wright 2004）认为，单语制一方面会导致局限性与狭隘主义，另一方面也会导致多样性的丧失乃至社会混乱。坚持双语制，可能是弊端最小的路径，就像我们在后续章节中要讨论的一样，双语教育作为一种教育选择将会被更积极地思考和更多地研究，而不只是过去某个阶段的一个案例。

致　谢

感谢在我撰写此书过程中所有帮助过我的人。不管是对我的书稿提出修改建议，还是在多年来的讨论中帮助我理解语言规划中的各种问题，都不是一件容易的事。事实上，如果没有他们的帮助，我不可能完成这部著作。这里我要特别感谢这套系列丛书的编辑阿兰·戴维斯教授（Alan Davies）和基思·米切尔教授（Keith Mitchell），感谢他们在我撰写此书稿过程中给予的耐心支持，以及对书稿各个章节的细心的建设性反馈。

我还要感谢我在爱丁堡大学的同事，以及在爱丁堡大学和谢菲尔德大学选修我的"语言规划"课程的学生，他们的评论和反馈也加深了我对语言规划各种问题的理解。最后我还要感谢我的妻子凯伦（Karen），没有她的鼓励和支持，这本书可能至今还难以与读者见面。

第 1 章　语言规划学科：历史概览

　　"语言规划"（language planning；LP）既指语言规划实践，又指学术研究领域。前者是由政治家、语言学家等对语言使用和语言形式的有组织的介入（Christian 1989：193），后者是对语言规划实践的学术研究。在第 1 章导论中，我们聚焦于后者，首先梳理大半个世纪以来语言规划学科的变化；其次，将述评这个学科中用于描述和理论化语言规划活动的概念和术语。下面首先探讨学科的产生。

1.1　语言规划学科的早期阶段

　　语言规划是一门相对较新的学科。豪根（Haugen 1959，1966a）在描述 1814 年挪威从丹麦独立后制定新的标准国语规划中首次使用了"语言规划"这一术语（Karam 1974：105；Fettes 1997：13）。

　　在早期阶段，一些关注新生国家的去殖民化和语言问题的研究主要反映在这一时期经典的语言规划著作上，如《发展中国家的语言问题》（Fishman，Ferguson and Das Gupta 1968）、《语言可以被规划吗？发展中国家的社会语言学理论和实践》（Rubin and Jernudd 1971）、《语言规划的进展》（Fishman 1974a）。费什曼（Fishman 1974b：79）将语言规划定义为"对语言问题解决方案的有组织的追求，特别是在国家层面"。在此文献中，"国家层面"指在国家建设中语言规划的历史重要性。此外，语言规划与国家认同的形成过程密切相连，包括语言标准化。

　　非洲和亚洲去殖民化国家被认为是语言规划与政策特别适用的地区，一部分原因在于这些国家的语言地位分配模式与欧洲老牌国家相比更加灵活、不固定，可以为理论应用于实践提供机会；另一部分原因是新兴国家面临的挑战非常明显，这些挑战包括现代化和发展、更多的国家治理民主形式的出现、传统国家建设等等。传统国家建设指的是建设一个有凝聚力的国家，培养其公民对国家忠诚，而不是更具地方民族主义倾向的国家。最后一种挑战是民族国家建设的问题，这个挑战更大。由于新兴国家继承了殖民时期遗留的人为的、随意确定的地理边界，以及由此产生的多语和多文化问题，因此，新兴统治精英没有可以借鉴的、预先存在的民族和语言凝集力去塑造新的国家认同。

从语言政策视角分析这个问题，费什曼（Fishman 1968：7）曾描述过**"民族主义"**（nationalism）和**"国家主义"**（nationism）[①] 的矛盾。"民族主义"以培养国家认同（正统性）为目的，超越"民族和文化特殊主义"（ethnic–cultural particularisms），支持将某一土著语言定为国语，使之成为国家认同的象征。"国家主义"则为了保证行政和经济管理的高效和政治稳定，倾向于选择非土著的、非正统的前殖民地语言作为官方语言。

在一个理想的世界里（"理想"这一说法是基于欧洲民族主义者的解决方案），具有认同功能的用于国家管理的官方语言和国语，应该是唯一并且统一的语言，但是这种解决方案很难实现，特别是在非洲。不过，在时间允许的情况下，"民族主义者"（nationalist）的要求可以得到满足，他们可以通过仔细的语言规划，逐渐取代前殖民地语言的官方地位和交际用语地位（Fishman 1968：7）。

实际上，这种希望还没有实现，在大多数后殖民国家，英语和其他宗主国语言，如法语和葡萄牙语等，仍保留着国语和教育语言的地位。在后独立时期，这一语言规划的正当性有其实际理由：新兴国家大都处于贫穷和支离破碎的状态，不具有丰富的自身经验去实施彻底的政策变革。改变教育中的语言媒介（即教学媒介语），意味着需要更多的准备，尤其是要再培训教师，花费人力物力对教材进行再设计。第二个正当理由是政治上的：对任何土著语言的地位分配，以及对某些土著语言官方功能的规划，都可能引发对官方偏袒某一族群的谴责，威胁新政治领导人努力加强的国家统一的意图。

在这些理由的背后，也隐含着不便公开的其他考量。保留前殖民语言可以减少民族分裂的风险，却仍无助于消弭社会经济上更大的不平等，反而助长了对统治精英者权力的巩固。因为他们正是由于具有英语或法语能力而获得特权地位。由于通过教育获得这些语言的途径有限，其他人很少有条件能够通过正规教育途径习得前殖民语言。

上述情况也有例外，很多国家很可能认同一种土著语言，既象征区别性的、正统性的国家认同，又服务于官方功能。常被列举的案例是坦桑尼

[①] nationism 在这里译为"国家主义"，与"民族主义"（nationalism）相对应。Statism 也指"国家主义"，但该词在政治学上另有意义。这里暂不详细探讨三者的区别。

亚、印度尼西亚和马来西亚。（见 Wright 2004；Foley 1997；Omar 1992）。作为一个存在已久的地方通用语，斯瓦希里语以班图语语法为基础，且拥有相对较少的母语使用者居民，该语言在高度异质化的坦桑尼亚却很适合作为一种国家官方语言，因为这种角色，其很快被选为官方语言。[1] 同样的情况发生在印度尼西亚，同坦桑尼亚一样，只是程度更加明显，它也面临着民族和语言群体的多样性问题，这些群体分布在 5000 平方千米范围的群岛上。在这里，早期的民族主义者领导更倾向使用马来语（Bahasa Malaysia）这个变体（也叫作印度尼西亚语 Bahasa Indonesia），而不选择处于统治地位的民族语言，例如爪哇语。[2] 马来语的优势是，其作为一个已经建立的且具有一定声望的区域通用语，不与某一优势族群相联系，历史上却又可以代表伊斯兰教。因此对于种族构成复杂的印度尼西亚人来说，马来语具有更为广泛的可接受性和可及性。在后独立时期的马来西亚，在十年过渡期内，英语仍被作为官方语言，直到 1967 年一个语言法案通过，马来语才发展为唯一的官方语言（Omar 1992：113）。不久后，通过教育系统，马来语也成为教学媒介语。值得注意的是，2003 年马来西亚政府决定重新加强英语的地位，将英语作为中学数学和科学课程的教学媒介语。

尽管这三个案例都与强大的语言规划介入有关，可以视作语言规划的成功案例，但是其更大的前景（整体上看）却显得很黯淡。在很多后殖民非洲国家经济独立后的几十年来，语言规划先是停滞不前，之后在 20 世纪 80 年代全面崩溃。很多国家进入了因种族冲突引起内部纷争的时期，在 20 世纪 80 年代末和 90 年代初，极端的个案包括一些国家政权的彻底崩溃（例如索马里、塞拉利昂、利比里亚和刚果）。

由于上述规划失败的案例，人们对各种规划包括语言规划的信心大为减弱，甚至消散。而以往正是这种对规划效益的信心，催生了早期在发展中国家进行语言规划的努力。接下来学术思潮的改变也不再鼓励这种尝试。到了 20 世纪 80 年代，知识分子们的关注点不再是与国家发展的宏大工程相关的语言规划研究。

1.2 对语言规划的批评

到 20 世纪 80 年代和 90 年代初，语言规划作为一门学科和实践面临来自马克思主义、后结构主义和批评社会语言学等理论的大量批评。诸如：语言规划假借意识形态上的中立和客观性取向，走"技术理性"路线和追求"技术上的效能",实际上是为权势精英的利益服务。这种技术理想主义实践掩盖了语言规划所负荷的价值取向和意识形态,进而忽视语言规划所包含的权力关系和对社会经济平等带来的不可避免的影响等(Luke,McHoul and Mey 1990:25;Williams 1992)。

在处理新兴非洲国家的语言问题时,语言规划被批评套用了传统欧洲民族国家的概念,认为公民团结在一种共同标准语言的大旗之下。这一概念强调国家、民族、语言的一致性,不可避免地帮助宣传了一种思想——多语制是低效和分裂的潜在因素。正是这种认识,为语言规划规范和强制语言使用之类的干预提供了理由。班博塞(Bamgbose 1994:36)在其常被引用的一段话中,强有力地指出了这一点。他还指出,实际上共同语言本身并不会产生国家统一的结果,他说:

> 在非洲,我们似乎非常痴迷数字"一"。我们不仅只需要一种国语,我们还只需要一个政党。这种错误的观念使人们相信多民族、多语言和多元文化社会可以通过一种语言和一个政党实现社会文化和谐和政治统一。

另一些批评是针对语言规划将语言物化的倾向。即语言规划把语言视为"就在那里"的自然物,是独立的实体(Blommaert 1996;Ricento 2000b)。最近,语言规划的最新观点与此形成了鲜明的对比,认为语言是政治建构的(Joseph 2004:125),是以语言的人为命名(如马来语、斯瓦希里语和英语)作为保护不同语言实践的标签(Wright 2004:98)。以非洲为例,语言的物化表现支持各国对一些语言进行分类,例如,赞比亚有41种语言,坦桑尼亚有125种,加纳有54种,等等。这样通过对观念的影响,凭空创造出了并非真实存在的多语主义,人为建造了一座名副其实的巴别塔[①],也为语言规划者规范多语制和"消除语言社会复杂性"提供了论据(Blommaert 1996:212)。然而,正如马科尼和迈因霍夫(Makoni and Meinhof 2003:7)所言,这些不同的语言都是某些决策的产物,这些决策破坏了语言作为连续体的存在,在非洲的例子里,这些由"局外人做出的决策忽视了当地群体的社会语言认同"(Makoni and Meinhof 2003:7)。[3]

虽然上述批评并非都经得起推敲,但他们的批评取得了一个叠加的效

---

① 源自《圣经·旧约·创世记》中的一个故事,叙述人类产生不同语言的起源。

果。到 20 世纪 80 年代末，作为一门独立学科，语言规划的声望有所减弱，其发展方向几乎（实际是确定无疑）是在走下坡路。就连语言规划这个术语本身在过去和现在都给人一种操纵者、实证主义的社会工程学和技术理性等不受欢迎的印象。

1.3 语言规划和语言政策的复兴

特别引人注目的是近期语言政策和规划研究的复兴，最明显的例子是 2000 年和 2001 年出现了两个新期刊，它们围绕《语言规划和语言政策中的当前问题》和《语言政策》的主题进行了讨论。2004 年，还有两本著作出版（Wright 2004 和 Spolsky 2004）。

至于语言规划复兴的原因，人们需要了解 20 世纪末地缘政治发展对语言规划提出的新挑战。这实际上是以问题为导向的十足的政治学研究路径。特别是这些发展为语言政策研究的语境带来了如下变化：

1. 苏联和东欧的解体（1989—1991）以及冷战的结束。这一变化产生了两个重要结果：民族主义复兴以及中亚地区（如哈萨克斯坦、乌兹别克斯坦等）、前南斯拉夫地区（如斯洛文尼亚、克罗地亚等）和波罗的海地区（如爱沙尼亚、拉脱维亚、立陶宛）的新兴国家独立。这些国家进入了新的民族国家建设和认同建构阶段。这一巨变导致语言规划的研究方法与之前主要关注去殖民化和早期阶段欧洲民族国家形成有很大的不同，这些问题主要包括官方语言的选择、标准化和纯洁化。

还可以这样认为，冷战的结束间接地加快了非洲最终的、正式的去殖民化，特别是在纳米比亚和南非，[4] 这两个国家正开展着紧张而持续的语言规划工作。例如，南非在 1996 年的后种族隔离宪法赋予了 11 种语言的官方地位，[5] 并指定新成立的语言规划机构（泛南非语言委员会[①]）承担提高土著语言地位的任务。

2. 与上述发展不相关的情况是，一些老牌欧洲小国出现了民族和区域语言复兴的事件。例如，英国给予威尔士和苏格兰政治自治权；西班牙给予加泰罗尼亚和巴斯克地区自治权。同时，威尔士语、加泰罗尼亚语、巴斯克语等的地位被重新评估，在某些情况下，它们获得了在当地与主导多数语言相同的地位。

---

① 该机构全名为 Pan South African Language Board（PANSALB），其宗旨主要是为促进多语制，发展 11 种官方语言，保护南非的语言权利。

少数民族民族主义复兴的原因是复杂和模糊的。赖特（Wright 2004：201）认为，全球化一方面导致民族国家的弱化，另一方面巩固了超国家的经济、政治和军事机构（如欧盟和北约）的实力，这两个变化共同为地区和国家的少数民族提供空间来表达他们的独特认同并要求相同程度的政治自治。这就出现了新的问题，即对分离地区认同的不包容和欧盟成立之初倡导的民主原则形成的不可调和的矛盾。不过，不仅是民主理想主义的问题，许多欧洲政府开始相信，给予某些地区一定程度的政治和文化自治权是消解少数民族民族主义的有效方式之一，长远来看可以维护国家统一。[6]

然而，另一种分析认为，对欧洲土著语言的关注显著推动了语言规划和政策研究。其中一些研究从传统民族国家建设视角关注更小的、国家以下级别的语言问题，以维护语言的纯洁性，或通过语言社区推广标准语。[7]然而，公平来说，主要关注点仍是少数民族语言的复兴和再次向公众引进，以及通过学校和成人教育传播语言知识（见第4章）的问题，之前这些语言一直被排除在公共领域之外（如已知的西班牙的"正常化"进程）。

上述这些变化还伴随着少数民族语言在地区、国家和超国家层面的立法（例如，"1992年《欧洲区域或少数民族语言宪章》"），以及部分政治理论家（如 Kymlicka and Patten 2003）对语言权利规范性理论逐渐产生的兴趣。对语言规划者而言，他们的工作反映其研究的跨学科性质，研究成果愈发有指导意义。

3. 第三个可以再塑语言规划研究的全球发展可以归结于"全球化"。这一时尚术语是当前在大量文献作品中涌现的时尚概念。最初人们对这一现象到底是否存在有过辩论，全球化究竟是一个神话还是一个时代根本的动力源，抑或二者都不是，这个问题大体确定了下来。全球化的支持者吉登斯（Giddens 2004）确信，全球化是真实存在的，并不是神话，是一个真正的新现象而不是旧现象。虽说如此，全球化具有在物质、文化和认知方面的多重性，对其特征的界定，毫无疑问还没有明确。但是，有一些相关的术语可以说明全球化的特征，如"远程行动"、去边界化、时空压缩、持续增加的人与资本的流动性、相互依存和一体化，以及民族国家的弱化倾向等（Held and McGrew 2003：3）。

幸运的是，语言规划和政策允许有选择性的关注与语言有关的其他方面，其中对如下三个方面有简要介绍：

移民：众所周知，北美、欧洲和澳大利亚接收越来越多的移民，致使这些地方，特别是城市的多语多文化程度越来越高。历史上，大多数西方国家对移民采取的是同化政策，主要发生在教育和公共领域。具体而言，他们鼓励甚至有时候是迫使移民学习主流语言，同时容忍私下的非公共领域使用少数民族语言。

历史上，这些同化主义政策一直在社会语言学范式下进行研究，关注点包括由语言迁移引起的第三代少数民族语言能力的丧失。但最近的研究进展使人们怀疑这种模式是否会持续下去，这里的一个重要因素是近期移民规模的扩大。少数民族社区规模的扩大致使许多成员只使用本民族语言，或者主要使用本民族语言就能生活。另一个原因是人们对多元文化表现出的自信，使少数民族相信在公共领域应该更多地表现自己的语言和认同。第三个因素是跨国主义产生的影响，例如，现在的移民与其原籍国保持着更密切的联系。

对于某些人来说，[8]上述变化对传统意义上的民族认同构成了巨大的挑战；对于另外一些人而言，这代表了传统上与民族国家政治相联系的单一文化主义的破除。无论偏好哪种分析，毫无疑问，语言政策特别是语言教育政策（见第 3 章）争论的重心落在如何更好地管理当代流向西方国家的移民，从而促进了语言规划在这一领域的讨论。

土著语言的丧失：很多人关心，全球将有 90% 以上的土著语言面临消失，其后果对语言多样性将造成极为不利的影响。大多数土著语言是没有文字的，并且只在贫穷落后的边缘社区中使用（Nettle and Romaine 2000；Crystal 2000）。迄今为止，这些语言的濒危和消亡与全球化直接相关。说这些语言的人由于地理的隔绝和社会经济的边缘化，没有融入主流社会的机会。这些问题的解决需要不断增强互联互通、城镇化，以及与全球化相关的时空压缩。

然而，我们的目的不是停留在讨论因果关系（见第 4 章更全面的讨论），而是通过突出这些实际问题，展示其对更多的知识分子积极参与探讨语言政策和规划问题的刺激作用。实际上，对于那些采用语言生态学视角（见 Mühlhäusler1996，2000；Phillipson and Skuttnab-Kangas 1996）的研究者来说，保存语言多样性是重中之重，甚至是超越一切的，是语言政策研究的目标。同时，土著语言的消失伴随上述提到的移民现象，又为政治理论家研究多元化、多样性和少数民族权利问题增添了语言学视角。

英语的全球传播：与全球化有关的最显而易见的变化是英语的全球传播。对这一现象的因果关系的讨论将继续存在（见第 4 章），正如斯波斯基（Spolsky 2004：91）所论，世界各地的决策者都必须处理这一问题，但做法是千差万别的，取决于各个国家的政治和社会语言状况，以及对英语的认知和看法。如英语被认为是对语言多样性和保持民族语言活力的威胁，或是英语作为一种获取技术知识的手段，或是有效的世界通用语言，或是上述看法兼有。在大部分案例中，就国家政府而言，即使像法国这样曾经抵制英语传播的国家也觉得有必要调整语言教育政策，以满足大多数居民对英语语言技能的需求。这些都说明了语言政策制定者在语言传播强大动力方面的控制能力是有限的。①

4. 最后一个对语言政策／规划发展具有重要意义以及产生丰富研究成果的因素是（例如，Coulmas 1991，Phillipson 2003）超国家政治实体（如欧盟）的出现。2004 年 5 月，欧盟新接收了 10 个新成员国，成员国总数增加到 25 个国家，欧盟官方认可并被欧盟机构和公民用作交流的官方语言数量从 11 种增加到 20 种。

毫无疑问，语言多样性被视为欧洲文化遗产的一部分，同时也给欧盟带来了相当多的挑战，诸如需要雇佣大量口译员和笔译员以满足欧盟委员会、欧洲议会和欧洲法院的交流需求，从某种程度上说，这些组织的交流需求可能是世界组织中最大的。

由多语多文化引起的不便和费用的增加⁹引发了一些讨论。人们想知道，现在的管理方式可以持续多久，欧盟对语言政策事宜的政治权宜之计又会维持多久。斯威尼（Shuibhne 2001：69）指出，"很难说大家对目前的语言管理状况还能忍受多久，该是认真思考改革的迫切性的时候了，实际上这些都不会推迟太久了"。②

还有人可能认为，要欧盟取消所有官方语言一律平等的原则是非常困难的，也是不可取的，特别是考虑到在部长会议或欧洲议会的正式公开言论里，平等对待所有成员国是欧盟的创始原则。

不过，在幕后，在欧盟行政部门的内部工作中，官员有可能采取一种更实用的办法，务实地使用有限的几门语言，通常是法语、英语或一些沟通有效的"英法"（franglais）组合。考虑到成员国连明确地提出处理语言问题都不情愿（这是可以理解的），更不用说达成协议的困难了，似乎只

---

① 其实作者是在说明政府对语言规划方面的作为极其有限。这是国际 LPP 学界的主流看法，详见赵守辉（2008）的论述。

② 作者意图表达的主要意思是大家对目前状况都不满意，只是受欧盟总体价值观（如多元、平等、自由等）的束缚，人们无可奈何。但改变的欲望恐怕不会永远推迟。

有通过这样务实的处理才会防止麻烦。菲利普森（Phillipson 2003）批判性地指出，长期来看，这种"放任自由主义"可能会进一步巩固英语作为欧洲通用语言的地位，并使其在欧盟机构内、外部都成为的共通语（也见 de Swann 2001：174）。

不过，我们的目的不是详细研究欧盟的语言政策问题，而是提出超国家政治社会的出现是形成当代语言规划或语言政策背景的另一个因素。然而，需要特别澄清的是，欧盟的情况的确相对容易处理。在缺少显性政策的情况下，语言实践可能会变成一种未公开的隐性政策，非决策可以在实践中影响语言实践和使用，其作用如同显性的语言政策（见 de Swann 2001：144）。

1.4 语言规划学科的变化

布隆马特（Blommaert 1996：205）指出，语言规划作为一个独立的学科深深植根于"特殊的历史和社会政治现实"之中。这种理论框架主要归功于一些学者对某个国家的社会语言学和政治历史背景的敏锐观察和分析（例如 Haugen 1966a 关于挪威语言问题的论述）。他们通过个案研究积累知识，并从社会语言学和语言政策视角观察政体类型之间的相关性（见 Lambert 1999，Spolsky 2004）。毫无疑问，上文所述的主要地缘政治发展与语言规划学科的重大变化同时发生，这就是我们现在要简要讨论的内容。

1.4.1 语言规划研究的拓展领域

较明显的变化之一也许是语言规划和政策研究范围的扩大，以及这一学科相对于 20 世纪 60 年代和 70 年代初期的在地缘范围上的延伸。这样，语言标准化、编典和传播的进程与去殖民化的民族国家建设密切联系起来。诚然，其他问题也同样重要，包括语言复兴、少数民族语言权利、全球化、英语的传播、语言多样性的保护和双语教育等，所有这些议题都是期刊文献的主要内容和最近教科书的主要内容和话题（例如 Kaplan and Baldauf 1997，Wright 2004，Spolsky 2004），当然也包括本书。

这一学科的地理重心也不再仅局限于非洲和亚洲的后殖民地国家。随着移民和地区民族主义的兴起，那些西方国家的成熟的语言政策和语言分布格局也不再像当初设想的那样固定下来，因此，这些国家也存在"语言问题"，像那些经济上欠发达的社会一样，值得语言政策和规划专家的关注。同样地，中亚地区、高加索地区和波罗的海地区新兴国家的陆续涌现，以及他们推行的特殊的语言政策也引起了语言政策/规划专家的关注，为分析和出版相关研究提供了充足的材料。

那么，从文献上所覆盖的地域多元性的整体趋势来看，我们很难忽略任何地区或国家。正如斯波斯基（Spolsky 2003：xi）所观察到的，[10] 这个趋势的优势在于，在国家层面，语言政策的语料非常丰富，为我们更好地进行概括提供了可能性。

1.4.2 对语言多样性态度的不断变化

然而，更根本的变化来自语言规划对语言多样性和多语主义态度的变化。简单而言，人们可能会认为在 20 世纪 60 年代和 70 年代去殖民化的时代，受早期的欧洲民族主义思想的影响，语言规划者们，无论是政治家还是学者，都视语言多样性为主要问题。他们认为语言多样性产生了离心力的作用，从而阻碍国家建设。在这一思想指引下，语言政策和规划倾向于限制官方语言的数量，以"减少社会语言学的复杂性"（Blommaert 1996：212），这样既便于管理，又能提高效能和民族融合。

然而，在过去十年里，语言多样性已经在语言规划学术界内外被重新评估，现在被看作是值得珍惜、维持和推广的东西——其公益性① 甚至与新鲜、清洁的空气相媲美。上述研究重要性的例证之一表现在 1996 年种族隔离后的南非宪法的重要变化上，11 种语言获得了官方地位，提升了以前边缘化语言的地位。这些措施与 20 世纪 60 年代的做法形成鲜明对比。另一个变化是，很多国家接受了"1992 年《欧洲区域或少数民族语言宪章》"，签署国被要求保护和发展这些语言。

解释这种变化并不简单，就像许多其他学术范式转变一样，语言政策与规划研究的发展是各种各样的因素共同起作用的结果。一个因素可能是我们前面提到的以马克思主义者、后结构主义者和批评社会理论家为代表的对传统语言规划的批评。其作用是通过他们的努力，提醒语言规划者注意到不可避免的意识形态和政治特征，也因此更适合持续成为批评监督的对象。那些指责语言规划为主流精英们的利益服务的说法也可能引起了人们对附属或被边缘化的语言更大的兴趣和关注。

---

① a public good 本义指共用品。

　　另一个因素可能是历史发展带来的英语作为全球通用语的传播、全球化和土著语言的消失（见第 4 章），所有这些都使得人们更清楚地聚焦到语言多样性正在受到威胁的前景。真实也好，想象也罢，我们都需要采取干预措施来减少它们实际发生的可能性。

　　另一个影响可能是观念的转变，即 20 世纪末的知识发展不可避免对多样性的重视。在反对的"宏大叙事"和大一统意识形态中，这种转变被视为对多元化和异质性观点的同情。当代的学术思潮有利于不同类别多样性的存在。语言政策与其他的社会学科一样，都避免不了受学术思潮的影响。因而他们对于任何涉及压制多样性的传统语言规划国家建设干预措施，会采取更为批判性的眼光。例如，推广单一的标准化国语而不是其他语言变体。同时，在语言规划研究中，这种对国家建设活动更大程度的学术批判归功于赖特（Wright 2004：98）所认为的现象，即作为一种后民族主义者社会思潮的涌现，全球化很大程度上推进了我们朝着赖特（Wright 2004：251）建议的"超越国家模式"方向前进，从而迈向后国家时代的进程。

　　虽然有一些方面可能被夸大了，但是可以肯定的是，由于全球化力量的影响，民族国家的权力在经济和政治上大大减弱了，但还没有确凿的证据表明它已被取代。无论是作为政治组织的主导形式，还是作为大众感情附属物的重要场所，都是如此。的确，正如吉登斯（Giddens，2004）所提出的那样，我们与见证民族国家的消亡还相距甚远，我们可能正生活在民族国家普遍化的时代，其标志是新国家从旧帝国的碎片瓦砾中诞生，近来少数族群从旧的民族国家中脱离，并作为独立的民族获得承认。[11] 换言之，全球的和超国家的发展正冲击着传统的民族国家。语言规划更多地参与了国家、地方与全球三者的互动。因此，至少在学术领域，有人可能会同意民族主义作为语言规划的驱动力，比以前受到更加批判性地考察。国家建设会继续，但是与历史上相比，其过程应该更加会考虑、调整和适应少数民族文化和他们的愿望。[①]

　　有鉴于此，我们可以得出结论，语言规划这一学科研究的主题范围在不断拓展。自 20 世纪 60 年代初以来，语言规划的主要变化是其有意识形态特征，其中两个趋势特别明显：第一，语言多样性已被重新评估，当代

---

① 作者的意思是作为 LPP 驱动力的民族主义，今天不会再像历史上那样被认为是理所当然的了。民族主义是国族建设有用的工具，但今后应该不断调整，与时俱进。

语言规划干预措施的目标是尽可能维护多样性或予以限制；第二，回应批评理论家的批评，这一学科非常关注社会的缺陷、平等和公共资源①的普及性等问题，因为它们影响到少数民族群体的利益。这些问题大都清晰地呈现在日益增长的有关少数民族语言权利的文献中。

1.4.3 语言规划的跨学科性质

在少数民族语言权利领域，与其他方面一样，语言规划一直保持着传统上的跨学科特征。其影响来自于政治和法律理论，当政治学家更多地参与语言多样性和语言权利问题时，这些理论发挥的影响也会日益增加（例如 Kymlicka and Patten 2003 的论述）。经济学这一学科也同传统②一样，语言规划者将其作为重要的参照和指导学科，[12] 其影响力通过一些学者的著作，如格林（Grin 2002，2003a，2003b）等继续发挥影响。格林（Grin 2003a：87）曾指出经济学的主要贡献是为语言规划提供了显性识别政策选择的分析框架，如对成本和效益的分析。简言之，其作用是方便了政策分析。他也承认（Grin 2003b：5），因为语言决策本质上是一个政治过程，因为附加其上的非市场价值（例如认同和文化的问题），不管是单就语言来看还是综合来看，经济学永远不会是语言规划的中心，经济学与语言规划只能是互补的关系，是作为一种辅助决策的工具。

1.4.4 语言规划和语言政策的局限性

最后一点不能不承认的是，现在是认识到当代语言规划／政策的效能是有局限的时候了，例如，它似乎并不能在政策领域真正复兴濒危语言和遏制英语的传播。赖特（Wright 2004：169）举例指出，自上而下的政策效力是有限的，更不可能逆转英语作为全球通用语的传播。英语传播的成功受到几个因素的推动，这些因素很大程度上不在某个政府控制范围之内（第 4 章将进行更详细的讨论）。罗曼娜（Romaine 2002：3）也同样质疑了语言政策的效能，对语言政策是否能挽救濒危语言持怀疑态度。她把这种无效性归结为"政策与规划之间的脱节"，即政策通常被宣布，但却很少去实施。例如，盖丘亚语在 1976 年被秘鲁宣布为与西班牙语享有同等地

---

① insitutions 的引申义为"体制所提供的机会"。

② "传统"一词在这里很重要，因为从下文可以看出，作者实际上认为今天经济视角无法作为对语言进行规划的依据。

位的官方语言，但是占主导地位的多数西班牙语使用者对这一政策是抵制的。塞内加尔宣布了六种非洲语言为官方语言，但是由于缺少资源和政治冲突，从而严重限制了这些语言在教育中的使用（Romaine 2002：13）。

不过，罗曼进一步指出，语言政策不是自动地从经济、社会、政治和态度力量等方面去塑造语言使用的模型，在缺乏积极的社会动力（sociological dynamics）下试图去实施语言政策是很少有效果的。

斯波斯基（Spolsky 2004：223）在指出政府行动无力振兴爱尔兰语的同时，也提醒人们注意语言规划在过去没有给人留下深刻印象的记录："历史上相对很少的语言管理案例能够达到其预期的效果"。关于过去的失败和随之而来的乐观主义的消失的探讨在托勒夫森（Tollefson 2002b）的文章"语言政策和规划的局限性"中有所体现。

与语言政策与规划的局限性相关的悲观主义或现实主义超出了本章要讨论的范围。所以我们最好简要介绍语言政策与规划的主要贡献，这包括以前没太引起人们注意的语言规划成功的案例，也包括之前提到的学术思潮 ①，即将语言规划视为潜在的威权主义 ② 以及怀疑它的作为能力 ③ 的质疑。

相关的问题还包括 20 世纪 80 年代末东欧剧变的影响，引起新自由主义者对一系列事件的解释，如中央计划经济的失败，并据此证实市场经济更适合掌权者进资源分配。最后，这一思想扩展到这一领域的学术思潮流变。就像我们以前指出的，越来越多的人认识到语言地位和使用的社会生态复杂性，并相应地进一步认识到，语言政策与规划必须与其他领域合作才会增强其效能。如经济的、政治的和社会结构与语言政策本身相比，更实实在在地影响了语言行为。

1.5 结论

正如我们所知，语言规划是一门复兴的学科，其复兴得益于 20 世纪末和 21 世纪初全球发展中的政策挑战，包括全球化、移民、复兴的民族主义、语言濒危、英语的全球化传播和国家的兴衰。

然而，自 20 世纪 60 年代和 70 年代后殖民时代初期起，语言规划在

---

① 作者在该书中是指西方学术思潮的后现代转向（postmodernism turn）。
② authoritarian 是一个政治哲学理论，政府上威权主义指权力集中于单一领袖或一少部分精英。
③ 作者在此是指出西方知识分子视规划为独裁，deliver 在这里是"说到做到"的意思。即 LPP 试图或声称作为，但实际做不了什么。

诸多方面都已成为一个不同的学科。首先，由上可知，目前人们对语言规划的效能存有更大的质疑。第二大显著差异是，人们对语言多样性的立场要积极得多，这体现在更多的操区域民族语言、移民语言和土著民族濒危语言的人民对其语言进行干涉。同样显而易见且与上述内容明确相关的是，人们对权力、机会、不平等、歧视和差距等问题，以及这些问题如何受语言政策影响产生了更大的兴趣。

这种意识形态调整的背后有着双重影响：例如，批评语言学家和其他人士将批判的矛头指向了传统语言规划的技术学派实证主义[①]，其作用是提高人们对语言规划意识形态基础和偏见的关注。其次，社会政治发展已经彻底改变了语言规划和政策的语境。例如，大规模移民迫使人们加深了对多元文化的认知，也让人们对国家认同得以构建的传统基础重新加以审视。若回到过去，即国家建设最紧张的时代，语言多样性通常被视为国家建设的潜在威胁，语言规划者主要关注的是标准化、编典和传播国家的官方语言，但这并不意味着目前国家建设已停滞不前——各国正在进行基本建设工程。只是与从前相比，国家建设不再是关注的焦点，因此在这些政治实体中，重新评估语言多样性价值的空间也就更加广阔了。

语言规划问题除了变化以外，同时也存在延续性。语言规划所解决的语言问题一如既往地不仅仅或不只是语言和交际问题，而且通常是源自政治、经济、社会和文化斗争背景，同时也只能依靠这些背景才能得以充分理解的问题。正是由于这一原因，语言规划研究除了成为一个跨学科的事业别无他途。

---

① 在语言政策与规划（LPP）界这个概念是由阿兰·卢克（Alan Luke）和理查德·巴尔道夫（Richard Baldauf）提出并加以宣传的。

尾注

1. 坦噶尼喀（Tanganyika）在 1961 年独立，在 1964 年和桑给巴尔（Zanzibar）一起成立了坦桑尼亚（Tanzania）。1967 年，斯瓦希里语被定为坦桑尼亚国家官方语言。同一年，斯瓦希里语被定为坦桑尼亚小学教学媒介语。

2. 1949 年，印度尼西亚脱离荷兰独立，选择了一种地位较高的书面马来语作为官方语言。这种选择实际上并不出人意料，也没有受到很多非议。早在 1928 年，该语言就被民族主义者认为是一种合适的国语。在 1942 年到 1945 年的日本占领时期，该语言已经成为政府和教育用语。独立后，说爪哇语的人随即成为最大的民族语言群体，占印度尼西亚总人口的 48%。

3. 非洲的语言多样性在草根阶层看来通常不是什么重大问题。大多数非洲人都掌握多种语言。但是这种现象并不像欧洲人想象的那样出人意料或者异乎寻常。在中非、东非和南非，许多语言都密切相关，词汇和语法结构的共享比例很高。另外，非洲在很早的时候就有着向多语言社会发展的趋势。法尔顿和弗尼斯（Fardon and Furniss 1994b: 4）指出:

   > 多语制就是非洲使用通用语的制度。任何非洲公民或民族志学者都会借助语言能力来促进交流，以此证明自己是跨陆天才。然而在某种程度上，这些能力可能是人人都有的。因此，最好不要将非洲的通用语设想为某一单一语言，而应设想为一条多层次的、部分连通的语言链，其为说话者在说话现场提供了语言变体和语域的选择。

4. 在种族隔离的情况下，南非有很多旧殖民地的特点，因此在这里也被认为属于殖民地一类。

5. 这 11 种语言分别是: 祖鲁语（isiZulu），伊斯尼达贝里语（isiNdebele），斯威士语（siSwati），科萨语（siXhosa），聪加语（Xitsonga），文达语（Tshivenda），塞索托语（Sesotho），茨瓦纳语（Setswana），塞卑第语（Sepedi），南非荷兰语（Afrikaans）和英语。

6. 到目前为止，苏格兰可能是类似的情况。权力下放（在 1997 年的全民公投之后）和苏格兰议会的建立迄今并没有增加苏格兰民族党（SNP）的选票数。

7. 加泰罗尼亚（Catalonia）的语言规划者一直都在关注，例如，在语言学上非常相近的情况下，如何从卡斯蒂利亚西班牙语（Castilian Spanish）中保持加泰罗尼亚语（Catalan）的区别性特征。同时，在巴斯克地区，人们致力于一种共同的标准变体的扩散和接受。

8. 例如，美国的官方英语的支持者（见第 3 章）。

9. 德斯旺（De Swaan 2001: 172），引用来自特吕绍（Truchot 2001）的数据，报告说在 1999 年，翻译相关的内容花费了欧盟委员会 3.25 亿欧元，占内部预算的 30%。但是，也有另外一种说法。例如，格林声称这些翻译相关的费用占欧盟总预算的比例实际上相对较小。

10. 斯波斯基的评论出现在卡普兰和巴尔道夫（Kaplan and Baldauf 2003）对太平洋盆地（覆盖 14 个国家①）的语言规划中的一卷的前言部分。这些作者编辑的其他卷，引用《语言规划的当前问题》期刊上面的论文，讨论了尼泊尔和瑞典（Baldauf, Kaplan and Baldauf 2000），马拉维、莫桑比克和菲律宾（Baldauf and Kaplan 2000），博茨瓦纳、马拉维、莫桑比克和南非（Baldauf and Kaplan 2004）。

11. 例如，巴斯克人、加泰罗尼亚人、威尔士人和科西嘉人。

12. 相关的例子详见索伯恩在 1971 年对语言规划的成本效益分析方面的若干文献。

---

① 原著应为 14 个国家，原文写 12 个国家，疑为作者笔误。

第 2 章　语言规划实践：核心理念概览

在本章中，我们将回顾语言规划实践研究中的一些核心概念。我们先从最基本的术语分类开始，研究"语言政策"与"语言规划"的范畴，二者有时可以相互换用，有时有不同的使用领域。

巴尔道夫（Baldauf 1994）、希夫曼（Schiffman 1996）以及卡普兰和巴尔道夫（Kaplan and Baldauf 2003）等学者评论道，二者在所指方面有明显区别。前者（即语言政策）指决策过程及目标设定，后者（即语言规划）指为实现上述目标而开展计划并付诸实践。鉴于常有政策发布却并未实施（参见 Bamgbose 2000）的情况，这一区分似乎极有道理，但这一区分容易使人把语言规划主要当作政治家或政府官员重大决策之后的一系列技术活动或管理操作。有些语言规划学者非常抵制这种观点，他们认为无论在初期的决策过程中还是在执行阶段都要考虑到政治和社会因素的影响。

因此，有些学者把政策形成也纳入语言规划，例如鲁宾（Rubin 1971）将语言规划过程框架分为四个独立阶段：数据事实采集、政策决定（形成）、政策实施和政策评估，这一划分方法影响极大。

很明显，这两个术语在所指范畴方面仍有不确定性，原因之一是，正如希夫曼（Schiffman 1996：13）等学者指出，有些政策是公开颁布的、显性的，有些却是未成形的、事实性的、非常不正式的，因此有时极难确定起作用的是哪种政策。因此，为阐述和分析方便，我们不妨暂且搁置语言政策与语言规划之间的不同，将其视为紧密相关、互为辅弼的两个概念。现在，将两者合二为一的趋势也愈为明显，例如在赖特（Wright 2004）最新著作的标题中即有并列短语"语言政策与语言规划"的表述。

在语言政策和语言规划的重要范畴方面也有类似的不确定性，即家庭乃至个人，是否也有语言政策。同样，评论家在这方面观点迥异。例如继库伯（Cooper 1989：38）之后，斯波斯基（Spolsky 2004：43）认为存在"家庭语言政策"。而格林（Grin 2003：29）则认为这是对语言政策的过度延伸，语言政策应局限为更大层面的社会行动者的活动，这些活动试图影响整个社区的语言环境。这一界定虽有争议，但至少对于业内讨论极有实用价值，因此我们将接受格林（Grin 2003）的观点，将全国性或地方性政府机构的语言规划政策视为典型，至于家庭或个人的语言决定是否属于语言决策就仁者见仁、智者见智吧。

2.1 语言、民族及民族主义

语言规划与民族的形成和国家的建立既源于也反映了欧洲民族主义中语言的重要性，因此，有必要在介绍语言规划概念时扼要论述语言、民族、国家及民族主义之间的关系。

事实上，这并非易事，因为语言在欧洲民族认同建立和国家形成中的作用从来就不能一概而论，例如苏格兰人就不如威尔士人一样看重语言作为民族认同的标志。因此，借鉴赖特（Wright 2004）对于国家民族和民族国家的区分就大有裨益，他认为二者由于经历了不同的国家形成过程而有所不同。对于国家民族——典型例子如法国、英国和西班牙，这些国家或王国的边界已先固定并稳定下来，据此，统治者便着手开始进行长期的文化、宗教和语言统一，改变之前成分组成和来源各异的人口，以建立一个有内聚力的民族社会。

相比之下，在民族国家中，民族意识是一个群体因种族和历史而产生的凝聚意识，是这个群体为实现自治政府和政治国家目标的前提和理由。德国就是一个被广泛引用的典例。需要注意的是由民族主义衍生而来的"民族性"这一目的论概念。一位关于民族主义的学术评论家凯多里（Kedourie 1960：9）对这一意识形态概念有非常精彩的描述："这是一个19世纪初欧洲人发明的学说。"他补充到，其基本信条是：人类自然而然地分为不同的民族，亘古如此；不同的民族有明显不同的特征；自治是各民族合理而显然的结果。

对凯多里（Kedourie）而言，民族主义意识形态的理论可在德国浪漫主义作家的著作中找到根源，具体是赫尔德（Herder，1744—1803）、费希特（Fichte，1762—1814）和冯·洪堡（von Humboldt，W.，1767—1835）。当时德意志还仅仅是一个地理称谓，这些人从德语中发现了德意志民族存在的最合理的证据，而作为一个民族，那自然就应当建立自己的国家。一个民族重要的决定性因素是有自己明确的语言。语言与民族之间的这种联系，对于后世民族主义思想家们产生了深远的影响，可以说在欧洲民族主义中语言被赋予了一种奠基作用。

　　一个虽不普遍但很常见的欧洲民族主义运动的特点是积极思考语言问题，其主要目标之一是把某一族群的语言从同一方言连续体的相关变体中脱离出来——如北日耳曼语族和罗曼语族中，又如将通常认为是族群内部的语言变体融合为一个独立的变体，最终形成一种独立的语言。当该民族尚未建立自己的国家时，这种语言就可以成为诉求政治独立的砝码，因为凡是民族都应有自己的国家。或者是如果该民族已经获得政治自治权，那么这种语言可以起到强化民族团结和凝聚力的作用。

　　即使某族群的语言已经颇具特色、自成一体，而且无须从相关语言变体中进行区分，借用克洛斯（Kloss 1967）的术语，即这是一种距离（*Abstand*）语言而非扩展（*Ausbau*）语言，民族主义者的干预也非常明显。一个典型的例子是希腊。经过长期的民族主义斗争，希腊已经于 1832 年脱离奥斯曼帝国统治而获得独立。它的民族自定义有很多来源可汲，如与众不同的东正教信仰、独特的字母表、伟大的历史和已经独立区分的语言。但对于这个新生国家而言，悬而未决的是采用哪种形式作为书面语言和标准语言。

　　希腊政府最终采取的方案比最初设想的要更为极端（Trudgill 2000：247）。这一方案由一群语言净化派推动，其领导人阿达曼提奥斯·科拉伊斯（Adamantios Korais，1743—1833），主张希腊本地语形式，应去除土耳其语和其他地方方言影响，使之更接近于古典希腊语，这一语言被称为凯塞尼瓦撒语（*Katharevousa*）①。尽管这种语言在 19 世纪就被推设为政府官方语言和教育语言，但它与日常生活的本地语，即迪摩语（*Dhimotiki*）② 相距甚远。至 20 世纪，语言之争已成为希腊政治的一个主要争论焦点。（见 Trudgill 2000）

　　这里阐释的是当代语言与民族认同评论家越来越支持的一个命题（如 Joseph 2004），即民族标准语言并非如费希特（Fichte）所说远古即有，而是文化与政治建构的产物。德语，尤其是标准德语就是例证。约瑟夫（Joseph 2004：98）指出，德语 16 世纪的产生是众多方言土语的混合，这其中既有个人的贡献（如马丁·路德③ 对《圣经》的翻译），也有更广泛的社会文化发展的作用，如印刷术的发明。

----

① 希腊语一个阶段的称谓，相当于高变体，见下文的详细解释。

② 希腊语一个阶段的称谓，相当于低变体，见下文的详细解释。

③ 马丁·路德（Martin Luther）是 16 世纪欧洲宗教改革的倡导者，曾致力于《圣经》的德语翻译。

如果说德语的例子可以解释为人们接受诸多相互关联但有时差异微小的语言变体同属某一标准语言的方言（Barbour 2000b），也有更多相反的例子表明，尽管这些相关的语言变体之间差异极小，但人们因为强烈的民族感情和纽带，视其为独立的语言。这种受民族主义影响而产生的观点，有意突出并强化既存的语言变体之间的任何微小差异，这种观点并不罕见，如 19 世纪的挪威语（见下文）、20 世纪的塞尔维亚语和克罗地亚语。其要旨是民族标准语言不仅仅是人为建构，而且更多的政治因素也同语言学理据一样被当作依据，这已成为社会语言学常识。事实上，巴伯（Barbour 2000a：13）指出，民族国家和民族标准语的形成互为影响；标准语言可被看成"现代民族的产物，而民族也部分地是使国家有效运行的现代交际的产物"。

这并非意味着政治边界一定会区分独立的语言，例如，尽管一直有演化独立标准的持续努力，但使用佛兰芒语的比利时人也像边界对面使用荷兰语的荷兰人一样承认同样的官方标准，即 *Algemeen Nederlands*（标准荷兰语）（见 Howell 2000）。这一例子证明了语言与民族之间的关系具有复杂性、多变性和偶然性。

如果民族标准语言是人为建构，那么民族也可以说是如此，很多当代学者都持此观点。民族构建过程常常包括遗忘或心理否认民族构建，而强调其反面，即民族起源于远古时期，其作为一个政体是"如此之'自然'，根本无须定义，自我确认就可以了"（Hobsbawm 1983，in Hutchinson and Smith 1994：76）。

应用这种关于民族和民族认同的建构主义分析阐述的学者包括上述引用的霍布斯鲍姆（Hobsbawm 1983），他强调"发明传统"、民族礼仪和象征（如大量法律的颁布）在民族凝聚力和归属感方面的作用。另外还有安德森（Anderson 1991：6），他的关于民族作为一个想象共同体的概念经常为人引述：

> 民族是想象中的，因为在即使最小的民族中，其成员终其一生也可能不会认识他的大部分同胞，没有与他们谋过面，甚至没有听说过他们，但在每个人的心中却有一种互相交流的形象。

安德森还认为，书面语言和由它而引起的产品，如报纸、小说等，在民族意识的形成中极为关键。比利希（Billig 1995）发展了安德森的观点，他注意到一种所谓"庸俗民族主义"的现象，即在日常生活中使用各种民族象征，如国旗、钱币、国歌、空乘制服、体育服装、植物标志（如蓟）等，以在民众中不断再生产和强化民族感情。

然而，要说对民族主义的阐释并无异议也是不正确的，比如另一位著名评论家盖尔纳（Gellner 1983）对民族主义的解释就略有不同。当然，他不否认民族主义选择性利用农村民俗元素来构造民族（而不是相反），但他认为不能基于此认为民族主义仅仅是某些知识分子的意识形态创造。相反，它产生于特定的社会条件，而且含有一种伪装的社会学内容，对其特点的描述如下：

> 民族主义根本的自欺及欺人之处在于它本质上是将上流文化强加给社会，即以学校为基础、由研究院所监管的短语的扩散，按照非常精确的官僚和技术传播要求编码，它是一种匿名的、非个人的社会机制，其可相互取代的原子化的个人因这种共享文化团结在一起，代替之前的本地团体的复杂结构，这种结构由以本地微团体本身的癖好为基础构成的民俗文化支撑。（Gellner 1983：57）

卡迈克尔（Carmichael 2000：282）的观点也不同于以上诸家，她批评霍布斯鲍姆和安德森只关注到民族文化的建构性，而未能将它"作为一种现象来严肃对待"，未能体察传统的构造所满足的"现实感情需求"。作为对爱德华兹（Edwards 1994：133）的呼应，她进一步提出，即使民族认同已经建构，这也并非凭空捏造而来的，而是源于某"真实"而非虚构的历史一致性。

综上所述，我们可以看出，很难对民族和民族主义做大家一致认可的定义，难点在于构成民族的主观与客观因素之间的平衡（见 Hutchinson and Smith 1994：4）。但继续研究这一问题会使我们离题太远，我们要关注的核心是语言政策在上述构成过程中的作用，我们将在下节进行详述。

2.2 民族语言和民族建构过程中语言规划的作用

在本节中我们将通过适当的例证研究标准化、区别化、编典、扩建标准、纯洁化等过程，这些对于语言政策传统，尤其是与民族建构相关的语言政策传统极为重要。但我们在此之前先从本体语言规划和地位语言规划的重要区别这一角度确定这几个过程。

2.2.1 本体语言规划与地位语言规划

按克洛斯（Kloss 1969）的方法，构成语言政策的有意识的、有组织的干预一般可分为两类：地位规划和本体规划。地位规划解决的是语言在社会中的作用，一般按不同的使用域，如政府和教育，给语言分派不同角色。这种分派会不可避免地提高或减弱这些语言的地位，因而才有所谓地位规划。相反地，本体规划要解决的则是语言形式或编典标准，并试图设计编典变化，其中重要的变化，正如弗格森（Ferguson 1968）所总结，包括图形化（书写系统的发展）、标准化和现代化。如果在地位规划中，政治家或政府官员作用更大的话，那么在本体规划中，有语言天赋或能力的人所起的作用要更大一些。

对地位规划和本体规划进行区分确实很有益处，但过于强调则大可不必，因为二者不仅相互联系——语言形式的变化通常是分派语言新功能的前提条件——且这两者通常都受政治考虑的驱动，这就远超语言本身的范围了。而且，曾经一度被普遍接受的观点，即本体规划伴随并取决于地位规划，现在也开始被人质疑（见 Fishman 2000：44）。有证据表明，本体规划可在事实上为地位变化铺平道路，并在地位变化之后巩固变化。两者实际上也可以同步进行。最能显示二者之间相互联系的一点是语言政策的一项主要活动，即标准化。我们将在下节与另外两个紧密相连的过程，即编典和区别化，一并讨论。

2.2.2 区别化、标准化和编典

无论是国家民族还是民族国家，语言统一或趋同（见 Wright 2004：42），是塑造内聚性民族文化的一个重要工具，人们可以通过其进行相互识别①。语言统一的第一个方面（见上文）就是有意识地从其他相关语言变体中区分出国语变体。这一过程，借用克洛斯（Kloss 1967）的术语，叫作 *Ausbau*（德语：扩展），包括在一个方言连续体中选择并加以推广其中一个方言变体，该变体与同一方言中的其他变体有所不同（Wright 2004）。一个经典案例是 19 世纪挪威语从丹麦语中区分出来。其他相似的干预也出现在马其顿语（自保加利亚语分离）、塞尔维亚语（自克罗地亚语分离）、乌尔都语（自印地语分离），在所有这些例子中语言疏离起到了突显政治

---

① 即语言统一和趋同都是促进民族认同、内聚性、民族文化的一项重要工具。

和民族差异的作用（见 Fishman 2000：45）[1]。

　　语言统一的第二个方面也同样重要，即标准化，也就是建立和传播一种统一的超方言的、规范的语言变体。大多数人认为（Milroy and Milroy 1998；Joseph 2004），这一过程既有语言，又有意识形态的特征。从语言方面来讲，一个重要特点就是通过用固定的形式替代可选语言变体，创立统一的书面语言变体（Milroy J. 1999），其终极目的，借用豪根（Haugen 1966b）的经典名言，就是用最小的形式变化达到最大的功能变化。互为补充也十分必要的另一个方面就是编典标准，即主要通过权威性的语法、字典、拼写工具等进行明确规范的过程，没有这一过程就不可能有持久的标准，而上述工具则通过明确解析规则和界限来达到促进标准传播的目的。然而，这种标准与其说是一种可实际操作的，其实不如说是一种抽象化的理想的东西，因为尽管有人可能十分接近这一标准，但他们绝不会"完全符合理想标准"（Milroy J. 1999：18）。这一情况使得有些学者（如 Milroy and Milroy 1998；Joseph 2004）将标准语言视为"头脑中的概念"，或一种柏拉图式的理想形式。

　　从多方面来讲，标准化也是一个意识形态过程。首先，这一标准通常建立在社会最强大的阶层——特权阶层所使用的语言变体之上，而非特权阶层要模仿这一规范。有人说这有助于巩固精英阶层的经济和社会地位并使之合法化。要想跻身上层社会就必须接受和获得这一标准。第二，标准化会导致"标准语言意识形态"（Milroy and Milroy 1998），即由媒体、政府机关或可左右舆论导向的大腕们宣传并被大众广泛接受的一系列信条，其主要组成部分可归纳如下：

1. 把标准语言（如标准英语）作为全民语言（见 Milroy J. 1999：18）。
2. 认为标准语言优于其他变体或方言。
3. 建立正确语言与不正确语言的观念，使人认为只有"一种正确形式的口头语言"（Milroy L. 1999：174）。部分人的语言则贬称为"不正确"或"不符合语法的"。语言变化也常常与堕落和玷污相关联。
4. 把标准语言作为国语，视其为民族认同、民族来源，乃至民族骄傲的象征。

如果我们再去看语言政策在标准化中的作用，我们立刻就会遇到一个极为复杂的问题，即建立标准语言的路径的多种变异。例如，有些时候，标准化是一个漫长的，无法一而概之的过程，而有时候则相对迅速；有时标准是自上而下建立起来的，有时则是由下而上，进展缓慢的；有时标准化在民族主义高昂之前出现，有时同时发生或在此之后；有时标准化会产生单一标准，有时却会出现两个或多个竞争性标准；诸如此类，不可一一列举。因此，我们不妨从一些阐释性或对比性案例入手。

标准化持续时间长，而且正式的官方主导的语言政策又不明显的常见案例就是英语。在本案例中，标准化过程一般认为从文艺复兴时期随着卡克斯顿（Caxton）1476 年引入印刷术并采取以伦敦为中心的、有声望的英国米德兰兹东南地区（south-east Midlands）语言变体作为书面语言的基础之时就已经开始了。这一语言变体的地位和声望随着政府的采用和文学创作（如斯宾塞、马洛和莎士比亚的作品）而持续巩固，并随后得到了 18 世纪笃信规定主义学者的关注。他们都渴望语言秩序，努力确保语言不向下滑行，并积极著书立说——如斯威夫特的建言（Swift 1712），邓肯（Duncan 1731）和洛思主教（Bishop Lowth 1762）的语法，最著名的当然要属约翰逊博士（Johnson 1755）编撰的字典——这些都推动了现代标准英语的创立。[2]

除了这些人的努力，当然还有 19 世纪牛津英语词典的创制，我们也需要了解那些促进语言融合和标准统一的社会力量，例如，印刷资本主义的崛起（Anderson 1991）、工业化和 18 至 19 世纪加速发展的城镇化、军事征募制、1870 年后大众教育的引入，以及 20 世纪大众传媒的发展。大致的情况就是这样，某一社会精英阶层的言语逐渐演化为一种标准语言，这一过程有时因为个人（如约翰逊博士）或非政府机构的干预而加快，但主要还是由上述社会力量驱动。这一切都几乎没有政府的直接干预。

与英语相对比——我在此要感谢豪根（Haugen 1966a）极富开创性的著作——语言政策的一个经典案例是标准挪威语的发展。它之所以与英语不同，一方面在于年代——挪威语标准化仅仅在 1814 年丹麦独立后才开始，另一方面在于标准化过程中民族主义和浪漫主义的影响。

独立之初，挪威并没有标准挪威语，丹麦语作为挪威的书面语言的地位长期以来一直很稳固。[3]然而这种情况对于当代民族主义者和浪漫主义者而言极不适宜，正如我们所见，在他们的概念中，一种独立的语言是建构独立的民族认同重要的甚至决定性的因素。因此，在 19 世纪，尤其是自

1830 年之后（见 Vikør 2000：112），语言和民族认同问题一直困扰着挪威知识分子阶层。

然而，关于明显不同的挪威认同应该如何确定也有反对的声音。其中一种颇有影响的观点以"真浪漫主义的方式"（true Romantic fashion）主张挪威认同不应从不堪入目的现在而应从更遥远的过去——即从中世纪北欧文化中寻找。据说，北欧文化的遗迹仍然存在于边远的挪威乡下的民间文化。就语言学的角度来谈，这就意味着，如果有真正的挪威语的话，那么它应该是基于那个时代民间的乡下方言。

受这一浪漫主义思想影响，一个在挪威乡下土生土长、自学成才的语言学家，伊瓦尔·奥森（Ivar Aasen，1813—1896）从千差万异的挪威乡下方言研究入手，编制一个通用书写标准。他的努力为把上述浪漫主义思想化为现实做出了重要贡献。经过长期在挪威乡下旅行、收集、比较方言形式（见 Linn 1997），他于 1864 年出版了一册语法书，并于 1873 年编撰了一部字典，这些经过修改和完善奠定了后来称之为 *Landsmål*（挪威语）的基础。这一语言变体于 1885 年被议会承认与丹麦—挪威语同样有效，并在 1929 年改称为 *Nynorsk*（新挪威语）。尽管与奥森同时期的一些评论家（见 Linn 2004：228）认为这种语言的人为制造成分太多而并不看好它，[4] 但时至今日，*Nynorsk* 仍然是挪威的标准语言之一，虽然在使用范围方面较其竞争者稍略逊色。

这个竞争标准产生于 19 世纪时期另外一场语言改革。当时另一种关于挪威民族性的观点是，建立现代挪威认同应从城市中产阶级文化而非遥远古时代去寻找相关资源（见 Vikør 2000：113）。从语言学角度来讲，这意味着城镇居民所使用的挪威化丹麦语才是现代书面挪威语标准的基础，而非奥森的乡下方言。因此，需要做的工作是调整现在的丹麦语标准，使之更具有挪威特色。这些调整包括：用"原始"挪威语词汇替换外国词汇，进行正字法改革，使之能更真实反映受过教育的中产阶层的日常发音习惯。这一改革项目，或者更确切地讲，其中一派的领导者是一位叫克努德·克努森（Knud Knudsen，1812—1895）的教师，他的著作一般公认为奠定了丹麦—挪威语的基础。这一标准在 1907 年经过修订获得认可，随后在 1929 年更名为 *Bokmål*（书面语言）。

到 20 世纪初，挪威有了两种标准语言，这种情况令人极为不适，所以就有了试图让 *Bokmål* 和 *Nynorsk* 二者兼容的尝试，或许会产生一种合二为一的标准。这些尝试尽管最终以失败告终，却非常引人注目。遗憾的是，本节旨在指出与英语相对比的案例，因此不再赘述。与英语相比，挪威语标准化更明显，受民族主义思想驱动，语言政策的干预更直接更自觉，政治特点也更显性。

然而，我们在此列举挪威语案例还有一层原因，即这是豪根（Haugen 1966c）阐释语言政策模型的来源之一，这一模型后来不断完善（Haugen 1983），迄今影响深远。在豪根原先设计的模型中（Haugen 1966c，1972：110），建立标准语言需要四个步骤：（1）规范的选择，（2）形式的编典，（3）功能的扩展，（4）公众的接受。

选择规范此处指选择一种或几种方言作为标准的基础，在挪威语案例中，克努森（Knudsen）就选择了城市中产阶级的言语而非乡下方言作为新挪威语标准的基础。编典形式我们已经说过，包括通过制定规范性语法和字典的方法稳定或固定语言形式，如1864年奥森编纂的语法书和1873年的字典。扩展功能，有时也称为"培育功能"，旨在扩展语言的功能范围，使其成为科技话语等的媒介。通常情况下，这要求创立新的语域和创造新的词汇，尤其是在科学、技术和经济领域。这使得有些学者（如Ferguson 1968）更愿意称其为"现代化"，而另一些则直接把扩展功能等同于语言现代化。

如果说编典标准肯定属于本体规划领域，扩展功能是本体规划和地位规划的结合，那么豪根（Haugen 1966c）模型中的最后一个步骤，即公众的接受，就应属于地位规划范畴，因为它包括有意识地推广标准和努力劝说公众接受这一规范。这一点十分必要，有时也十分困难。大量例证可兹证明，无数的委员会、学校或个人创立的标准却往往被公众拒绝或抵制。

其中一个例子是很多布列塔尼人对于20世纪创立的标准化、文学化的布列塔尼语所持的模糊、矛盾甚至敌视的态度，他们认为这种变体有些牵强造作，我们将在第4章详细讨论本例。与之相似的情形发生在西班牙巴斯克地区比斯开省（*Biskaia*）[①]，新的统一的书面巴斯克语（*Euskara batua*）仍然未获得全面接受，这主要是因为它更多体现的是吉普斯夸方言变体（*Gipuzkoa*）（Fishman 1991；Gardner，Serralvo and Williams 2000：330）。这反映了一种相当普遍的现象[5]：人们可能会非常不情愿接受一种标准，因为它是基于迥异于自己本地语的另一种方言，因而也不能充分表明

---

① *Biskaia* 为巴斯克语，为西班牙北部一个省份，位于巴斯克自治区的西北部。

他们自身的认同。

标准也可能因为其他原因而遭到抵制。例如，如果标准化采取的是仿古的路径，即书面标准是由一种更古老的、更古典的，因而一般推定为更正统的语言变体建构的，那么就可能产生一种双言的情形：标准用于高端功能，如教育和行政管理；而更通俗的日常变体则用于低端功能，如家中或非正式交流。可是，随着时间推移，书面标准，即高端形式，可能会受到抵制，因为它被认为远离了日常生活，作为一种不受人欢迎的虚伪形式，或作为一种教育的障碍。

希腊的情形正是如此。我们之前说过，纯洁化的人工变体，即凯塞尼瓦撒语（*Katharevousa*），可追溯到希腊的古典历史，而迪摩语（*Dhimotiki*）则是通俗的本地语，两者之间的对立一直是 20 世纪希腊政治对抗的焦点。一直到 1974 年，随着军政府的统治被推翻，前者丧失了所有官方和民间的支持（见 Trudgill 2000：248）。

所以，标准获得接受可能充满艰辛。不过，罗曼娜（Romaine 2002：19）指出，如果语言政策干预顺应社会潮流，而不是逆流而动的话，可能会更有效。因此我们倒可以识别在一般情况下哪些情形能够产生事遂人愿的结果。如果这一标准是逐渐由精英阶层的言语产生，而且持续享有声望；如果有足够的物质或社会动机习得标准且标准能够较为容易习得；如果有明确的、广为人知的意识形态原因——譬如说民族主义——那么主导标准语言更容易被接受。矛盾的是，这时有意识的语言政策干预似乎就略显多余了。相反，如果标准化过程较为急促，人为因素过于明显，因而标准缺乏足够的时间准备吸附声望；如果标准被视为自上而下的人为建构；再者，如果标准过于狭隘，区域认同很明显；如果缺乏足够的物质或意识形态动机，那么标准的接受就相应更为困难，同时有意识的推动就更为必要，但结果往往都不容乐观，很难成功。

需要补充说明的是，作为成功推广标准的一个关键因素，标准的声望一般被认为能够因为作家、翻译家及其他文化人士的文学创作而显著提高。威廉·摩根（William Morgan）的翻译可为佐证。他于 1588 年将《圣经》译为威尔士语，使威尔士语渐有声望，并最终成为广为接受的标准书面语言（详见第 4 章）。同样，当扬尼斯·普西卡里斯（Yannis Psicharis，1854—1929）第一次采用迪摩语（*Dhimotiki*）发表著名小说《我的旅行》（*To Taxidhi Mou*）之后，极大地提高了迪摩语的地位，使之成为足以对抗凯塞尼瓦撒语[①]（*Katharevousa*）的一种潜在标准。

除了个人可以对语言标准化发挥重大影响之外，还有其他一些规划者[②]也积极参与语言政策。在下一节，我们将介绍语言研究机构及其作用，尤其是在扩展功能及语言纯洁化方面的作用。

2.2.3 扩展功能、纯洁化及语言研究机构的作用

如上所述，作家、文献学家和语言学家——如约翰逊、韦伯、奥森及普西卡里斯——都是语言政策中重要的参与者，但同样具有历史意义的，还有正式的语言研究的学术机构，我们将在下文探讨它们的活动。

2.2.3.1 语言研究机构

最早的语言研究机构是于 1572 年在佛罗伦萨创立的秕糠学会（*Accademia della Crusca*）。地位更显赫的是法兰西学院，它刚开始只是一个由瓦伦丁·孔拉尔特（Valentine Conrart）发起的文学团体，后来黎塞留大主教（Cardinal Richelieu）于 1634 年将其转变为一个正式的官方组织。当时的法国刚刚经历内乱和宗教战争，法语也刚刚取代拉丁语的文学和行政功能。黎塞留（Richelieu）创立法兰西学院的初衷是想把文化精英们置于自己的彀中，以达到巩固社会秩序和王权的目的。但法兰西学院的章程却规定，其特定的职能，是纯洁化本族语言，扩展其功能，管控该语言使其"纯净、流利、足以应用于文艺和科学"（引自 Cooper 1989：10）。因此，从一开始，法兰西学院就与佛罗伦萨的秕糠学会一样，是一个规定性、纯洁化的机构，致力于文学标准编码的机构，即凡文明社会所摒弃的词语统统不能，也不会被收纳。

法兰西学院的成员，即所谓的"四十圣人"[③]，实际上大多没有受过语言方面的系统教育，这也部分解释了为什么他们在本体规划方面成就甚微，仅有一部名不见经传的字典于 1694 年问世。然而，学院的存在本身，加上

---

① 希腊语有两种变体：凯塞尼瓦撒语（*Katharevousa*）和迪摩语（又译德姆蒂克语）（*Dhimotiki*），前者是高位变体，后者是低位变体。其中，*Katharevousa* 是"净化的语言"的意思，属于经过加工的、"纯净"希腊语，充斥着古希腊语词汇，*Dhimotiki* 属于比较流行的现代希腊语口语。当希腊人从正式话题转向非正式话题时，便会经过从 *Katharevousa* 变体到 *Dhimotiki* 变体的语码转换。

② agency 一般译为能动性，这里指能动性的主体，即规划者。

③ 英文为 forty immortals，也被译为"四十位不朽者"，指法兰西学院的院士，"四十"是因为法兰西学院的院士数量始终是 40 人。自 1635 年成立以来，法兰西学院始终以编写法语字典、规范法语用语为使命。

它的声望，使得其他国家纷纷效仿，著名的莫过波旁王室的腓力五世，他于 1713 年在马德里建立了西班牙皇家语言学院（*Real Academia Española*），该学院的座右铭 *Limpia, fija y da esplendor*（纯净，稳定，荣耀）概括了它的目的和工作。随后，该学院于 1730 年编纂了一部字典，并依据内夫里哈（Nebrija）在 1492 年编写的《卡斯蒂利亚语法》（*Gramática castellana*）于 1771 年又推出一部语法书（见 Joseph 2004：103；Edward 1994：157）。

受西班牙学院影响，一些获得独立的拉丁美洲国家也于 19 世纪纷纷建立了自己的学院：哥伦比亚（1871）、墨西哥（1875）、厄瓜多尔（1875）、埃尔萨尔瓦多（1880）、委内瑞拉（1881）、智利（1886）、秘鲁（1887）以及危地马拉（1888）（Guitarte and Quintero 1974：324）。这些拉美学院在 20 世纪与西班牙学院联手建立了宏大的西班牙语学院联盟（*Asociación de Academias de la Lengua española*），其目标之一，就是抗击各国西班牙语变体的离心趋势。与此同时，受法兰西学院（现今它主要是作为抗击英语语言污染的堡垒发挥作用）直接影响，其他欧洲国家也纷纷建立起自己的研究院：如瑞典（1786）、俄罗斯（1783）、匈牙利（1830），等等。明显缺位的是迄今为止还没有任何英语语言研究院。的确有人提出按法国模式建立类似的机构，如英国人笛福（Defoe 1702）、斯威夫特（Swift 1712）和美国人约翰·亚当斯（John Adams 1780），但这些提议却由于某些知名人士（如约翰逊）的反对以及盎格鲁–撒克逊民族对语言的正式机构化管理的反感而作罢。因此，编典和扩展功能的重任就只能落到个人及私人机构（如 OED）的肩上。

进入二十世纪，更多的研究院和语言政策机构被建立起来，这一次殖民地和后殖民地亚非地区异军突起。著名的例子有 1956 年马来西亚建立的马来西亚语文局（*Dewan Bahasa dan Pustaka*；DBP）[6]、1947 年建立的印度尼西亚国家语言委员会（后于 1975 年更名为国家语言发展与保护中心）、1930 年建立的（东非）国际语言委员会（原创立宗旨为推动斯瓦希里语的标准化）。1961 年坦桑尼亚独立后更名为斯瓦希里语研究所，并入达累斯萨拉姆大学，该大学现今与国家斯瓦希里语委员会（*Baraza la Kiswahili*）一起负责斯瓦希里语研究、词汇扩展和语言推广。

这些新的机构与它们视为模板的历史较悠久的欧洲研究所一样，侧重于通过编典、发布和扩展词汇来发展国语。它们所进行的更多的不是图形化或编制标准，而是一种重复性活动，而且超级活跃。例如，截至 20 世纪 80 年代，印度尼西亚语（*Bahosa Indonesia*）语有逾 50 万新的词汇被创造出来（Alisjahbana 1984），斯瓦希里语虽然略少一些，但数量也颇为可观（Ohly and Gibbe 1982）。这些词汇大多集中于科学、技术和教育领域。以这些使用域为词汇扩展的目标，可以表明其主要动机不是像老牌研究院一样维护高雅品位而是现代化，即扩展词汇以推动科技交流，提供"与其他语言在一定范围的话题和话语形式方面的可互译性"（Ferguson 1968：28）。

近几十年来，又建立了不少新的语言政策机构，但这些机构有着不同的社会政治和学术语境，疑似"语言简洁化"。与它们的前辈相比，这些机构一般有更广泛的课题，从它们在地位规划方面的深度参与可见一斑。例如，新成立的威尔士语言委员会（*Bwrdd yr Iaith Gymraeg*）[7]的主要任务之一就是负责监管旨在使威尔士语与英语在威尔士地区平起平坐的一系列措施（见第 3 章）。同样，继《加泰罗尼亚自治法案》于 1979 年通过后，（加泰罗尼亚）语言政策总指导委员会即于第二年成立，负责实施和监管旨在"正常化"加泰罗尼亚语的措施，换言之，其目的在于提升加泰罗尼亚语地位，使之与西班牙语（*castellano*）功能平等。同时，在南非，一个独立的法律机构和重要的南非语言规划机构——泛南非语言委员会（Pan South African Language Board；PANSALB）于 1996 年正式成立。它负责的事务之一就是努力推广使用先前被边缘化而今已被授予正式地位的一些语言，如文达语（Tshivenda）、聪加语（Xitsonga）、伊斯尼达贝里语（isiNdebele）和斯威士语（siSwati），并调查违反语言权利条例的情况（见 Marivate 2000）。

综上，我们可以得出一个结论：国家扶持的正式机构仍然在语言政策中发挥着重要作用，只是随着时间的流逝，它们的功能已经延伸至地位规划，意识形态偏见也有所改变，至少部分情况如此。泛南非语言委员会的成立即为明证，它的目的已不再是像先前一样在一国边境内标准化和推广一种独霸天下的国语，而是由官方批准提倡多语制度。

2.2.3.2 词汇扩展

如果我们更为详细地研究词汇扩展，我们会发现这其中也同样既有技术方面的问题，又有意识形态方面的问题，因为新词语的创造者会面对一系列选择，每一种选择都带有政治或意识形态的意味。例如，在电子通信如此发达便捷的当今社会中，其中一个最不具有规定性，但也最具有现实意义，且也常常是最合理的选择是正式承认已经广为使用的外来词。当然，这规避了接受问题，但仍可能遭遇纯洁主义派或民族主义者的反对。比方说，有一些国家的研究院就对从英语借词持抵制态度。如果没有现成词汇对应某一特定概念，或者自发的、民间借用词被认为不妥当，那么就有必要干预创造一个新的词汇（lexication），这时可能有好几种选项。

首要的是一个双项选择题：是从土著语源中创造一个新的词汇，还是从另一种语言系统借入？如果选择第二种方案，后续还有更多决定要做，如选择哪种源语言，借入词在语音、字体和形态方面应在多大程度上进行本土化改变；如果选择第一种方案，则有很多种方法可以采用，如借入翻译（翻译外来词）、语义转变（即赋予旧词新义）、利用土著语词根词缀造词、复合构词等。

这一过程，学者们经常采用印度尼西亚语的例子来加以阐释（见 Cooper 1989；Foley 1997；Kaplan and Baldauf 2003），大概是因为本案中术语扩展采用了不止一种而是多种来源和方法，而且操作过程记载翔实（Alisjahbana 1976）。为方便起见，我们也以印度尼西亚语为例，如表 2.1 所示。

表 2.1 词汇扩展：以印度尼西亚语为例

（见 Foley 1997、Kaplan and Baldauf 2003 和 Alisjahbana 1976）

构词方法	举例
1. 自欧洲语言（如英语）借入，有形体或语音改变	*taksi*【出租车】 *universitas*【大学】 *demokrasi*【民主】
2. 语义转换／语义拓展	*urak* [root] → 【腱】 *pembulah* [to + bamboo] → 【动脉】
3. 自梵语词根和词缀借入	a. *wan* [person of] + *warta* [news] → *wartawan*【记者】 b. *wan* [person of] + *sastera* [literature] → *sasterwan*【文人】
4. 用印度尼西亚土著语词根、词缀构成	affixes: *ke- -an.* root: *bangsa* [people] → *ke-bangsa-an*【民族】
5. 复合构词	*anak kalimat* [child of a sentence] → 【短语】 *anak uang* [child of money] → 【利息】

评论：库珀（Cooper 1989：152）指出，源自英语和其他欧洲语言的借入词往往使用于科技、经济和政治语域，而梵语借入词则更多使用于文学和艺术领域。福勒伊（Foley 1997：414）认为，创造新词时印度尼西亚的语言规划者倾向于首先选用土著语言作为来源，其次是梵语（一种历史上使用于印度尼西亚帝国的印地语），最后是英语，这种选择反映了民族认同和正统性方面的考虑。

无论是从外语借词还是利用土著语源创造新词，都是实际的和意识形态的结果，如借词，一方面可以促进"互译性"，但另一方面也可能令至少一部分人感到莫名其妙，而且更严重的是，有人可能认为外来词削弱了国语的正统地位，当然这种论调通常会因源语言而影响有大有小。

然而，使用土著语源也不一定就会一帆风顺。对于主张现代化的人而言，这可能被视为目光狭隘的返祖复古行为。其次，采用哪种土著语和变体作为词根、词缀也让人颇为头疼。再次，所有的新词都将面临能否被接受的问题。一般观点认为，如果没有其他使用选项或压根还没有这一用法，新词较为能够被接受（Cooper 1989：151）。但如果要用新词替换已经在科技、体育、经济、商业、政治、大众娱乐、计算机等领域自发借入且广为使用的外来词，难度可想而知。实际上，在太多情况下，学院派造的新词往往见光即死，成为"钉在收藏架上的死蝴蝶"（Lewis 1999：75）——虽然漂亮，却没有生命，因为从未在新闻、书籍或日常谈话中使用过。[8]

这并不意味着新词的传播没有成功之例，尤其是当替代外语借入词的背后有民族主义情绪为背景时，如土耳其20世纪30年代的语言改革（见下文）。但总体而言，我们却不得不认同赖特（Wright 2004：60）的观点，那就是，在当今全球化时代，边界开放，电子通讯方便快捷，要管制国语，堵塞外语借入词，尤其是英语借入词，将变得日益困难，且不得人心。而且，语言学家和学者对借入词的态度也已悄然发生变化：它们既可以是语言活力的反映，也可以是语言堕化的反映。土耳其外交家和作家屈内拉尔普（Kuneralp 1981）曾经对土耳其语言改革进行过这样的反思（引自 Lewis 1999：152）：

> 如果我们是纯粹土耳其语言的狂热支持者，当我们找不到一个纯粹的土耳其语词汇来表达我们想要表达的意思时，我们就会把那个意思嫁接于其他字词身上，而出于社会政治信念摒弃那个恰好能满足我们需要的阿拉伯语、波斯语或西方词汇。如此这般，我们就会让我们的语言变得贫瘠，消除字词之间的微妙差异，剥夺它的清晰表达，把它变成一种寡然无味的空架子。而与此相反，如果我们从别的语源借入的词越多，那么我们的语言就会越清晰、越多姿、越丰富……我们生活的世界日益变小，各民族日益接近，他们的语言彼此影响又彼此受益、丰富和充实。（引自 Lewis 1992：2—3）

2.2.3.3 语言纯洁主义

在上述讨论中，我们或直接或间接地谈到了语言纯洁主义，这是一种无论对语言学院还是对个人都有很大影响的意识形态，因此我们不妨稍作探讨。托马斯（Thomas 1991：75）把语言纯洁主义分成几种不同的类型：一种是精英纯洁主义，即鄙视非标准及地方用法。另一种是泥古纯洁主义，认为最纯粹最真实的语言表达存在于遥远的古代。可能更为常见的还有一种是"排外纯洁主义"（Thomas 1991），它试图清除语言中的外来因素，我们将着重探讨这一种纯洁主义。

排外纯洁主义显而易见与民族主义意识形态紧密相关。赫尔德[①]认为国语如果包含太过明显或太多数量的外来成分，那么它就不能真正成其为国语。在民族形成最高涨的时期，排外纯洁主义表现可能更明显一些。词汇往往是最受关注的一个方面，正如托马斯（Thomas 1991）指出，虽然任何一个语言领域——语音、词法、正字法——都在原则上可能是纯洁主义者关注的对象。一般情况下，纯洁主义干涉会以词汇中的外语借入词为目标，试图用土著语源的词汇、方言、古雅流行形式（archaic popular forms）和古代文本等取而代之。

此类例子俯拾皆是，法兰西学院现在仍然与入侵的英语做斗争，19 世纪至 20 世纪早期民族主义高涨时期尤甚。在芬兰，19 世纪的语言学家曾努力扫除瑞典词语，推广正宗的芬兰新词（Wright 2004：58）。意大利法西斯统治时期（1922—1945）也热衷于在公共场合清除一切具有明显外语特征的单词。最值得一提的语言干预的例子当属土耳其始于 20 世纪 30 年代的语言改革，这场运动很明显地融合了语言纯洁主义和民族主义。

要想理解这场改革的动机，我们有必要了解一下当时的政治背景。1923 年一个全新的土耳其共和国从旧的奥斯曼帝国的废墟之上脱胎而出。新土耳其共和国的国父和第一任总统凯末尔·阿塔蒂尔克（Kemal Atatürk，1881—1938）决心打造一个全新的民族认同，一个不朽的、现代化的土耳其，并为此发起了一整套社会、法律和文化改革，包括采用西方历法（1925）、创立新的世俗法律、使用西式姓氏（1934）、扩大妇女权利、关闭宗教学校、禁止戴非斯帽（1925）[②] 等。

---

① 赫尔德（Johann Gottfried von Herder）（1744—1803），德国思想家、作家和文学批评家，狂飙运动的先驱，认为语言是思维的工具。1722 年发表《论语言的起源》，主张德国人应说德语，摒弃"塞纳河肮脏的污泥"（即法语词汇）。

② 红色或黑色的桶型圆毡帽，又名土耳其毡帽。

语言也没能逃脱改革者的注意，1928 年阿拉伯-波斯字母正式被拉丁字母，即所谓"Gazi 字母"取代（Lewis 1999：35）。这种做法虽然很极端，但很快被另外一个雄心勃勃的计划遮盖了它的光芒，即全面清洗几个世纪以来渗入奥斯曼土耳其语[9]中的大量阿拉伯语或波斯语词汇，用土耳其语的词汇取而代之，以打造一个纯粹的摆脱了"外来语言枷锁"[10]的与日常用语更为接近的土耳其语（*Özturkçe*）。

这项计划于 1932 年 10 月召开的第一届土耳其语言大会（Kurultay；Turkish Language Congress）即将闭幕之时如火如荼地全面展开。这次大会可称是一次语言总动员。随后，土耳其全国的教师、医生、公务员、税务员和官员都被派出搜集安纳托利亚方言词汇，以取代源自阿拉伯语的词汇。与此同时，学者们也搜肠刮肚，从土耳其语的古老文本和字典中寻找取代万恶的阿拉伯-波斯语的词汇。1934 年大功终于告成，一部 *Tarama Dergisi* 横空出世。第二年，为方便民众使用，报社推出了替代词汇表，并冠以 *Cep Kilavuzu*（《从奥斯曼语到土耳其语的口袋书》）之名出版发行（Lewis 1999：55）。

如此大规模的改革不可避免地会有太多的不足，因为很多人对语言知识知之甚少或者压根一无所知，因而尽管有些新造词汇是按照标准的语文学原则创造的，比如使用现有的土耳其词根、词缀复合而成，但有些却几乎完全是凭空想象、主观捏造的（见 Lewis 1999）。而且，当没有与一个重要词汇相对应的土耳其语词汇时，往往会子虚乌有地创造一个土耳其词源。

创造新词汇的具体细节，以及阿塔蒂尔克去世之后土耳其语言研究协会（*Türk Dil Kurumu*；TDK）进行的语言纯洁化工作，因不在本章讨论范围之内，不再赘述。不过我们倒可以简要说明一下总体结果：到 20 世纪70 年代，土耳其语已经被修改得面目全非，以至于土耳其的年轻人几乎无法理解 20 世纪二三十年代的文本了。正因如此，加之随着奥斯曼词汇的砍削而导致的词汇匮乏和语域变异，刘易斯（Lewis 1999）把这场改革称为"灾难性的成功"，但他也承认（Lewis 1999：150），并非一切都已失去：一些旧词现在又浮出水面，人们也有更大的意愿借用有益的外来词，纯洁派现在关注的目标与其说是奥斯曼词汇，不如说是来自英语的擅闯者。

对于语言规划者而言，土耳其语言改革是一场引人注目的、极不寻常的、成功的本体规划案例，但它也表明了如此大规模的干预可能会导致不可预见的负面影响。

2.2.4 地位规划的作用

本体语言规划的领域是语言本身（见上文），而地位规划，即以实现语言的社会功能为目标的干预，它通常包括对数个社会领域同时进行的干预活动：工作场所、当地政府、家庭、法律、媒体和教育等等。20 世纪70 年代的魁北克是一个典型例子。当时的执掌政权的民族主义政党——魁北克人党——为提高法语相对于英语的地位，实施了一系列措施。影响最深远的当属 1977 年颁布的《101 号法案》（又称《法语宪章》）。该法案要求，雇员超过 50 人以上的公司应取得"法语使用证书"，以证明法语是其内部交流的正常语言（工作场所领域）。新入境移民应将子女送入法语公共学校（教育领域）。最有争议的措施是不允许法语之外的任何语言出现在户外标志（如商店标牌、广告牌、交通标志等）上。

这些限制性条款几近于排斥了联邦政府的双语或双文化政策，因为在一个主导语言，即英语，与机遇和社会流动紧密相连的社会，如果实施开明的多元政策，允许选择语言的自由，法语将陷入长期的衰落。因而，唯一有效的办法可能就是积极的反霸权政策，使魁北克成为一个单一语言的法语圈（见 Schmidt 1998）。

跨越多个领域实施地位规划的又一个范例是新加坡的"讲华语"运动。这项运动由时任总理的李光耀出于教育、文化和交流等方面考虑而于 1979年发起（详见 Bokhorst-Heng 1999），其宗旨是劝说新加坡华裔使用华语放弃方言，如闽南语、潮州话、客家话、粤语等。与魁北克一样，新加坡也采取了一系列措施推广普通话：报纸和电话敦促普通话转型的广告铺天盖地，公共服务电台和电视台禁止使用方言（媒体领域）；提供更多培训华语的成人学习班（教育领域）；对于军队等职业团体，晋升和涨薪与华语考试直接挂钩（工作场所领域）；商店店家和摊位商贩也要求提供商铺汉语拼音标牌[11]。

最新的调查数据显示，这场运动不仅在显性的公共领域而且在家庭领域都取得了相当的成功。比如，截至 2000 年，在家使用方言的比例已跌至 23.8%，而在 1980 年这一比例曾高达 59.5%。同一时期，在家使用华语的比例也由 10.2% 升至 35.0%（调查数据引自 Pakir 2004：122）。

2.3 教育领域的语言规划

在上述所有的领域中，最重要的可能就是教育了，有时它甚至承载着语言政策实施的所有重荷，原因很简单明了：大部分国家的教育都主要由国家资助因而也受控于国家；学校是社会化的关键机构之一；在校学生是被动的受众，教学大纲给国家提供了无与伦比的机会塑造下一代的态度和行为。因此，教育经常被当作民族转型过程中的奠基石一点都不足为奇。

举个例子，全国大众教育系统在英格兰和威尔士（1870），法国（19世纪 80 年代依据《Jules Ferry 法案》）以及很多其他国家（如日本——见Coulmas 2002）的推行对于民族标准语言的传播起到了绝对核心的作用。当然，这些标准语言在很多情况下与在家庭内部所使用的本地语言大不相同。这样一来，对于标准识读能力的灌输就要求掌握一种不仅在书面方面而且在句法、词法方面也不同的语言媒介。近年来，教育也被看作语言复兴的重要工具。

一些社会试图摆脱被支配地位，排斥本国中央集权政府的旧的语言或文化霸权，如威尔士、加泰罗尼亚及巴斯克地区。教授本地语言不仅可以是家庭内部代代相传这一方式的重要补充，而且还能总体提高本地语声望地位。

然而，教授本地语言以使其复苏是否能够奏效仍然存在疑问。根据2001 年的人口普查数据，威尔士语使用人数近来有少幅上升，这可能跟学校增加威尔士语教育相关，但在学校掌握的威尔士语语言技能是否能保持终身，以及能否传至下一代仍然未知。我们将在第 4 章详细阐述这一问题。

爱尔兰的情况与威尔士大不相同，教授少数民族语言[12] 已被证明不是语言复兴的有效工具（见 Ó'Riagáin 2001）。很多评论家得出的结论与费什曼（Fishman 1991）一致，即虽然少数民族语言教学对于语言复兴会起到一定的帮助作用，甚至也非常必要，但如果在其他领域不采取任何行动，不巩固语言教学的效果，那么这样做是不充分的，事实上也很可能完全没有效果（见第 4 章）。

如果语言教育经常作为取得更广泛的地位规划目标（如民族标准语言的传播）的工具，那么它本身也因足够独立值得拥有一个自己的标签而成为语言政策的一个焦点。如库珀（Cooper 1989：33）提出，其中一种可能是"习得规划"，即旨在增加某特定语言的使用者的规划。另外一种可能更适宜，因为包涵性更广一些，即"教育领域语言规划"。它包含如下一些语言政策问题，很多我们将在后续章节涉及：

1. 如何在不同教育体系级别——初级教育、中级教育、高等教育——选择教学媒介语（见第 3 章和第 7 章）。

2. 母语在教育过程中的作用（见第 3 章）。

3. 选择何种语言作为第二语言或外语课程，相关的决定还包括：
   何时将这些语言设置为教学课程进行讲授；
   外语学习是否应该设为必修过程，为谁开放，开设多长时间；
   多少在校生需要接触第二语言教学或外语教学。

4. 对英语或其他少数跨境语言（pluricentric languages）[①] 而言，以何种语言变体为教学模板或规范（见第 6 章）。

　　值得注意的是，上述诸问题不仅仅是教育方面的问题，而且很明显都有更广泛的社会和政治影响。例如，使用少数民族语言进行课堂教学当然毫无疑问会有重要的教育影响，但在像美国（见第 3 章）这样的一些社会，这也是一个重要的身份认同政治[②] 的焦点问题，因为虽然有一些美国人欢迎双语教育（包括少数民族语言），很现实、欣然地接受多元语言和多元文化社会，但有人却提出反对，担心这样会腐蚀传统上建立于单一文化基础的民族认同，会给未来带来可能的社会冲突。

　　同样的观点也适应于多元语言的后殖民地社会（如马来西亚、印度、坦桑尼亚、南非、肯尼亚），教学媒介语的选择很明显既是一个教育问题，也是一个政治问题（详见第 7 章）。实际上，很多评论家都已多次指出（包括 Tollefson and Tsui 2004 卷），选择一种教学媒介语而非另外一种对于个人学习者，而且对于整个社会都影响深远，以至于政治方面的考虑经常掩盖教育方面的考虑。

　　在下一章我们探讨美国的移民问题和少数民族的语言教育时，这一问题，即语言教育政策讨论中政治因素与教育因素的杂糅，也将多次出现。

---

① 跨境语言(pluricentric language or polycentric language）指一种语言有多种互动的、被编典的标准形式，通常在不同的国家有不同的形式。

② identity politics 这一概念出现于 20 世纪后期，指在社会上因性别、人种、民族等原因受到歧视的人群因集体的共同利益而展开的政治活动，也被译为身份政治。

尾注

1. 英语也是其中一例。别忘了韦氏（Noah Webster）在 18 世纪进行的拼写改革（例如用美式拼写 color 代替英式拼写 colour），其部分目的也是为了凸显美式英语独立于英式英语。

2. 这些著作包括 J. 斯威夫特的《关于纠正、改进和确定英语语言的建言》（*Proposal for Correcting, Improving and Ascertaining the English Language*，1712）、D. 邓肯的《新英语语法》（*A New English Grammar*，1731）、R. 洛思的《英语语法简介》（*A Short Introduction to English Grammar*，1762）和 S. 约翰逊的《英语语言字典》（*A Dictionary of the English Language*，1755）

3. 挪威自 1380 年一直受丹麦统治，四百年间丹麦语一直都是正式的书面语言。

4. 这里指约翰·斯托姆（Johan Storm，1836—1920）。如林（Linn 2004：228）所说，他对于 Landsmål 的未来并不乐观："我们并不希望 Landsmål 消亡。那些愿意使用它作为书面语言的人，就让他们去用吧……但如果要把这种语言强加于外人身上，不可掩饰的一个事实就是：它确实是一种人为的、随意拼凑的方言，也将面临所有人为语言一样的命运：它将悄悄死去。"（Storm J. 1896：114—115，引自 Linn A. 2004：228）

5. 我们在此不妨再举一个斯瓦希里语的例子。20 世纪 30 年代，英国殖民地统治者决定以桑给巴尔的地方方言 Ki-Unguja 为基础制定标准。但这一语言却并没有被所有人认可，蒙巴萨岛聚居区的人们就操持着另外一种北方方言 Ki-Mvita。但没有证据表明，这促进了斯瓦希里语得以传播，成为肯尼亚的通用语言。

6. 截至 1966 年马来西亚语文局（DBP）已经出版了 475 本书籍，主要是学校的教科书和供公众学习的各种读本。1970 年还出版了《马来语词典》（Alishjahbana 1970：407）。DBP 还参与新词语的创造，至 1967 年已造 7 万余字条。

7. 威尔士语言委员会于 1993 年被给予法律认可（见第 3 章）。

8. 刘易斯（Lewis 1999：75）这一比喻引自土耳其语言改革家阿塔伊（Falih Atay，1894—1971）。提到不成功的新词，西班牙词汇 balompie（足球）又是一例。很明显这一语法早已不再有人使用（除了一则标题：*Real Betis Balompie*）。

9. 根据一项调查（见 Lewis 1999：158），截至 1931 年，土耳其五家知名报纸中约有 51% 的词汇来自阿拉伯语，而 35% 来自土耳其语。

10. 这句话系阿塔蒂克亲口所说（1930），转引并翻译自刘易斯（Lewis 1999：42）。

11. 汉语拼音是以普通话发音为基础的用于标音汉字的罗马字母书写系统。

12. 在爱尔兰，爱尔兰语是学校必修课程。

第3章 双语教育中的教育和政治维度：
美国个案分析

近年来移民加速涌入西欧、澳大拉西亚[①] 和北美的工业社会是全球化最显著的一个特点。有人认为，移民接收国日益明显的语言和文化多样性是一个令人棘手的问题，也有人认为这是一种机遇，也是一种社会和个人资源（见 Ruiz 1984《语言规划的三种取向》[1]）。最终采取何种取向反映了潜在的语言意识形态、民族观念以及少数民族文化在民族国家中的地位，这些都极其影响该民族国家对于少数民族子女教育的政策。对此，我们将在稍后章节探讨这些问题。

我们将首先探讨双语教育在教育方面而非政治方面的意义。我们之所以以美国为关注点，一方面是因为这方面的文献浩如烟海，我们不得不有所取舍；另一方面是因为美国的双语教育是语言政策一个很有争议也很引人瞩目的地方。北美也恰好是大量少数民族学生教育项目的理论和实践活动的舞台，虽然它们各不相同，在某些方面也难以一概而论，但与政治辩论一样，它们对世界上其他地区的双语教育的实施仍有相当的借鉴意义。

当然，双语教育受其所处的社会、政治和教育背景影响极大，因此，我们不妨先从这些相关的背景因素开始研究。

3.1 美国双语教育的背景

为研究方便，我们将双语教育的背景因素分为四大类：人口因素、社会因素、历史因素和类型因素。我们先来考察一下美国不断变化的少数民族群体人口分布情况。

3.1.1 美国的移民和少数民族群体

随着 1965 年《移民和归化法案修正案》的颁布，美国取消了民族来源配额制度[2]，移民美国的新时代拉开了序幕。其中一个主要的影响是亚

---

① 原文为 Australasia，一般指大洋洲的一个地区，如澳大利亚、新西兰和邻近的太平洋岛屿。

洲和拉丁美洲取代了欧洲成为主要的移民来源。马西亚斯（Macias 2000：17）根据美国十年一度的人口普查结果发现，20 世纪第一个 10 年期间 92.5% 的移民都来自欧洲，而 1981—1990 年间的相应比例仅为 9.6%。与之相比，亚洲移民的比例增至 38.4%，而拉丁美洲，尤其是墨西哥，移民比例则增至 32.1%。

第二个重大影响是移民增长速度的加快。1980—1990 年间美国的人口增速为 10%，而同时期在家使用非英语的人数增长了 38.6%，达到 3180 万（占全国人口总数的 14%），而 1980 年这一数字为 2310 万，占全国人口总数的 11%（Macias 2000）。在这 3180 万人中，使用西班牙语的人口占比最大，为 54.4%，达 1700 万，其中墨西哥裔是最大的民族[3]。

第三个重要影响是少数民族群体语言人口在美国的分布并不均衡：超过 50% 的人口居住在三个州——加利福尼亚州、纽约州和得克萨斯州，而西班牙语人口又主要聚居于洛杉矶、纽约、迈阿密、芝加哥和旧金山海湾一带（Macias 2000；Schmid 2001）。

关于英语学习者，数据则不一定很准确，主要是因为各州之间对于英语学习者或英语能力有限的（Limited English Proficient；LEP）学生的定义不尽相同。[4] 尽管如此，奥古斯特和伯田（August and Hakuta 1997）和马西亚斯（Macias 2000）都提出了令人信服的证据，表明在 20 世纪 90 年代，美国公立学校和私立学校的英语能力有限的学生的人数和比例都大幅增加。据估测（Macias 2000：43），1997 年自幼儿园至 12 年级（K—12）约有 340 万英语能力有限的学生注册入学，其中 73% 是西班牙语人口。更新的数据（Kindler 2002）表明，美国大陆约有 400 万英语能力有限的学生注册学习，占所有公立学校 K—12 入学学生总数的 10%。同样，英语能力有限学生的分布也不均衡。例如甘达拉（Gandara 1999）报告称加利福尼亚 K—12 入学学生中有 25% 是英语能力有限学生，而这些学生中 88% 又来自西班牙语家庭。与此同时，其他一些几乎没有为英语能力有限学生提供教育服务经验的州也发现类似情况，此类学生人数增长迅速，当然，这些州基数都比较低——堪萨斯州增长了 290%，佐治亚州增长了 392%，俄勒冈州增长了 480%（Crawford 2002）。人口统计预测显示，这一人口群体至 21 世纪 30 年代可能占到美国学校适龄人口的 40% 之多（Thomas and Collier 2002：1）。

3.1.2 少数民族：社会背景

与其他地方一样，在美国，少数民族人口的语言差异很大。例如，亚裔美国人就明显不同于土著美国人和拉美裔美国人。[①] 这三个称谓其实都是元族群分类，每一个称谓都包含相当数量的内部类别。[5] 要理解这种多样性，其中一种方法就是奥布的分类法（Ogbu 1978），即将少数民族分为自治的、种姓的和移民的。[6] 后来奥布（Ogbu 1992）又重新分为两类：志愿移民少数民族和非志愿移民少数民族。这种分类方法很粗，但它至少突出了将权力、地位和从属等级等作为区分少数民族的因素。它也有助于我们注意到一个事实，即有些少数民族是经历过军事征服或其他暴力手段才被迫并入美国社会的。谈及这一点，我们会立即想到非裔美国人、土著美国人和墨西哥裔美国人（1846—1848 年美墨战争之后）的悲惨历史。

相比之下，亚裔美国人有时被归为志愿少数民族，因为他们是主动移民的，但这里也有两个方面的问题。其中一个略为次要的问题是有些国家——如越南和柬埔寨——其经济社会陷于崩溃，那么这些国家的移民是否为志愿移民？另一个问题是不管主动与否，也不论他们的初衷如何，大部分移民在到达美国之后都被并入了历来已久且长期备受歧视的民族认同。

> 每天与不同族群（如英裔白人、黑人、亚太人、拉美人、印第安人等）无数次的接触使得这些移民及其子女被视为，而且也自视为"拉美人""亚裔"等。（Schmidt 2000：188）。

由此可见，所谓志愿与非志愿少数民族的分法非常值得商榷。当然，这也可能使得少数民族可以从道义方面要求政府支持他们的语言和文化。

跟教育成绩相关的更为重要的一点是美国少数民族群体语言中持续的社会分层化（social stratification）以及他们时至今日仍然遭受的种族排斥和歧视。施密特（Schmidt 2000：93）[7] 引述的数据很能说明这一问题。1989 年欧裔白人人口的家庭收入的中位数为 31,400 美元，亚裔美国人为 34,800 美元。非裔和拉美裔美国人则排名靠后，分别为 19,800 美元和 24,200 美元。施密特（Schmidt 2000：92）引用美国人口调查局的数据表示，在贫困率方面，各族裔也相差悬殊：欧裔白人为 8.6%，亚裔为 14.5%，而非裔、拉美裔和土著则分别为 28.4%、30.3% 和 31.2%。这一趋势得到

---

① 本文将 Latino 或 Hispanic 译为"拉美裔美国人"。

了奥古斯特和伯田（August and Hakuta 1997：4）的印证，他们的报告称35%的说亚太岛上的语言及57%的说西班牙语的英语能力有限学生的家庭平均收入在20,000美元以下。

在教育结果方面，也有同样的阶层分化情形。1992年以来的高中毕业生数据显示，欧裔和亚裔的毕业率分别是91%和92%，而拉美裔的高中毕业率仅为60%。[8]英语能力有限的学生（其中大多数是西班牙语学生）普遍在标准化阅读和数学考试方面比英语为母语的同学得分要低（Moss and Puma 1995）。

值得注意的是亚裔在教育方面的表现可圈可点，虽然本章并非要全面解释这一现象，但究其原因可以说大致有二：（1）亚裔文化态度和家庭练习使得其子女在学业方面享有相对优势；（2）历史上融入美国社会的不同方式影响了这一族群的附属地位和遭受歧视程度的不同。

少数民族群体之间的这些差异的影响显而易见。其中最主要的是，它们表明少数民族学生的学业成绩背后的原因非常复杂，尤其突出的一点是授课语言（使用英语与学生第一语言的授课比例）似乎不是影响教育结果的唯一或主要变量。我们还应该考虑的是更广泛的社会背景，包括墨西哥人长期以来经历的被征服和贬抑的历史。众所周知，这些对于儿童的发展有重要的影响。一位双语教育研究方面的杰出学者康明斯（Cummins 2000）就认为，影响少数民族学生学业成绩的重要决定因素，除了狭义的教育因素之外，还应该强调社会权力关系：

> 语言学和心理学研究无法解释为什么有些不同文化的群体一直在学业成绩方面不如人意，也无法告诉我们采取什么样的教育干涉方法能够扭转这种趋势。要想解答这些疑问，我们需要转向社会学和社会政治取向。（Cummins 2000：34）

对于墨西哥裔美国学生而言，他们在教育方面的社会背景包括：教育发展落后，教育程度不充分；对其语言和文化进行贬损；学校采取"同化"课程（Schmidt 2000：109）。奥古斯特和伯田（August and Hakuta 1997）及克劳福德（Crawford 1997）也指出，贫穷、社会地位低下、市区学校存在相对种族隔离[9]，且学校往往经费不足，教师缺乏经验，这些都是制约当代很多英语能力有限的学生教育方面的背景因素。

康明斯（Cummins 2000：44）的观点很令人信服，他认为"强制式权力关系"（coercive relations of power）强迫少数民族学生默认他们低人一等，使得他们在学业成绩方面相对较差。这种权力关系通过影响教育结构（如家长参与程度、对学生母语的认可程度等）和教育者思想（他们的思想会相应影响少数民族学生和教师之间的微互动）而实现。

康明斯提出要解决这一问题（Cummins 1996, 2000），学校应该推行"转型教学法"（transformative pedagogy），教师和管理人员应努力改变与学生微互动的性质，支持在校园生活中融入非主流的语言和文化，鼓励学生大胆质疑生活中与现存权力关系相关的经历。简言之，教师应采取明确的政治立场，挑战阻碍少数民族教育进步的结构。

然而，考虑到教育过程受社会大背景的制约和影响程度，康明斯推行"转型教学法"的想法虽然令人向往，但关于它能否带来理想的转变实在不容乐观。

我们再说明两个问题，以此作为本节的小结。第一，我们要再次强调学校之外更广泛的社会政治背景的重要性，虽然它在我们进一步讨论少数民族学生教育细节时只是一个背景，但我们应该牢记，它是双语教育讨论的一个重要基础，也会对语言少数民族学生的教育结果产生重大影响。第二，我们已经认识到当代美国社会的两大显著特征：由于近年来大规模移民引起的人口分布变化，以及持续的种族语言阶层化和不平等化。有一些评论家（如 Schmidt 2000）认为，二者的共同作用加剧了近年来美国语言政策的冲突。一方面，不断涌入的拉美移民和亚洲移民及随之而来的英语能力有限的学生入学人数的增加使得欧裔美国人担心英语地位不再稳固，国家统一和国家认同受到威胁。同化主义者游说组织（assimilationist lobby groups）的增多（见本章 3.3 节）就反映了这种担心，如美国英语协会（US English）[①] 称其目前在全国拥有 170 万会员（US English 2003）。另一方面，由种族语言不平衡引起的社会不公促使少数民族要求改革现有政策，肯定和支持少数民族语言和文化，纠正社会不公。

我们会在以后的章节中再次讨论多元与同化之争。现在我们将把话题转入双语教育的历史和为英语能力有限的学生提供的教育项目类型。

---

① 该组织建立于 1983 年，是美国历史最久、规模最大的公民行动组织（citizen's action group），该组织致力于在全美维持英语的统一角色（unifying role）。详细介绍见其官网：https://www.usenglish.org/。本书 3.3 小节亦有介绍。

3.1.3 自 1968 年后美国双语教育的立法史

关于双语教育历史，美国有非常丰富的优秀著述，记录了 19 世纪和 20 世纪语言政策和对待移民及其语言的变迁的态度（如 Baker 2001；Crawford 1999，2000；Lyons 1995；Ricento 1996，1998；Arias and Casanova 1993；Schmid 2001；Fishman 1981；Ovando 2003；Gonzalez and Melis 2000）。在此重述这段历史意义不大，因此，我们将长话短说，只挑选其中的一些关键节点进行简要评述。我们将从 1968 年的《双语教育法》开始谈起。

1968 年《双语教育法》（Bilingual Education Act，BEA）

该法案由得克萨斯州民主党议员 Yarborough 提出，它其实是 1965 年颁布的《中小学教育法》（ESEA）的一个修正案。通过增加一个第七条款，该法案原旨在采取一些补偿性措施，帮助一些因英语语言技能薄弱而处于不利处境的贫困学生。初步的拨款预算实际上少得可怜，仅 750 万美元，因此反观这项法案，它主要是作为一种象征而存在。它虽然不是强制性要求，但使母语为语言小族的儿童在教育领域使用家庭语言得以合法化。

1974 年 "刘氏诉尼古拉斯案"（Lau v. Nichols）

这一著名案件是美国双语教育史上的标志性事件。案子是由一起课堂行为引起。一对说汉语的夫妇状告旧金山联合校区教育委员会（Unified School Board），诉其未能以儿童能够理解的语言提供教育，违背了 1964 年《民权法案》第六条所规定的学生权利。最高法院最终选择支持原告，做出以下裁决：

> 仅仅提供给学生同样的设施、课本、教师和课程无法保证待遇的公平，这样实际上等于把不懂英语的学生排斥在任何有意义的教育之外。（引自 Lyons 1995：4）

在最高法院做出这一裁决之后，联邦政府教育部起草了一套被称为 "刘氏补救措施"（Lau Remedies）的指导方案，帮助受联邦政府资助的学校配合实施第六条规定。该指导方案要求学校为英语能力有限的学生提供以英语为第二语言（English as a Second Language；ESL）的教学，并以学生家庭语言（第一语言）教授学校课程，直至他们的英语足够流利，能够加入主流课堂。

但是"刘案"及其随后的"刘氏补救措施"还有更多的历史意义，即从彼时起，"要么淹死，要么学会游泳"的沉浸式教学法（见本章 3.1.4 节）对于英语能力有限的学生而言也构成了违权行为。

1974—1994 年《双语教育法》的再授权，《中小学教育法》第七条

在 1974—1994 年间，《双语教育法》被重新授权了五次。20 世纪 70 年代（1974，1978）时倾向于增加第七条拨款，移除资格限制，扩大双语项目范围。同时以过渡语言对双语教育进行定义和限制。例如学生母语（如西班牙语）的使用应该限于"使学生提高英语能力"（Lyons 1995：2）。

然而，至 20 世纪 80 年代及 90 年代初期，无论公众还是联邦政府，尤其在里根执政期间，对双语教育的质疑，都呈上升趋势。因此 1984 年和 1988 年两次再授权时，强调了双语教育的最终目的是英语习得。此间的另一项重要措施是对"特殊替代教学项目"（SAIPs）也根据《双语教育法》第七条进行资助，这些项目实际上大部分都是单一语言即英语项目。

与前几次再授权相对比，虽然 1994 年的第五次再授权处于不友好的氛围，但这次再授权却相对较为开明。它明确认可了双语项目，"尤其是那些旨在保护和培育儿童母语技能的项目"（Crawford 1997：3）的价值，而且公开宣布把少数民族学生与大多数说英语学生的学习公平作为一个高度优先的发展目标。

1998 年《第 227 号提案》

尽管 1994 年《双语教育法》的再授权令人鼓舞，但公众和政界对于双语教育的敌意却在 20 世纪 90 年代持续高涨，尤其是在如加州之类受移民激增影响很大的一些州。较早的表现之一就是 1994 年通过的第 187 号提案，该提案把"未记录在册"的移民（即非法移民）排斥于绝大部分公共服务之外。

双语教育一个最严重的挫折是 1998 年加州公众投票通过了第 227 号提案，即所谓"为儿童说英语"倡议。该提案由软件开发巨商和政治活动家罗恩·昂茨（Ron Unz）提出，最终以 61：39（百分比）获得多数通过。该法案几乎取消了所有的双语教育项目，[10] 代之以"保护式英语沉浸教

学法"（sheltered English immersion）①。学生可以在临时过渡阶段（一般情况下不超过一年）学习，但之后学生将会转入主流课堂（Crawford 1999：252）。

近年来类似的反双语教育提案也在昂茨的资助下获得通过，如亚利桑那州于 2000 年以 63% 的支持率通过了第 203 号提案；马萨诸塞州也于 2002 年以 68% 的高支持率通过了一项反双语教育提案。

我们将在本章 3.2.3 节详细讨论与《第 227 号提案》相关的争论。

2002 年《不让一个孩子掉队法》

目前，联邦政府对语言小族学生的教育政策的主要依据是 2002 年颁布的《不让一个孩子掉队法》。这一法案是对 1965 年《中小学教育法》的再授权并进行了重大修改。该法案基于四大原则：1）加强结果责任制；2）对以科学研究为依据最佳方案的强调；3）父母选择与本地监督；4）灵活性。

现将法案中的重大变革列举如下：

1. 把支持英语能力有限学生的《双语教育法》第七条变更为第三条。

2. 《双语教育法》重新命名为《英语语言习得法》。

3. 对资助方案进行重大调整，取消原竞争性联邦补助金制度，改行"公式补助金制度"②，对各州进行拨款。其结果之一是各州教育部门在资金分配方面有了更大控制权，可以自主选择项目予以资助。

4. 增加对英语能力有限学生项目的资助，每年不少于 6.5 亿美元。[11]

5. 加强责任条款。每年以学校使英语能力有限的学生提高到"英语流利"的学生的百分比为标准进行年度评估。

6. 所有教育项目，含针对英语能力有限学生的教育项目，应以"以科学为基础"的研究结果为基础。

7. 学生参加双语项目限于 3 年，之后应转入主流课堂。

8. 原联邦政府双语教育和少数民族语言事务办公室（the Federal Office of Bilingual Education and Minority Language Affairs；

---

① 类似于欧洲的 Content Language Integrated Learning（CLIL），即综合语言学习法。

② 公式补助（formula grant system）是预算拨款方式的一种，其他补助方式还有合同补助和绩效补助。

OBEMLA）更名为"英语习得办公室"，旨在为英语能力有限的学生
提高语言能力和学术成绩（the Office of English Language Acquisition，
Language Enhancement and Academic Achievement for Limited English
Proficient Students；OELA）（Crawford 2002）。

许多评论者（如 Crawford 2002；Evans and Hornberger 2005）认为这
些变革是 1968 年法案第七条双语教育条款的倒退，因为该法案显然强调
了英语语言习得，而牺牲了少数民族母语技能的提高。虽然如此，但或许
现在评估它的长远影响尚为时过早。

上述检讨主要是关于联邦政策和法规，而非这些政策法规的实际
执行。这些政策法规及其实施按李圣托的观点都有重大局限。李圣托
（Ricento 1998：92）称，美国"缺乏充分的规划和资源分配，有效实施立
法或司法措施"。其结果是，美国学校对于是否配合联邦政府的命令犹豫
不决，摇摆不定。

马西亚斯（Macias 2000：41）也支持类似的观点，他指出"很多英语
能力有限学生的语言需求并未得以解决，大多数课堂仍然以纯英语教授，
学校也缺乏足够的合格师资教授双语项目或 ESL 项目"。虽然对英语能
力有限学生的联邦资助确实有所增加，但却跟不上英语能力有限学生的增
速。甘达拉（Gandara 1999）的报告证实了这一点，她的报告称 1997 年，
与"刘案"裁决的情况相反，加州有 20% 至 25% 的英语能力有限学生根
本没有得到特殊的教育服务，相反，只有约 30% 的英语能力有限学生参
加了双语项目，而且自"刘案"裁决至 1996 年的十余年间双语教育的师
生比不升反降，从 1：70 跌至 1：98。与此同时，相关的研究（如 Gandara
and Rumberger 2003）表明，那些贫穷或少数民族学生所在的学校的很多
教师非常可能都不具资格。[12]

这些数据使得加州《第 227 号提案》支持者的立场站不住脚。双语教
育不是失败了，相反，在加州，至少大多数的英语能力有限学生根本都没
有体验过双语教育。

最后，作为本节小结，我们要从历史事实出发强调两种总体趋势。其
一，尽管开明主义和限制主义势力此消彼长，但总体趋势是美国联邦政府
的政策是同化政策。随着《第 227 号提案》和《第 203 号提案》的通过，以
及《不让一个孩子掉队法》的颁布生效，这一点似乎更为明显：英语语言
习得是首要选择，少数民族母语语言技能的发展很难成为公众讨论的话题。

其二，美国近来也有一些对于少数民族学生而言利好的趋势，即有了更多样的教育项目。除了"结构性英语沉浸项目"（Structured English Immersion，简称 SEI）的增加，双向双语项目也在不断增加。我们将在下一节描述这些项目类型，并对其相关有效性进行评估研究。

3.1.4 双语教育类型

我们将在下文概述美国为英语能力有限学生提供的主要教育项目类型。[13]有些是双语性质而有些却明显不是。本章旨在提供相关背景信息，为本章 3.2.3 节进行双语教育研究讨论做好铺垫。

沉浸式项目（"要么淹死，要么学会游泳"）

这种教育方式其实根本算不上一个项目类型，因为英语能力有限的学生与以英语为母语的学生一起上课，却没有获得任何特殊帮助。虽然这样做违背了 1974 年的"刘案"裁决结果，侵犯了学生的民权，但在美国这种现象仍然并不罕见。例如，甘达拉（Gandara 1999）曾估计 1997 年，加州约有 20% 至 25% 的英语能力有限学生接受的就是这种教育形式。这一数据与克劳福德（Crawford 1997：18）的数据相吻合，他的估计是 1994—1995 学年约有 23% 的英语能力有限学生参加了"沉浸式"课堂。

ESL（英语作为第二语言）

学校提供的 ESL 课堂有多种形式，为方便起见我们将其分为三类：专门的 ESL、以内容为基础的 ESL 及"结构性英语沉浸式课堂"。

- 专门的 ESL：这一项目类型要求英语能力有限的学生参加以英语教授的主流课程，但期间一定计划时间到另外的平行课堂接受（各学校时间有长有短）的专门 ESL 培训。这种项目类型旨在使英语能力有限的学生全面融入主流课堂之前为其提供临时性的短期支持。奥古斯特和伯田（August and Hakuta 1997）报告称 ESL 和过渡性双语教育（见下文）是为英语能力有限的学生提供的两种最常见的项目类型。克劳福德（Crawford 1997：17）也认为"专门的 ESL 对很多学区而言仍是首选项目"。托马斯和科利尔（Thomas and Collier 1997）也与上述几位观点一致，认为专门的 ESL 是学生学习中最普遍的项目，在他们的取样中，52% 的学生参加的是这一项目类型。

- 以内容为基础的"保护式英语沉浸教学项目"（ESL-content；Sheltered English）：在这一项目类型中，ESL 课堂主要教授语法与词汇，而且也与以英语授课的课程内容相结合，但语言要简单些，由 ESL 合格教师教授。该项目类型旨在使学生同时学习英语及课程内容。同样，这类项目也是短期性质的，有时也会安排一定时期进行母语语言人文教学。

- 结构性英语沉浸式学习（Structured English Immersion；SEI）：这一项目类型实际上与上述以内容为基础的 ESL 类型极为类似，不同的是用英语进行课堂教学时会使用适应学生英语掌握水平的特殊教辅材料。另外不同的一点是教师也一般熟稔学生的母语。两者之所以有必要进行区分主要是因为有不同的依据。SEI 采取的是加拿大双语教育浸沉模式。当然，诚如托马斯和科利尔（Thomas and Collier 1997：57）指出，这两者实质上表同里异，加拿大浸沉模式旨在达成完全的双语制度，教授大多数以英语为母语的儿童少数民族语言技能（即法语），英语母语在这种教学法中仍然保持重要的角色。相比之下，SEI 项目是教授少数民族学生主导多数语言（即英语），而学生的第一语言在其中几乎是失言的。自第 227 号提案通过以来，SEI 项目据报告称已大幅增加。

过渡性双语教育（Transitional Bilingual Education；TBE）

这一类型有两种主要形式：早出型 TBE 和晚出型 TBE。

- 早出型 TBE（Early exit TBE）：在这一类型中，正常课程以两种语言讲授：学生的第一语言（如西班牙语）和英语，并辅之以 ESL 教学。随着学生掌握英语的熟练程度提高，以学生第一语言讲授的比例将逐步降低。联邦政府和州政府对母语授课规定了三年期限，三年之后学生应进入以单一英语授课的主流课堂。学生的第一语言仅仅起到一个临时辅助作用，因此，早出型 TBE 被认为是促进减法型而不是加法型双语制[14]，因为它本质上也是同化性质的，其目的是使学生融入英语主体的教育制度。

- 晚出型 TBE（Late exit TBE）：在这一类型中，以单一英语教育的过渡更为平缓。以学生第一语言为媒介的教育一般会持续至六年级。当然，母语教育的比例也会逐渐降低。整个过程中学生都接受专门的 ESL 教育。晚出型 TBE 没有早出型 TBE 普遍，虽然两者都没有惠及大多数的英语能力有限学生。例如，甘达拉（Gandara 1999）估计在 1995—1997 年间，加州只有约 30% 的英语能力有限的学生参加过某种形式的双语教育项目，而且很多教师不具有完全资格。

发展型双语教育（Developmental Bilingual Education；DBE）

发展型双语教育，或称维持型双语教育，是一种强式双语教育类型（Baker 2001），旨在使学生在习得主流语言（如英语）时保持并提高学生的第一语言，从而获得完全的双语技能和读写能力。

DBE 的一个主要特点是整个小学阶段持续使用第一语言作为教学媒介语，占课时比可达 50% 或以上。教师通常都精通双语且致力于支持学生的第一语言及其相应文化。之所以如此重视少数民族语言是因为校外没有理想的支持环境，如再不进行强化，第一语言技能可能遭受损耗。

虽然此方面的数据不易获取，但 DBE 和与之类似的晚出型过渡双语教育一般认为只服务于极少数少数民族的英语能力有限学生。托马斯和科利尔（Thomas and Collier 1997：55）的数据统计报告称，在他们的取样中只有 7% 的学生参加了 DBE。

双语言教育（Dual Language Education）（或双向双语教育 Two-way Bilingual Education）

在此项目类型中，主流学生与少数民族学生以尽量相同的比例接受教育。两组学生共同参加绝大部分正常课程，共同接受双语教育，如西班牙语和英语。该项目类型的总体目的是发展双语技能，使学生在小学和中学阶段甚至以后获得良好的学习成绩，建立积极的跨文化态度。

林霍尔姆（Lindholm 1997，2001）把这种项目解释为两个小类：90∶10 型和 50∶50 型。第一种类型中，在幼儿园和小学一年级阶段 90% 的课堂授课都用"少数民族语言"（minority language）（如西班牙语），10% 则用英语，这对于主流语言参与者而言，成了沉浸式教育。但分配给少数民族语言的教学时间比例会不断减少，到五六年级时，两种语言的比例就大致相当了。

相比之下，50∶50 类型中，主流语言和少数民族语言从幼儿园时期就平均分配，直至小学阶段。这种教学法的一个重要特点是不鼓励语言混杂或并存。教师虽然都精通双语，但两种语言却分开使用：通常情况是根据上课时间、课程内容而定，或有时由教师自定，比如在小学阶段组织团队教学等。在整个项目过程中，教育者努力促进双语或双文化意识，并鼓励学生家长参与（Guzman 2002）。

双语言项目始于 20 世纪 60 年代。佛罗里达州戴德县（Dade County）的珊瑚路小学是这一模式的先驱。早期还有牡蛎小学在 1971 年也实施了这一项目。大概是因为评估显示效果良好，20 世纪 90 年代双语言项目急剧增加。克劳福德（Crawford 1997）报告称到 1994—1995 年全美有 10 个州共 182 所学校开展该项目，当然相对于学校总量这仍然只是一小部分。贝克（Baker 2001）则称至 2000 年，全国有 200 所双语言项目学校。

在本节即将结束之际，值得说明的是，上述这些项目类型只是非常宽泛的分类。不但每种类型之下都有很多变异，而且项目名称也很可能与实际内容或本质极不相符，从而误导读者。

例如，维利希和拉米雷斯（Willig and Ramirez 1993）就指出，有些号称"过渡性双语教育"的项目实际上几乎都没有用学生第一语言进行授课。相反，有些 SAIP 项目尽管声称只用英语授课，甚至是那些被称为典范的项目（Lucas and Katz 1994），也出于不同教学目的而采用学生第一语言进行授课。古兹曼（Guzman 2002：1）也告诫人们有些双语言项目名不符实："校区所称的双语言项目常常与按要求的定义不一致"。而且即使名与实相符，实际操作中也可能有很大差异。

正因为实际操作中的这种差异以及名与实之间的不符，使得某些试图评估项目类型有效性的研究价值大打折扣，因此维利希和拉米雷斯（Willig and Ramirez 1993）建议，任何此类研究都应仔细记录项目执行细节。

最后，我们来了解一下区分不同项目和项目类型的重要参数：

- 使用第一语言授课的比例：使用第一语言（相对于第二语言）进行授课的时长及其对于英语能力有限学生教育结果的影响一直是研究的一个重要关注点（或许不必如此）。所谓时长，包括：1）使用第一语言授课的年限；2）使用第一语言授课的强度，即第一语言授课的教学周和总学时。几乎所有的双语教育研究者一致认为，加强对第一语言发展和第一语言学习的支持会对英语能力有限学生产生积极的长期影响，使他们取得良好的学习成绩。

- 第二语言支持类型：尽管所有面向英语能力有限学生的项目都提供 ESL 教育，但支持类型却大有不同。最主要的一种区别是有的 ESL 教学以语言艺术为内容，主要关注语法、词汇和语音等，这样的情况常发生于专门的 ESL 模式；而有的 ESL 教学则是由一位合格的 ESL 教师通过教授核心课程实现。托马斯和科利尔（Thomas and Collier 1997）认为，后者有利于学生获得长期的良好教育成绩。

- 与主流课程的融合程度：在某些项目类型（如专门的 ESL）中，学生大部分时间参加主流课程，但要抽出部分时间在校内或校外单独学习 ESL 课程。有些项目类型（如保护式英语沉浸教学项目、结构性英语沉浸式项目或发展型双语教育项目），学生常常会脱离主流课程，进行相当长时期的英语学习。而在 TBE 项目中，学生在校期间部分时间使用第一语言学习一些课程，另外一些时间则参加主流课堂。这些差异十分重要，因为双语教育有时会被批评把英语能力有限学生与主流课堂隔离，可能会带来不如人意的社会和教育影响。例如，把英语能力有限的学生与以英语为母语的学生分隔开可能会限制他们从同学中学习第二语言的机会，从而阻碍第二语言的习得。双语言项目在这一方面避免了上述弊端，把少数民族学生和主流学生集中在同一课堂，从而使双方都能学会欣赏对方的语言和文化。

3.2 美国的双语教育：教育研究与教学法

美国的双语教育既有工具性、教学法方面的争论，也有意识形态、政治方面的争论。后者更主要一些，但在本节，我们将关注前者。与意识形态领域一样，前者也存在严重分歧，形成两大阵营：多元派和同化派。然而，两大阵营的出发点都是一致的。双方都认为美国是一个以英语为主的社会，因而英语的习得对于母语为少数民族语言的学生获得平等的机会至为关键。两派也都认为，英语能力有限的学生，尤其是墨西哥裔学生，在学业成绩较差的学生中占比突出。但两派在分析其形成原因、寻找补救办法以及促进英语习得的最佳方式方面都分道扬镳。

有些分歧是关于母语（第一语言）在教育过程中的作用，尤其是作为教授正常课程和读写能力的媒介。双语教育的反对者们一般认为第一语言教学会误导甚至阻碍英语习得目标，而支持者们则基于实际证据和理论认为对于第一语言的支持会极为有益于学习学校课程内容和第二语言的习得。同时，他们也强调完全双语制会带来潜在的认知优势。

争论的另一个领域是如何评估针对英语能力有限学生的不同类型的教育项目的有效性。我们将在本节探讨这些问题。

3.2.1 关于双语教育项目有效性的研究

早期的项目评估研究中，最有影响力的一个是贝克和德·坎特（Baker and De Kanter 1981）的合作研究，他们的研究受联邦政府资助，目的是为政策决策提供借鉴。与其他早期研究一样，该研究局限于评估过渡型双语教育（TBE）和使用单一英语的项目模式的有效性，以及有限范围的一些结果，尤其是英语的习得及某些以英语进行的非语言类课程的测试结果。

贝克和德·坎特（Baker and De Kanter 1981）采用实证主义研究范式，调查了100多项小学研究项目，并根据一定标准挑选出28个方法正确的项目。他们筛选的标准包括：有无对照组，试验组与对照组是否随机搭配，不同组自然差异的调整。调查完这28个项目，他们得出这样一个结论：双语教育缺乏足够证据证明其有效，因而"完全依赖这一教育方法很明显是不足取的"（Baker and De Kanter 1981：1）。但他们也支持用"结构性沉浸式"路径进行试验。

两人的研究（Baker and De Kanter 1981）发表不久，维利希（Willig 1985）又挑选出两人28个项目中的23个进行重新分析。[15] 她采用了元分析统计方法评估整合项目结果，即使有些结果并无多大统计意义，并对某些研究中的方法瑕疵进行了调整。她得出的结论与贝克和德·坎特正好相反，认为"双语项目……在所有学习领域都有积极影响"（Willig 1985：287），而且使用母语的双语教育要比采取任何特殊措施的方法（即"要么淹死，要么学会游泳"的方法）效果更好。

鉴于项目评估的政治环境，两家大相径庭的研究结果都引起了极大争议，这一点不足为奇。双语教育的支持者质疑贝克和德·坎特研究采取的投票计算式的方法、范围狭隘的研究结果和排除某些项目的理由。而双语教育的反对者则指出，维利希（Willig 1985）研究的项目数量太少，采用的元分析过程也有机械化之嫌。

我们不想再讨论上述争论的细节，因为探讨更新的研究似乎更为有益，这些包括拉米雷斯等人的研究（Ramirez et al. 1991）、罗塞尔和贝克的研究（Rossell and Baker 1996）和格林的研究（Greene 1997）。

3.2.1.1　拉米雷斯等人的研究（**Ramirez et al. 1991**）

拉米雷斯等人的研究有重要意义，因为它采用了准试验性质的纵向设计，而且对较少为人评估的晚出型双语教育（自幼儿园至小学六年级）进行了三方面的比较。[16] 该研究历时四年时间对九地共 2300 名以西班牙语为母语的儿童进行跟踪研究，这些儿童要么参加了单一英语授课的"结构性沉浸式教学"，要么是早出型 TBE（65% 至 75% 的英语使用率），要么是晚出型双语项目。研究人员还尝试研究对照组的背景特点，确认项目是否如实实施，并考查了一系列教育结果。研究结果虽倾向于赞同充分利用母语的晚出型双语项目，但却没有明确表态。他们的研究结果可总结如下：

- 经过四年结构性沉浸式教育或早出型 TBE 项目学习，学生的英语语言水平、阅读能力和以英语测试的数学水平相似。他们比对照组（学校）的"正常学生"掌握语言及阅读技巧的速度要快。当然，两组的学业成绩都低于全国平均水平。
- 三处晚出型学生学业成绩水平不一：在两所更广泛使用西班牙语的学校，学生六年级末在数学方面的成绩比另一所"猛然转入英语教学"的晚出型学校的学生要好（Ramirez et. al. 1991：2）。三处学生在阅读能力和英语语言习得方面表现接近，而且在小学三年级至六年级表现持续进步，而参加早出型和"结构性沉浸式"项目的学生，则进步速度有所下降。
- 晚出型项目似乎更注重家长参与。
- 在所有的项目类型中，教学方法仅能提供一种"被动的学习环境，限制了学生发展复杂语言技能和批判性思维能力的机会"（Ramirez 1991：5）。

另有两项结论值得注意。其一，大量采用学生第一语言授课没有阻碍学生英语语言的习得或正常课程的进步，这与康明斯语言相互依赖的假说

(linguistic interdependence hypothesis) 一致（Cummins 1979）（见下文）。其二，英语能力有限的学生似乎需要五年或以上时间才能充分发展英语学业技能，这与其他一些研究结果（如 Hakuta et al. 2000）相吻合。

尽管这些宽泛的结论是由数据得出的合理推定，但拉米雷斯等人的研究却有严重缺陷，即未能在不同学校项目之间达成可比性。尤其是，因为晚出型项目与早出型项目或"结构性沉浸式"项目实施地点不同，因而不可能有合理的直接结果比较，也不能说有明确的证据证明晚出型双语教育确实有效。在这一方面，拉米雷斯等人的研究表明了困扰准试验性的项目评估中的一些问题。全国研究委员会也在后来撤销了对该研究结果的支持，认为：

> 纵向和沉浸式研究的正式设计无法回答其设计之初所需回答的重要的政策问题。（August and Hakuta 1997：11）

3.2.1.2 罗塞尔和贝克的研究（Rossell and Baker 1996）和格林的研究（Greene 1997）

罗塞尔和贝克的研究主要关注（可能有些具体）TBE 与另外四种项目类型，即沉浸式、ESL、结构性沉浸式与 DBE 在英语语言习得、英语阅读能力和数学方面结果的比较。他们调查了 300 多份研究，只筛选出 72 个方法论上可以接受的项目（占 25%），[17] 得出以下主要结论：

- 根据标准化测试结果，在英语阅读方面，TBE 优于"沉浸式"项目的比例仅为 22%，在英语语言习得方面，这一比例仅为 7%，在数学方面则为 9%。
- 经过比较 TBE 与"结构性沉浸式"项目（n=12），没有研究表明 TBE 在阅读、英语语言或数学方面有任何优势。
- 在一例 TBE 与维持型双语教育项目的比较研究中，TBE 项目在阅读技巧方面占有优势。

罗塞尔和贝克（Rossell and Baker 1996：44）认为"过渡型双语教育并非如其支持者所称建立在完善的研究证据之上"。他们选择的项目类型是"以加拿大沉浸式项目为模板"建立的单一英语的"结构性沉浸式"项目。不过他们也承认这种教育项目类型也只是影响学业成绩的众多因素之一。

虽然他们的研究结果乍一看非常不赞同双语教育，但若细心审视，即可发现，他们的方法存在缺陷，这大大削弱了他们研究结果的效度。这些缺陷包括：

1. 采用叙述性回顾，尤其是简单粗糙的"投票式计算"（vote-counting）方法，无论是支持还是反对 TBE 的研究都是如此。考虑到各项研究在取样数量、统计功效[①]及设计方面的差异，他们是否应等同视之有待商榷。

2. 这些项目仅凭名称去做比较，丝毫不考虑或很少考虑他们的实际操作（如 Crawford 1997）。[18]

3. 罗塞尔和贝克（Rossell and Baker 1996）似乎将加拿大沉浸式项目与美国"结构性沉浸式"项目等而视之、互为参证，而实际上，我们前文已指出，这两者目标不同，服务对象也不同，实在不可相提并论。（Cummins 1998，2000）

4. 筛选符合方法的研究的标准不一致，导致按同一标准本应排除在外的一些研究却被容纳在内（Greene 1997：4）。

综上，我们有理由认为罗塞尔和贝克两人的调查存在缺陷，实在是盛名之下其实难副，不应引起双语教育批评家在公开讨论第七条所涉项目时的高度重视。

无巧不成书的是，与维利希（Willig）重新分析的贝克和德·坎特（Baker and De Kanter 1981）的研究一样，格林（Greene 1997）也对罗塞尔和贝克研究的 72 例研究进行了重新分析，最终仅确定了 11 例合乎要求的研究。这些被排除的研究包括：1）无法确定来源（5 例）；2）未对双语教育进行评估（3 例）；未合理控制实验组和对照组背景区别（25 例）；未比较纯英语教学项目与混合母语（第一语言）教学项目（14 例）；重复分析项目（15 例）。格林（Greene 1997：6）考虑了各项研究的效应值，对剩余 11 例进行元分析，并得出与罗塞尔和贝克截然相反的结论，即母

[①] 可能为 statistical power，统计功效是统计学中的一个重要概念，指在假设检验中，拒绝原假设后，接受正确的替换假设的概率。

语教育对英语测试结果有积极作用，对数学成绩也或有益处。

格林（Greene 1997：11）也认识到这些研究虽然质量较高，但数量有限。因此，她最后呼吁进行更多的"随机分派试验……以比较针对英语能力有限学生的不同方法孰优孰劣"。但遗憾的是，很多评论者对此非常不情愿做出回应。我们将在下节予以分析。

3.2.2 双语教育项目理论与评估

政策制定者如果要从双语教育项目的正式评估中寻找决策依据，那他们可能要失望了。这些研究结果经过持不同意识形态观点的人们的争论，似乎是——不，确实是——不令人信服且前后矛盾的。部分原因是要对教育项目类型进行任何准试验性的比较分析评估会遭遇难以克服的方法论上的障碍。最大的障碍（见 Willig and Ramirez 1993）是传统认为对试验组学生和对照组学生进行可比分析的最佳方式，即随机分配，在教育领域却几乎行不通。其他的难点还有实验组和对照组学生不断加入和退出，造成样本不稳定，项目名称与实际操作难以确定是否相符。项目评估也常因只关注易于衡量的成绩而忽视不易确定却非常重要的结果，如个人总结、情绪稳定、家长的参与和未来薪酬等，而为人诟病（Baker 2001）。

除了方法上的担忧，越来越多的人也意识到项目评估常受到错误问题的困扰。现在人们普遍认识到教育项目不是一种独立的存在（见 August and Hakuta 1997：19），而是相互作用的多因素的复杂合成体，因此更富有建设性的问题不是"什么项目对英语能力有限的学生最好？"，而是哪些项目因素以及"哪套教育实践能够使特定的英语学习者群体（英语能力有限的学生）在课程方面达到本地或全国以英语为母语群体的教育均值（educational parity）？"。（Thomas and Collier 1997：19）

其结果不是舍弃对项目的比较评估（见 Thomas and Collier 1997），而是减少关于选择何种教学语言的纠结，重新强调学校选择何种项目才最为有效，并解析致其有效的因素。这种研究有时被称为"学校效能（school effectiveness）"研究。不足为异，恰如奥古斯特和伯田（August and Hakuta 1997：75—82）的研究所总结的，这种研究的结果表明，促进学校项目有效性的因素一般包括校长强有力的领导、对英语能力有限的学生怀抱强烈期望和极大热忱的教职员工、适应学生需求的教学、系统的学生评估、合理的课程设置、学生母语的使用、学生家长的高度参与以及由特殊语言教学到主流课堂的有条不紊的逐步转换。

上面的综述实际是隐晦地显示出这样的一种观点，如康明斯（Cummins 1998）所说，双语教育，尤其是学生母语的在校使用，并非万能的灵丹妙药，也绝非成功的保票，因为任何类型的双语项目都可能被良好或糟糕地实施。

对于项目评估的不当利用，另外一种比较极端的反应来自康明斯（Cummins 1988，1999，2000）。他指责评估性研究未能关注检验双语项目背后的理论原则。虽然奥古斯特和伯田（August and Hakuta 1997）为全国研究委员会所做的调查研究对于英语能力有限的学生第一语言的教学做出了有利的结论，但康明斯仍然批评了他们的研究，因为它脱离了理论而过于关注研究结果。没有理论，就无法为释读结果提供公正的、合理的基础。康明斯没有对研究结果进行直接阐释，而是提出了另外一种双语教育研究范式，称之为"研究—理论—政策范式"（Cummins 2000：213）。在新的范式中，理论有了更多的作用。

他指出，一个理论框架，无论条件如何变化，都应该能够预测项目结果。它应能使我们整合不同条件下开展研究所获得的结果，因此，能够完善假说，使人们可以据此假说进行更多预测的推定和测试。它还扩大了与政策相关的研究的范围，使其不只包括那些有匹配的实验组—对照组[①]设计的研究，而且也可以原则上容纳一些小规模案例研究项目所报告的结果，通过这些研究，可以检验理论预测是否准确。

其中一个较为著名的理论框架出自康明斯本人的研究，他在一部著作中提出一套可以释读不同环境下的双语教育结果的理论原则。我们现在就通过与《第 227 号提案》相关的争论这个多棱镜来讨论一下这些原则。

3.2.3《第 227 号提案》与双语教育理论

加利福尼亚州接受在 1998 年 6 月投票通过的《第 227 号提案》如是说：

> 加利福尼亚州公立学校的所有学生都将通过英语教学学习英语。尤其需要注意的是，本法要求所有学生参加以英语语言教学的课堂。作为英语学习者的学生将接受保护式英语沉浸教育，但这一临时性过渡期通常情况下不得超过一年。（引自 Crawford 1999：302）

---

① 很多实验都需要设计对照组／控制组（control group）和实验组（treatment group），以便于统计。

这一法令身后的教育理念有三个关键原则。第一个可称为"时间投入任务"（time-on-task）原则，波特（Porter 1990）对此曾明确阐述。该原则认为学习一种第二语言所投入的时间量与对该语言的精通程度有着直接的、明确的关联。该原则还迎合了公众的直觉，认为如果儿童需要通过学习英语获得更多机遇，那么他们就应该尽可能被给予用英语进行的课堂教学。用学生母语进行教授只会成为英语习得的障碍，而且会影响学生的学业成绩。

第二个原则实际上更多是一种头脑中的模糊而非明确的概念。它认为学习两种语言只会过度增加学生特别是中等学生认知负担，会对教育结果产生不利影响。因而，集中精力发展学生的英语这一机会之语（language of opportunity）的技能可能会更有效。

第三个原则是年龄稍小的儿童总体上比年龄稍大的儿童学习语言更快、更好。其衍生的政策含义是以结构性沉浸式英语教育形式开展的英语教学应该越早越好。这一点在《第 227 号提案》第一条中有再明确不过的陈述：

> （e）年幼的移民儿童如在早期课堂中大量接触一种新的语言，如英语，他们能够很容易地熟练掌握这种新的语言。
>
> （f）因此，本法令决定：所有加利福尼亚州公立学校的儿童应尽早开始有效的英语教育。

我们将在以下逆序探讨这些原则。

3.2.3.1 原则 3：年龄越小越好（the younger, the better）

本章不欲对第三个原则（即第二语言习得 [Second Language Acquisition；SLA] 的最佳年龄问题）展开长篇大论，只限于较直接的一个问题（Scovel 2000a，2000b）的讨论，即年龄较大的学习者在某些方面，如词汇学习、语用、读写能力等方面具有优势，而年龄较小的学习者则在其他方面具有优势，如语音、句法等。此外，年龄并不是一个孤立的因素，而是与一系列其他背景及发展因素相互作用，共同影响第二语言习得。在一个与政策相关的评论中，约翰斯通（Johnstone 2002：20）颇为肯定地认为：

如果给予合适的教学、鼓励和支持，儿童可以在任何年龄或阶段成为成功的语言学习者，但是年龄稍大的学习者不太可能像年龄稍小的学习者一样达到接近母语使用者的水平。

综上所述，斯科韦尔（Scovel 2000a：114）所称"年龄越小越好"迷思的证据比《第 227 号提案》起草者头脑中的证据还要模棱两可。

3.2.3.2 原则 2：双语教育作为认知负担（bilingualism as cognitive burden）

而更模棱两可的是第二种观念，即双语教育对于英语能力有限的学生构成认知方面的负担。这一观点之后的寓意是康明斯（Cummins 1980）所称的"深层分离能力的双语模式"（separate underlying proficiency model of bilingualism，简称 SUP）。这一模式认为：其一，双语制中的两种语言独立存储、独立作用；其二，两者在有限的认识空间内时或竞争。然而，这两种假设都是站不住脚的。现有证据表明，两种语言相互作用，一种语言中习得的认知材料可以相互交融和转移。这其实是康明斯的另外一种假说，即"深层共享能力"（双语模式）（common underlying proficiency model of bilingualism，简称 CUP）中包含的观点。我们马上会回到这一问题。

皮尔和兰伯特（Peal and Lambert）于 1962 年发表过一篇论文，这篇论文已经成了一个分水岭，此后有越来越多的证据表明，在一定情况下，双语能力的发展能够带来特别的、微妙的认识优势，如元语言意识、发散思维能力、交际敏感性和场独立性[1] 的提高（见 Baker 2001 文献评述；Cummins 1976，2000）。

当然，这些证据并非完全无懈可击，因为对比双语与单语教育对认知功能的影响长期以来存在方法论及其他方面的问题，如认知优势能否长期保持？在何种具体条件下双语教育会对认知能力有所帮助？产生这些推定优势（putative advantages）的机制？以及因果方向（direction of causality）——由双语教育导致认知功能的提高，还是相反？另外，还有一些研究，尤其是那些针对母语为少数民族语言的学生习得第二语言的研究，报告称认知功能与双语教育之间不存在关联或存在消极关联（如 Torrance et al. 1970）。我们不能仅仅因为方法方面的缺陷就对之置若罔闻。

---

[1] field independence 源自美国心理学家维特金（H.A. Witkin）和其同事对知觉的研究，指一个人的认知类型（cognitive styles）。

为弥合这些研究结果的巨大分歧，兰伯特（Lambert 1975）等人认为，积极的认知结果最有可能由"加法型"的双语教育产生，学生在习得第二语言时不会以损害第一语言为代价；而中性或消极的认知结果则最可能由"减法型"双语教育产生，少数民族学生的第一语言将逐渐为社会主流的第二语言所取代。

康明斯的阈限假说（Cummins's thresholds hypothesis）

康明斯在 20 世纪 70 年代第一次提出一种阈限假说（Cummins 1976，1979），并随后进行了修改和完善。他的假说为研究结果间巨大的分歧提供了另外一种完全不同的解释。他还试图解释为什么在美国家庭语言与学校语言之间的转换降低了语言少数民族学生的学业成绩，而在加拿大却提高了大部分参加沉浸式项目学生的学业成绩。在早先的版本中，康明斯称存在两个双语语言能力阈限，它们会使双语学习经历对认知功能产生不同影响。第一个阈限在学生已获得相当的一种或两种语言能力以避免潜在的认知劣势之际出现。而第二个更高的双语能力阈限则必须先跨越过去，然后双语制带来的潜在认知优势才能得以实现。就政策方面而言，这就意味着若要实现这些优势，就必须维持和发展第一语言以及第二语言的认知和学业技能。当然，实现这一目标的最佳方式就是实施双语教育项目。

但是针对阈限假说的批评也不绝于耳。有人认为假说建立在语言能力的模糊概念之上，而且要达到第一语言和第二语言的何种能力级别才能与第一和第二阈限临界也语焉不详。因此，康明斯后来降低了阈限假说的意义，把它称为一种"推测性的"概念，"对决策过程而言并非绝对必要"（Cummins 2000：175）。但他仍然坚信假说的核心实践意义，即持续发展双语的学业能力与认知功能的提高确有关联。调研过研究依据的不少评论家也都对这一点给予了支持。例如，奥古斯特和伯田（August and Hakuta 1997：19）在给全国研究理事会（National Research Council）[①] 的报告中称：

> 双语教育不但不会阻碍儿童的整体认知或语言发展，而且会有利于其发展。以促进双语制目标的项目应该放胆前行，不必担心有所谓负面影响。

---

① 美国国家科学研究委员会（United States National Research Council），1916 年由美国国家科学院创建的"民间非营利组织"。

除此之外，推动少数民族学生第一语言的在校教育还存在教育或社会争论。例如，推动第一语言教育会传达给儿童及其家庭一个信息，即他们的语言和文化受人重视，因此，这挑战了"强制式权力关系"，而正是这种对少数民族语言和文化的贬抑，使这些少数民族群体的教育成绩逊人一等。康明斯（Cummins 1996，2000）的这一观点令人信服。另外，有证据表明（见 Ramirez et al. 1991），推动第一语言教育使学生家庭更乐于参加学校活动，而这又会促进学校教学的效能（August and Hakuta 1997）。

最后，如果采取视语言为资源——重要的经济和外交资产——的角度，推动少数民族学生的第一语言技能就是在保护国家资源，就完全必要了。众所周知，美国一方面强调对主流学生进行双语教育的经济和社会价值，另一方面却忽视了母语为少数民族语言的家庭语言技能的本土培养。

综上所述，第 227 号提案赖以为据的第二条原则并不牢靠。在学校学习和使用两种语言不会成为教育成绩的障碍。

3.2.3.3 原则 1："时间投入任务"原则（the "time-on-task" principle）

我们现在来讨论《第 227 号提案》中所包括的第一个关键概念，即"时间投入任务"原则。如果该原则有效，那么"结构性英语沉浸式"（SEI）模式的可信度会极大增强。然而实际上，大量的证据表明，花费在发展第一语言读写能力的时间不会影响英语习得，相反，如康明斯（Cummins 2000）所说，学生第一语言的发展水平会强烈预示他们的第二语言技能以及他们的最终学业成绩。这一观点得到了托马斯和科利尔（Thomas and Collier 1997：15）的支持。他们的结论鲜明且凿凿有据：

> 判断学生的长期学业成绩的第一个风向标是：是否自小学阶段（至少贯穿五、六年级）有尽量长时间接受认知复杂的第一语言学校教育，以及是否自小学阶段有部分时间接受认知复杂的第二语言（英语）学校教育。

"时间投入任务"原则的反面证据可在大量研究中发现。例如，拉米雷斯的研究（Ramirez 1991）虽然不少方面都有缺陷，但清楚地表明了一点，即参加早出型 TBE 项目或 SEI 项目的学生在三年级末时英语语言及阅读能力表现不俗。这就驳斥了"时间投入任务"原则所谓英语教授的时间量与英语语言技能水平有直接联系的预测。与此同时，虽然荷兰的土耳其社区具有完全不同的语境，但费尔赫芬和阿尔特（Verhoeven and Aarts 1998）报告称，小学阶段的土耳其学生的第一语言即土耳其语的读写水平与第二语言即荷兰语的读写水平相关，两者都与"家庭激励"（home stimulation）紧密相连（Verhoeven and Aarts 1998：129）。

康明斯的语言相互依赖假说（Cummins's linguistic interdependence hypothesis）

康明斯在 1979 年发表的一份论文中首次提出"语言相互依赖假说"。上述研究及很多其他研究结果（例如 Williams 1996），既是该假说的支持者也可以是它的阐释对象。康明斯的假说认为：

> 以少数民族语言授课可以有效发展对该语言的掌握能力。在充分接触和有动机驱动的条件下，这种语言掌握能力能够转移至主流语言。（Cummins 1986，再版于 Baker and Hornberger 2001：177）

此处有一核心概念：读写学习技能之所以能够在语言之间转移，是因为深层共享能力（CUP）双语模式。与 SUP 模式（见上文）截然相反，CUP 模式假定存在一个"中央处理系统"，能够集合并提取第一语言和第二语言中习得的概念及语言能力。康明斯（Cummins 2003：63）举了一个时间学习的类比：一旦学生用第一语言学会了时间表达，他们在学习第二语言时就不再需要重新学习"时间表达"这一概念，而只需要学习第二语言的相关词汇及语法就好了。培养与学术相关的读写等学习技能也一样，如从大量论据中归纳文章大意：一旦在第一语言中学过，这些技巧可转移至第二语言，或者相反，这是屡试不爽的。

语言相互依赖假说的一个重要政策启示是，投入发展学生第一语言的读写学习技能的时间不会消极影响或滞缓第二语言同类技能的长期发展。实际上恰恰相反，有证据（见 Thomas and Collier 1997）表明，发展第一语言的技能会为随后的英语学习和对于熟练掌握提供坚实的基础。结合其他的支持把儿童的母语与教育过程结合的教育观点（见上），实施双语教育项目，促进"加法型"双语制，就显得非常必要了。综上，各种数据与理论都削弱了《第 227 号提案》所依据的"时间投入任务"这一简单化原则。[19]

3.2.3.4 关于耗时长度问题（the "how-long-does-it-take" issue）

关于《第 227 号提案》的争议还不止于此。该提案第二条要求英语能力有限的学生参加结构性英语沉浸式课堂，这一临时性过渡时期一般不超过一年。第二条的这项规定是基于一种被称为"极其荒诞、极其不现实的"关于英语语言习得速度的假设（Hakuta et al. 2000：13）。我们来简要了解一下一些研究，借此明晓上述假设是何等荒谬不经。这些研究都围绕一个核心问题：母语为少数民族语言的学生要想习得充分的英语语言技能，达到以英语为母语的同辈平等的学习应用能力，到底需要多长时间？

研究这一问题有重要的政策意义，它可以帮助决策者决定依据第三条款受资助的针对少数民族学生的特殊服务时间长度，也可以帮助英语能力有限的学生避免一个尴尬局面，即基于肤浅的口语能力，他们往往会过早被归为"能熟练掌握英语"一类，然后被转入主流课堂，可在主流课堂，他们却因学习跟不上而被冤枉地贴上"学习困难户"的标签。同时这一研究也可以使双语教育评估更为客观，而以往双语教育评估常因不能快速提高学生英语语言能力的表象而备受批评。

要想圆满解答这一问题的一个前提当然是对于第二语言能力有一个充分的概念化，因此，在我们转向数据结果之前，有必要先来评述一下康明斯对于口语能力和学术语言能力的区分（Cummins 2000）。

康明斯对于 BISC 和 CALP 的区分（Cummins's BISC/CALP distinction）

康明斯（Cummins 1981）对于上述二者的区分源于他对多伦多教育董事会的数据分析。该分析表明，达到第二语言口语流利水平和达到小学阶段学业英语正常水平之间存在时间差（Cummins 2000：53）。为了解释这一现象，康明斯（Cummins 1984）提出要区分两个概念：基本人际交往能力（basic interpersonal communicative skills；BISC）与认知学术语言能力（cognitive–academic language proficiency；CALP）。他认为少数民族学生达到口语流利水平较快，而要发展第二语言的学术——读写技能则要慢得多。

出现这一差距的理由，康明斯（Cummins 1984）解释说，是 CALP 技能一般包括缺乏背景信息、有一定认知难度的语言情形，而 BISC（对话能力）则一般用于不具认知难度、富含背景信息的便于交际的情形。

多年来 BISC 与 CALP 的区分因种种原因饱受抨击。有人批评它采用了过于简化的二分法，把双语学生的第二语言技能描述成一种静态发展。这些术语本身也似乎表明 CALP 是比 BISC 更为高级的一种语言能力形式，容易使人对少数民族学生的学习困难产生"赤字"观念[20]。BISC 与 CALP 的结构也似乎把语言或读写实践与社会文化背景分离开来。

有些批评并非空穴来风，有的却不算公允（见 Baker 2001）。当然，如果要把它作为完整的语言能力理论，这一区分确实很不充分，但康明斯（Cummins 2000：73）承认，他从未有如此想法，只是试图解决少数民族学生语言教育中的一些具体问题。这样的话，上述图表倒可以视为分析某类学校工作中认知语言需求的一种试探性努力。

同时，康明斯（Cummins 2000：75）承认 BISC 与 CALP 两个概念有诱人误解之嫌，于是他放弃了这两个概念，并用会话能力（conversational proficiency）和学术（语言）能力（academic/language proficiency）这两个不易误读也更易记忆的术语取而代之。尽管存在理论缺陷，这一区分与其他研究人员（如 Snow et al. 1991）所做的区分一样，也已经为教育界人士接受，而且，诚如伯田等（Hakuta et al. 2000：4）指出，"它在加州很多英语发展的最基本问题仍待解决的情况下，还是很有意义的。"

第二个与时长研究相关的核心概念是学习英语能力的标准水平，即英语能力有限的学生达到什么样的标准才能被视为与以英语为母语的学生齐平。这一问题较为复杂，因为不同的研究采用不同的水平测试，而且评估标准也略有差异。不过，如伯田等人的报告（Hakuta et al. 2000：3）称，加州的惯常做法是，学生一旦通过一项口语能力测试，并且学业成绩测试——通常为一种"标准化的英语阅读测试"，如 SAT9——达到一定分数级别（通常为36%左右），那么该学生就可以被重新归类为具有"流利的英语水平"（Fluent English Proficient；FEP）的学习者了。这一测试可作为"全国进行英语学习者测试取样的参考规范"。

这种测试和评估标准也被人批评，原因主要有二：其一，它依照针对不同人群参考规范的测试标准来评估少数学生，通常被认为存在着诸多问题；其二，36% 的比例级别对于至少 1/3 的以英语为母语的学生尚且难以达到，更何况少数民族群体语言学生。

由上可见，评估学生是否已达到流利的英语水平（FEP）在实际操作中有明显局限性，但由于缺乏更有意义的标准（见 Hakuta et al. 2000）和有用的规范发展数据，似乎这也是目前通常采用的方法。

因以上原因，我们已经就时长研究结果进行了阐释。虽然不尽如人意，但有一点值得称道，那就是它们至少表现出某种有说服力的一致性。例如康明斯（Cummins 1981）的研究发现，六岁之后移民加拿大的儿童平均花费五至七年能达到学术英语能力，而要达到高水平的口语能力则花费时间要少得多。这一研究结果与后来的研究大体一致。又如，托马斯和科利尔（Thomas and Collier 1997：36）认为，少数民族语言学生需花费四至十年能达到小学或以上英语阅读能力级别。如果学生接受以第一语言为教学媒介语的学习和支持，则其进步更快。甘达拉（Gandara 1999：5）报告称，至三年级时，英语能力有限的学生的听力技能可达到母语为英语学习者的 80%，而阅读和写作技能则落后许多。伯田等人（Hakuta et al. 2000：13）的研究做了一个全面的评估：

> 在被认为教授英语学习者最为成功的校区，学生达到口语流利水平需要三至五年时间，而达到学习英语熟练水平则需四至七年时间。

达到正常水平的学习英语技能耗时较长实际上也不难理解：英语习得本身就非易事，而且在英语能力有限学生不断努力追赶以英语为母语的同学的水平之际，他们同学自身的英语学习技能也在不断提高。

所以，我们可以看出，大量证据表明，《第 227 号提案》要求少数民族群体语言学生在参加完为期一般不超过一年的双语教育过渡期后就融入主流课堂是不切实际的。它错估了英语学习技能的掌握速度。不但如此，过快转换到英语授课可能会阻碍家长参与学生教育，产生适得其反的后果。

诚如康明斯（Cummins 1998：2）所指出，双语教育没有一蹴而就的解决办法。伯田等人（Hakuta et al. 2000）甚至提出，应将整个小学阶段都作为发展英语学习技能的时间跨度，在此期间学生不仅发展英语学习技能，而且更要发展第一语言技能，因为越来越多的证据表明第一语言会对学生未来学业成绩产生积极影响。

3.2.3.5 结论：围绕《第 227 号提案》的教育学争论

在上述讨论过程中，我们已知《第 227 号提案》赖以为据的教育假设都没有获得研究证据支持。现简要综述如下：

1. "时间投入任务"原则没有证据支持，用于发展第一语言读写技能的时间不一定会妨碍发展第二语言的读写技能。

2. 没有证据表明双语教育会成为负担，阻碍学生的英语习得。相反，理论和实践都表明，如果在学习第二语言时学生继续发展第一语言，这种加法型双语制会带来认知优势。

3. 少数民族群体语言学生应尽早尽快学习英语，因为年龄较小的学习者学习第二语言更容易，这种观点同样站不住脚。首先，关于年龄问题的证据不明确：年龄较小的学习者可能具有一定优势，但仅限于第二语言习得的某一方面。其次，前提和结论之间存在差距，需要在以后的讨论中进一步衔接。相反，倒是有理由相信发展第一语言的读写技能会为发展第二语言的相应技能奠定良好的基础。

4. 获得英语学术技能的时间要远远长于《第 227 号提案》假定的时间。

总而言之，理论与数据都表明双语教育（bilingual education；BE）会带来潜在利益。这些利益之所以是"潜在的"，是因为双语教育的实施质量参差不齐，如康明斯（Cummins 1998：3）指出，对于某些类别的少数民族学生而言，他们相对较差的教育成绩有复杂的原因，有些出现在学校教育过程中，有些出现在校外的不利环境中。因此，双语教育也并非万能仙丹，一剂服下就可以帮助他们改善成绩。

最后，尽管教育证据都不支持《第 227 号提案》，但该提案仍然获得了多数人的支持，这使人不得不质疑，关于双语教育的争论，意识形态和政治考虑可能与教育考虑一样多，甚至超过后者。因此，我们接下来将要讨论这两方面问题。

3.3 美国双语教育中的政治因素

加州《第 227 号提案》的成功通过，至少部分原因是双语教育（BE）现已成为更广泛的语言政策矛盾中一个具有象征含义的问题。如前所述，这一矛盾发生在两派对立的阵营——同化派和多元派（例如 Schmidt 2000）。

就组织机构来说，关于同化的定义，鼓动最为起劲的是创立于 1983 年的一个游说团体，"美国英语"（US English）。该组织反对双语教育和多语选票；支持修改联邦宪法，把英语作为美国的唯一官方语言。与之相对，"英语＋"（English Plus）是一个支持多元主义的联盟，它在舆论上与美国英语针锋相对，支持真正意义的双语教育，呼吁给予少数民族语言群体权利，主张维护和学习少数民族语言及英语，因而称为"英语＋"。

我们的目的不是要重述这两大运动的起源和机构历史（详见 Crawford 1999，2000），而是想讨论一下形成他们的两大意识形态：同化主义和多元主义。从历史分析角度来讲，"美国英语"的兴起并非偶然。它的产生恰好正值美国社会人口结构因大量移民而发生了重大变化，以至于对占统治地位的英语和欧美文化构成了明显威胁，而后者长期以来被视为美国国家认同的核心，或者根本就等同于美国国家认同。

同化派和多元派的冲突根源就在于认同。当然，从某一个层次来看，争论是关于英语与其他语言在公民领域（civic realm）的角色，但更为重要的，却不是语言本身，而是对于美国社会与认同截然不同的理解。

大致而言，同化派坚持视美国为一个民族集体，只有抛弃不同的民族语言情感，支持一种统一的语言和文化，才能最大限度地提高社会凝聚力和社会公平。同化派借用了老生常谈的一句话，*E pluribus unum*（拉丁语：众多中的一个），认为只有这种方法能够维持一个多民族社会公平、长期地运行。与之相反，多元派强调，民族语言多样化一直是美国认同的传承特点，美国有很长的种族语言歧视的历史，至今仍然如此。他们认为，只有通过制定和实施提高少数民族语言和文化的政策（如旨在维护少数民族语言的双语教育）才能最好服务于民主和社会公正的目标，并长期维护国家统一。

两大阵营尤其是多元派争论的焦点都包括社会公正和国家统一这些价值观念，因此，我们将围绕这两点组织讨论。

施密特（Schmidt 2000）认为，我们首先应该认识到，关于美国语言、文化多样化的起源的理解可能大相径庭，双方对此的争论也因而不同。对于同化派而言（Schmidt 2000：119），美国尽管有片段被征服和统治的历史，但首先是一个移民国家，人们愿意放弃旧的民族认同融入一个充满机遇的社会，家长也积极鼓励他们的孩子学习英语。然而现在，这种悠久的同化传统受到了大量移民和城市中的非英语族群聚居区的威胁，由于缺乏动机，加之少数民族代言人鼓励多元主义的意识形态，人们不再情愿学习英语。

相反，多元派承认移民的贡献，强调美国有通过暴力（如非裔美国人）、征服(土著美国人 ①) 和兼并(如 1848 年的 Guadeloupe-Hidalgo 条约)强迫少数民族融入的不光彩历史，并指出种族主义统治至今仍然不时死灰复燃。我们可以看出，同化派所描述的自发移民和机遇到了多元派那里就变成了强拉硬拽和持续歧视。

自然而然，两派不同的描述直接导致两派对于少数民族和国家间关系产生不同观念，以及少数民族应被给予的不同权利级别：是应仅仅容忍少数民族文化存在于私人领域，还是应积极推动少数民族文化（见 Kymlicka 1995，May 2001）。

3.3.1 双语教育与社会公正：多元派与同化派的争论

关于社会公正的争论，有一种同化主义观点直接相关，但也存在缺陷。这种观点认为语言小族主要由移民构成，这些移民不仅在道德上有义务把自己民族的语言和文化限制于私人领域，而且这么做也符合他们的利益，因为在一个英语占统治地位的社会，要想提高自己的社会经济地位，最保险的途径就是学习英语语言融入主流社会。多元主义政策，如旨在维护少数民族语言的双语教育，只会导致自我隔离，使少数民族夹在两个世界之间，长期来看会使其陷入从属和边缘地位。

但是这一点有几处纰漏。首先，它错误地认为双语教育会制约甚至排斥少数民族学生学习英语。实际上，双语教育的支持者也接受学习英语有助于提高社会地位这个极为重要的观点。我们认为，发展学生的第一语言不但不会阻碍反而会促进学生习得英语，而且，把学生的母语融入教学过程会肯定其母语文化的价值，培养他们的自信心，从而在未来取得更优秀的教育成绩，达到最佳教育目标。某些双语教育形式——如越来越受人欢迎的双语项目——能够促进融合和族群间的和谐关系。

上述同化主义的第二个问题——暂且不论关于美国语言多样性的起源的各种不同假设——在于它对同化过程和同化之后的社会经济报酬过于乐观。正如施密特（Schmidt 2000：188）指出，被同化不仅仅是一件自我感觉的事情，而且也在很大程度上取决于其他人的评估。而在美国，经常的情况是，不管这些少数民族心中怎么期盼，他们往往还是被按照既有族群身份来看待，如拉美人、亚裔，等等。借用帕雷克（Parekh 2000：198）的话，这种并不罕见的情况导致同化并不能"实现它（少数民族）完全被

---

① 原文为 native Americans，该术语在文中多次出现，学界也将其译为美国原住民或美国印第安人。

接纳的……美好承诺"。

至于同化的酬报，显而易见习得流利的英语并不自动就授予了说话人的社会经济优势。很多非洲美国人或拉美美国人都说了一辈子英语，但也不见得就能脱离最低收入群体。相反，这一群体中他们的占比最高。

最后，同化派或许夸大了少数民族所要融入的社会的同质性，为他们提供了一个剪辑版的民族文化，而这一版本基本与主流群体文化相同。

多元派显然对社会公正持不同看法。他们从对美国社会的本质和历史的不同理解出发，呼吁政府应出资维护少数民族语言和文化，认为这样不仅可以纠正历史错误，而且可以促进社会的机会公平和尊重，而美国社会恰恰充满了严重的种族语言不公平。

再进一步，由此可以引出一个概念，即维护少数民族语言和文化的集体（或群体）权利。很多政治理论家都讨论过这一概念，如金里卡（Kymlicka 1995）、帕雷克（Parekh 2000）、拉茨（Raz 1994）、泰勒（Taylor 1994）和梅（May 2001），尤其是拿这一概念与自由主义者历来尊崇的个人权利作对比。

语言权利的规范性理论不在本章讨论范围之内，我们可以顺便提及的是金里卡（Kymlicka 1995）的观点。他试图修改自由主义政策理论，使其能够对文化多样性和群体权利更为友好。该理论的核心观点包括：（1）个人的福祉与塑造这些个人的文化社区福祉紧密相关；（2）社会公平与道义要求少数民族语言群体也享有一定的文化权利，因为国家在道德上有义务公平代表全体公民，不如此会使国家陷于不义。

3.3.2 双语教育、国家统一、共同利益和社会正义：多元派与同化派的争论

我们现在来讨论同化派与多元派争论的第二个重要价值观念。这一观念是同化派论点中最为核心的概念之一，即国家统一和共同利益。

考虑到某些地区（如魁北克）的民族语言紧张关系，同化派认为双语教育和其他多元主义政策会深深毒害国家的统一。这些政策会怂恿少数民族群体认可与整个国家不同甚至相反的利益，而且会增加民族间争夺稀有资源的可能性，滋生种族敌视，固化族群界线。借用历史学家亚瑟·施莱辛格（Arthur Schlesinger 1992 转引自 May 2001：99）的话，制度化的双语制度会"滋生自我贫民窟现象，自我贫民窟现象会滋生种族敌意"。简

言之，多元主义政策对形成一个共同的美国认同构成威胁，因而损害了国家统一。

美国地域广袤，因此同化派认为（见 Schmidt 2000：171），一种共同的语言可以成为把人们紧密联系起来的一个重要的工具或一个必要的纽带。通过这一工具或纽带，人们可以把自己看作一个由平等的个人组成的统一社会中的一分子。它还能够超越种族分歧，促进交流，培养美利坚民族意识。

同化派的这一观点不难驳斥，它明显是在挟公谋私，掩盖了统治阶层想要保持自身霸权的欲望。但沉湎于这种对人不对事的争论会使我们忽视一点，即同化派的观点有着悠久的关于民族国家结构的自由主义理论渊源。这一长久以来占统治地位的观念认为，民族国家是一个同质性组织，它不是由集体，而是由民族、宗教、种姓各不相同的个人组成，但这些个人差异都能够消除，这样，人们就重新结合在一起，"支持一个共同的权威系统"（in terms of their subscription to a common system of authority）（Parekh 2000：181），并以一种统一的、直接的方式相互联系。成为该权威系统的公民就意味着拥有同样的"同质性法律空间"（a homogenous legal space）（Parekh 2000：9）的个人权利和义务。它能超越民族特殊主义，使人们忠诚于一种更为客观的权威。因此，考虑到"数百年的民族国家文化同质化历史"（Parekh 2000：9），同化派很难不把统一性和同质性混为一谈，这一点不足为奇。

多元派对于上述观点的回应主要是基于两个层面：实践经验层面和理论层面。从实践经验层面来看，多元派指出多语国家未必比单语国家更易陷于民族语言冲突。毕竟，这个世界上大部分国家都是多语国家。虽然有些国家确实经历过民族冲突，但很多国家并没有经历过。在那些存在民族冲突的国家，其主因通常不是多语制或语言本身，而是严重的民族不平等。当然，寻求解决这一问题时，少数民族群体可能会抓住语言或基于语言的歧视，以此作为苦难的象征和号召的旗帜。

与之相关的一点是强制性的语言同化不仅本身极不正义，而且往往起到适得其反的作用。如梅（May 2001：224）即认为，很多民族、语言冲突的原因不是给予了少数民族群体语言权利而是拒绝给予权利。由此可见，消除不满、促进长期稳定的最佳方式就是尊重少数民族群体语言价值，并在公民领域给予其存在空间。

多元派认为，提高少数民族群体语言地位不仅仅会对相关民族社区有益，而且也能从整体上巩固这个国家，因为多语人口会丰富文化生活，也是国际贸易和国家安全方面的一笔重要资产。

再者，"美国英语"宣称，所谓新移民，尤其是拉美裔移民，不似前辈愿意学习英语的观点也没有实际证据的支持。实际的情况可能恰恰相反。费尔特曼（Veltman 2000：90）据最新人口统计数据所做的广泛研究得出的结论认为：

> 没有证据表明持续的移民会对美国的语言统一构成威胁。移民群体中，人们很快就开始学习英语，并把英语作为人际交流的首选语言来使用。

在理论层面，多元派的反驳要复杂得多。同化派的观点依据是文化和社会同质民族国家的传统观念。多元派承认：（1）民族国家确实有其优势；[21]（2）民族国家现在还不会消亡，因为尽管民族国家的权力外有全球化的冲击，内有强大的少数民族人口的挑战，但它仍然是最主要的政治组织形式，人们仍然默认其背后的意识形态。

虽然如此，但传统的民族国家却有极大缺陷。如多元派指出，民族国家不能够合理应对当代社会日益强大的多元化趋势，而且借用梅（May 2001：104）的话，往往只代表"占统治地位的民族的特定利益和价值观，并将其凌驾于整个社会之上"。而且，在强调个人权利时，它低估了个人的文化背景，因此也没有足够尊重塑造个人的语言和文化（见 Parekh 2000）。

但既然民族国家现在还不会消亡，而其语言、文化同质性也不再可行或适宜，多元派认为，最好的选择就是重新思考其本质，或者如梅（May 2001：17）所说，"用更为多元、包涵性的方法重新构想"。实际上，现在有很多政治理论家，如金里卡（Kymlicka 1995）、帕雷克（Parekh 2000）和梅（May 2001）本人都已经在研究这一问题。

本章主要探讨双语教育，因此不便进一步探讨上述问题。可以补充的一点是这种重新构想可能包括承认"某种群体权利的合法性"（May 2001：17），这是一种对国家认同不带支配性而更有包涵性的重新定义，而且从总体来讲，也使统一性和多样化的需求并行不悖。

3.4 总结

在本章中，我们从教育方面和意识形态方面探讨了近年来美国关于母语为少数民族语言的学生教育的争议。进行这一探讨，我们不得不考虑社会历史背景，而其最明显的特征之一就是近年来大规模移民给美国社会带来的巨大变化。

在教学前线，我们找不到证据表明双语教育会带来有害影响。相反，我们所考察的大量实践证据和理论都表明双语教育——包括英语学习和发展学生第一语言技能——比其他方式（如单一英语"结构性沉浸式"模式）能更好地帮助语言小族的学生取得更好的教育成绩和达到更高的教育目标。当然，我们也同意康明斯的观点，承认双语教育对于某些具体的少数民族群体的较差的教育成绩也并非万能仙丹，因为其形成原因颇为复杂，包括康明斯（Cummins 2000）所提到的"强制式权力关系"。

大量的数据都支持加法型双语教育，因此不得不说，至少某些反双语教育的大众势力——如《第 227 号提案》的通过便是一例——有深刻的意识形态原因。因此我们在本章后半部分探讨了双语教育的政治因素，并得出结论，认为多元派与同化派之间所争论的，只有一部分是关于公民领域中非英语语言和文化的作用，更为重要的，是关于美国的国家认同应如何理解和定义。

简言之，这场争论与其他一些移民接收国，如英国和法国，有明显的相关性，因为尽管社会政治背景和民族分布存在明显差异，但他们也在与同样的问题斗争，即如何在偏向同质性的民族国家框架下兼容语言和文化差异，如何以多元方式重新构想国家概念。这些国家也像美国一样，[22] 从人口分布来看显然是多语言与多文化社会，但用帕雷克（Parekh 2000）的话说，从思想观念和思维习惯来讲却并非多元文化社会。

尾注

1. 鲁伊斯（Ruiz）被广为引述的三种取向分别是：(1) 语言作为问题：关注多元语言制度或可导致的诸多问题，如所谓社会经济代价和社会分裂，(2) 语言作为权利：关注语言少数民族的假定权利，如以本族语接受教育和公众服务的权利，(3) 语言作为资源：强调发展少数民族语言技能对于社会和个人的价值。

2. 国籍配额制度（national origins quota system）由 1921 年的《移民法案》确立，它规定每年来自任一欧洲国家的新增移民数量不得超过据 1910 年人口普查结果定居美国的该国移民数量的 3%（Schmid 2001）。这一法案实际上倾向了北欧国家移民。

3. 美国的西班牙语少数族裔来源不一，主要包括来自波多黎各、古巴、墨西哥和其他中、南美洲国家的亚族群（subgroup）。

4. 有些作者倾向于使用"英语学习者"而不是正式名称"英语能力有限"一词，理由是后者反映对语言少数民族学生的不正当的消极态度，没有认识到他们的双语事实及贡献，即他们对其第一语言的掌握。

5. 美国公共话语中一般区分为五大元族群分类：欧裔美国人、非裔美国人、土著美国人、拉美裔美国人及亚裔美国人。如尾注3所说，每一分类都包括相当数量的民族及文化次类。

6. 根据奥布（Ogbu 1978）的分类，"种姓少数民族"是最卑微低下的少数民族，经常被占统治地位的多数人口侮辱。"移民少数民族"地位也卑微，但一般不自认为低人一等，因而更自信一些。"自治少数民族"有自己相当的文化认同意识，主流社会和他们自身都不认为他们低人一等。

7. 施密特（Schmidt）的数据来源是《美国的少数民族：多样化人口统计》（O'Hare W. 1992）。《人口公告》47：4（12月）。

8. 数据来源同上。

9. 克劳福德（Crawford 1997：8）指出，在1991—1992学年，55%的英语能力有限学生所在学校对少数民族学生的录取率为90%至100%，而以英语为母语的学生比例为5%。数据来源为本尼奇和斯特朗（Bennici and Strang 1995）。

10. 《第227号提案》条款对某些双语教育项目可视情况免于适用。

11. 然而，考虑到20世纪90年代英语能力有限学生报名的激增，克劳福德（Crawford 2002）估计折合到每个学生，资助金仅为149美元。

12. 据克劳福德（Crawford 1997：11），合格双语师资的匮乏使得不少学校不得不雇佣不具资格的人来教授，而这些人很可能唯一的资质就是会说一门非英语的语言。

13. 关于美国学校提供的教育项目类型的信息来源有很多（如August and Hakuta 1997；Rossell and Baker 1996；Thomas and Lollier 1997；Faltis 1997）。

14. 减法型和加法型双语制这两个术语最早由兰伯特（Lambert 1975）提出。减法型双语制是指在第二语言习得过程中对第一语言不予加强，最终语言转用的结果是第一语言技能逐渐丧失。与此相对，加法型双语制是指在第二语言技能学习过程中不以牺牲第一语言技能为代价，因而双语技能会得以充分发展。兰伯特及其他很多学者都认为加法型双语制会给个人带来良性认知结果。

15. 维利希（Willig 1985）排除了贝克和德·坎特28个调查项目中的5个，是因为它们是在美国之外进行的。

16. 很多评论家（如Cummins 1998）认为晚出型双语项目理论上要较早出型TBE项目更为完善，因为与后者的单一语言定位不同，前者试图尽可能全面地发展第一语言和第二语言的读写技能。

17. 合乎要求的研究必须：（1）比较参加双语项目的学生与对照组具有相同认同的英语能力有限的学生；（2）随机把学生划分为试验组和对照组，或者如无此可能，将两组按影响成绩的因素进行分配；（3）将结果指标用常态曲线当量（normal curve equivalents，简称NCEs）、原始分数或百分比而非年级当量进行分析；（4）使用恰当的数据测试衡量两组之间的差别。

18. 公允来讲，罗塞尔和贝克（Rossell and Baker 1996）承认存在这一问题，也呼吁在未来研究中予以关注。

19. 如甘达拉（Gandara 1999：6）指出，之所以被认为"简单化"，是因为首先应区分"接触教育时间"与"实际参与时间"两个概念，只有后者才影响成绩水平。

20. "赤字"观念是指把少数民族群体语言学生的教育问题归于学生本人和其家庭，而非应为其服务的教育制度。

21. 例如，梅（May 2001：5）指出，民族国家可以"把个人从狭隘社区的暴政中解救出来"，并给予他们平等的公民权。

22. 当然，随着拉美移民人口的增加，他们可能会寻求更大的政治影响，从而试图提高西班牙语的地位。

第 4 章　少数民族语言与语言复兴

在这一章，我们将把视角由美国转向欧洲，由迁移的、非区域性的语言小族转向本土的、区域性的少数民族。这些民族较前者享有更高的地位，因为他们的语言受到了更大程度的官方保护。例如 1992 年颁布的《欧洲区域与少数民族语言宪章》[1]。另一方面，许多区域性本土语言已经处于濒危状态，以至于移民社区明显不再关心其自身语言的存亡，这一工作只好由语言规划人士"越俎代庖"。以上将是本章的主要内容。双语教育也受到一定程度重视，但主要是将其作为家庭外语言传递的工具，而不是作为一个由语言引起的教育问题。

语言复兴计划的历史、社会政治及经济背景不仅对于理解其动机至关紧要，而且对于预测其结果是成是败也极为重要。因此在本章后半部分我们将对威尔士语与布列塔尼语进行案例比较研究。这两者在很多方面都可以做一番有趣的比较，如两者都属于布立吞（Brythonic）或 P-凯尔特（P-Celtic）语族下的凯尔特语言；使用这两种语言的民族都分布于法国或英国这两个欧洲民族国家本土西部边隅；两者都受到一种享有声望的标准语言竞争而日渐衰落。但是两者近年来的发展轨迹都毫不相同，差之千里。威尔士语的衰落趋势已经得以遏制甚至逆转；而布列塔尼语则江河日下，几乎要丧失在其历史区域内作为日常口头交际工具的作用。

我们首先评述一下语言衰落的原因、语言复兴的理论框架和在语言复兴实施过程中常见的争论，以此作为案例研究的背景。

4.1　语言濒危简述

继 1992 年克劳斯（Krauss）发表论文探讨世界上很多语言面临的危机之后，在过去的十几年间，已有大量关于语言消亡的出版物面世（如 Dixon 1997；Grenoble and Whaley 1998；Nettle and Romaine 2000；Crystal 2000；Fishman 2001a 及其更早的著述；Dorian 1989）。因此，到现在基本事实已经晓于天下：在全世界约 6000 种语言中，只有约 600 种被认为是安全语言，或者反过来说，90% 不享有声望、人口分布不广的语言在本世纪可能会灭绝（Krauss 1992；Crystal 2000；Thomason 2001）。

本篇不敢奢谈提供语言消亡的全面理论，但至少在某些方面，业内已达成共识，如语言消亡的一般原因、伴随语言消亡的社会语言进程以及垂死语言一般经历的语言变化等，我们将在下面章节简要阐述。

4.1.1 语言消亡的社会和社会语言因素

资料表明，语言消亡主要有两条途径。较为罕见的一种情况是使用该语言的人口相对突然地灭绝，如早期欧洲殖民者给美洲土著社区带来疾病（见 Crystal 2000），或种族屠杀（如塔斯马尼亚或萨尔瓦多）。相比之下，更为常见的一种情况是，语言消亡是一种语言转用过程的结果，该过程相对较长，典型的语言或社会语言衰亡标志会在一定的时期显现。我们将主要探讨后一种情况。

语言消亡最直接的原因是该语言在家庭内代际传递中的中断，从人口分布看表现为持该语言的老年人占多数，年轻人数量则下滑。随着最后一位老年人的去世，这种语言也就随之入土了。然而，在语言死亡之前，就已经进入了一种停滞、废弃的状态，其典型社会语言标志为该语言由公共领域退缩至纯私人领域，如家庭、街区等，这使其丧失了语域，最后又进一步退缩至单一文体（monostylism）。

随着语言退化的开始，常见的情形是语言能力开始呈现一种代际连续体：老年人精通这一语言；中年人（父母一代）操持双语（衰落语言和主流语言）；年轻一代则对衰落语言知之甚少或仅局限于书本上的知识。由于缺乏充分的接触，后者——多里安（Dorian 1981）称其为"半语言者"（semi-speaker），即其言语一般都表现出频繁从主流语言借词和语法语音不标准的特点，而且表达不连贯，正常交谈吃力。

退化过程也伴随着语言本身的变化，最主要的有：（1）从主流语言大量非对称地借用词汇，这一过程被称为"词汇重构"（relexification）；（2）语法与语音的简化和减少。[2] 除了语言消亡的直接原因之外，我们还需考察一下另外一些因素，这些因素促使少数民族语言使用者认为保持自己语言的机会成本高于转用主流语言的机会成本。这些往往是非常细微复杂的因素。

一个典型的情景是相对封闭的社区因城镇化、工业化或其他现代化力量（如教育、媒体、旅游业等）与更强大、更富裕、人口上或许与更多的社区发生越来越多的接触，慢慢地，在少数民族语言使用者的头脑中主流群体的语言就与财富、权力和机遇联系起来，因而变得更有吸引力，更有必要去学习。

相反，衰退中的语言——因为讲这一语言的人数在减少——与缺少机会、老迈、过时、农村和落后相联系起来。这种观念中混杂着对于经济机遇相对平衡的客观、准确判断，以及自我贬抑成分。当少数民族语言被主流群体成员贬低，又因政治安排，在公共领域，如公共教育方面，其机会被剥夺而遭到边缘化，这种自我贬抑会很容易发生。如果再对这一衰退的语言进行学习限制，如果这一语言缺乏文学传统，如果它的标准化未完成或刚完成不久，那么情况可能更糟糕，因为上述这些假设都会削弱该语言的声望。

当然，遇到这种情况，语言转用无一不是痛苦不堪的。人们往往对嵌入自己语言中的本族文化、认同和历史怀有深深的眷恋，但他们也感到，为了经济原因，他们不能再将这种语言传递给自己的后代。这时就出现了个人选择与集体选择的问题，其心理模式如下：如果一个人出于文化和认同考虑决定把这种少数民族语言传递给其子女，而同社区的其他人传递的却是主流的、更具经济优势的语言，那么他的子女将可能成为一个双重失败者。首先，他们的子女放弃了主流语言带来的经济优势；其次，他们的子女可能发现，掌握这种少数民族语言的人寥若晨星，说得再好，又有何用？考虑到这些情况，他们可能会盘算，还是随大流让孩子们学习多数语言吧。

4.1.2　民族国家在少数民族语言衰落中的作用

在上述情境描述中，我们没有明确提及民族国家或民族主义意识形态，而有些学者认为他们对于少数民族语言边缘化和消亡有着不可推卸的责任。多里安（Dorian 1998：18）甚至认为：

> 民族国家和官方标准语言的概念产生于欧洲后，又传播到很多前欧洲殖民地区。现今，正是这些概念对小社区的认同和语言构成了最为严重的威胁。

格里洛（Grillo 1989：173）也提到民族国家对被征服的少数民族语言

所持有的"蔑视的意识形态"（ideology of contempt）。梅（May 2001：75）也对此持批评态度。他认为，民族—国家一致这个重要的民族主义原则，即认为国家的公民文化和民族的公民文化应该范围相同、互为一致的观点，其主要问题是"无法接纳或承认那些没有国家的民族，或少数民族的合理要求"。这些观点影响重大，流传深远，因此，我们不妨来探讨一下。

确实，看起来学者们大都一致认为，现代欧洲民族国家自 18 世纪产生以来就比先前的各帝国（如奥斯曼帝国）更是一个同质性的机构。之所以有同质性，是因为通过教育和军事征募，它推动了一种共同的标准化语言，以形成一种民族文化使其公民可以放弃原先的情感，转而效忠于这一种文化（见 May 2001：54—56）。而且民族国家担心引发分离主义倾向而会不情愿给予区域语言地位。为达到这些目标，民族国家往往不惜采用暴力手段。我们将在下节探讨这一问题。

4.1.2.1 雅各宾计划和民族国家的语言同质化

或许最为明显的高压政策是 1789 年至 1994 年法国大革命期间实施的雅各宾计划（见 Grillo 1998）。该计划的主要目标之一是依靠一种单一的、统一的语言建立一个平等、博爱的共和国。这项计划对法语和法国地方语言（如布列特尼语、加泰罗尼亚语、科西嘉语、巴斯克语、奥克西坦语、佛兰德语和阿尔萨斯语）的国家政策的影响一直持续到近现代。对雅各宾党人而言，这些地方语言（"土语"）代表了狭隘、封建主义、落后和旧政权，因此应予铲除。阿博特·格雷古瓦（Abbé Grégoire）在法兰西共和国第二年牧月 16 日（公元 1794 年 6 月 6 日）提交国民议会的著名的《铲除土语和普及法语的必要性及办法》的报告中表述得非常明确。他说：

> 语言统一是革命必不可少的一部分。如果我们要消除迷信，使人们更接近真理，要发展人才，鼓励美德，把所有公民凝聚为一个民族，要简化政治机器的机构，使其运行更顺利，那么我们就必须有一种共同语言。（引自 Grillo 1989：24）

对语言差异持更明显敌意态度的是贝尔特朗·巴热尔（Bertrand Barère）雨月（法国的农历月份，从 1 月 20 日到 2 月 18 日）8 日（1794 年）致国民议会的著名演讲。他宣称：

支持联邦制和迷信的人说布列塔尼语，逃亡贵族和仇视共和国的人说德语，反革命分子说意大利语，狂热之徒说巴斯克语。让我们一起来摧毁这些伤害和错误的工具吧。（引自 May 2001：159）

不可否认，巴热尔的演讲是在革命遭受极大的内忧外患（如旺代叛乱[①]）之际发表的，但它仍然代表了雅各宾派的意识形态。

在随后一段时期，民族国家对少数民族语言的迫害而导致其边缘化的证据为数众多，梅（May 2001）、格里洛（Grillo 1989）等人都有提及。尤为重要的是法国，英格兰和威尔士在 19 世纪末将少数民族语言（如布列塔尼语、威尔士语）排除在公立小学教育系统之外，这就意味着这些少数民族语言丧失了合法性。大约在这一时期，或者稍晚一些时期，还发生了一些小插曲，如在布列塔尼的一些学校，学生如果被抓住说布列塔尼语，就会被罚脖子上挂一个木屐状的东西（*le symbole*）。无独有偶，在威尔士，学生如果被发现说威尔士语，也会被罚挂一个木牌（见 Jones M. 1998a；McDonald 1989；Press 1994）。

在学校之外，官方话语里也对少数民族语言百般贬抑，最臭名昭著的例子是《蓝书》（*Blue Books*），即 1847 年的《威尔士教育状况调查委员会报告》。该报告把威尔士地区的落后归咎于威尔士语：

威尔士语是威尔士的一个巨大缺点，是威尔士人民道德进步和经济繁荣的障碍。正因为这种语言，威尔士人在每一种实践知识和技能方面都比英格兰人拙劣。社会踩着他们（威尔士人）的头顶大步前进，而这些人还活在自己的地狱。（引自 Jones R. 1993：547）

当然，针对区域语言的政策和态度已经开始摇摆，并不总像上述引文那样充满敌意。例如，麦克唐纳（McDonald 1989：47）报告称，一位名为凯尔的布列塔尼学校总督察严厉谴责惩罚性木牌（*le symbole*）的使用；在 20 世纪，虽然蓬皮杜（Pompidou）和其他一些戴高乐主义者[3]贬抑少数民族语言。但与之对立，密特朗（Mitterand）及 1981 年后的社会主义政府至少在言辞上采取了更为积极的立场（见 Safran 1999：45）。然而，总

---

① 原文为 Insurrection in the Vendée，指法国大革命期间发生的保王党反革命叛乱。旺代位于法国西部沿海，卢瓦尔河以南。

体而言，有足够的证据表明，这个欧洲民族国家已经展现出一种特有的对单一语言（主流民族语言）的偏好，或者对少数民族语言而言，充其量是"无害忽视"（benign neglect）（Temple 1994：194）。我们在这里要对梅（May 2001）、格里洛（Grillo 1989）、威廉斯（Williams 1991a）及其他学者的批评表示支持。

4.1.2.2 民族国家有罪论的证明

为避免轻率指控之嫌，我们有必要证明民族国家的罪过。首先，欧洲民族国家概念有两个主要版本，两个版本内部和之间都有重大差异。一个是浪漫主义观点，把民族视为基于亲属和血缘关系的社区（*Gemeinschaft*）；另一个则视民族为公民自发的联合体（*Gesellschaft*）（见本书第 3 章）。即使在第二个版本之内也存在差异。例如，在法国，语言在传统上就比大英帝国具有更多的意识形态意义。诚如麦克唐纳（McDonald 1989：5）指出：

> *英国没有法国那样的语言敏感性。法语和法国国家自定义互相牵扯，语言自我意识和政治集权制是法国两个紧密相连的特点。*

这种高度的语言敏感性和明显的政治集权倾向可能是布列塔尼语较威尔士语具有更为滞后的官方地位的原因之一。我们将在下文探讨这一问题。

其次，虽然语言同质化时断时续地被定为欧洲民族国家政策的目标，但少数民族语言的衰落也是一些可能用意不坏的国家政策的副作用。例如，如果隔绝对保护少数民族语言有益的话，那么修路筑桥、建设工厂、娱乐开发都会破坏紧密联系的社会网络，损害少数民族语言。

再次，民族国家及与之相关的民族认同并不是固定不变的，而是一场不停歇的建筑项目，在这一建构过程中，历史的倾向是少数民族语言边缘化。这一倾向甚至近年来才有所减缓。我们可以看到，在欧洲许多地区，如加泰罗尼亚、巴斯克、意大利的南蒂罗尔（South Tyrol）和威尔士，区域语言已经被重新准入公民领域，在有些地区已经被给予与主流语言平等的地位。甚至法国和希腊这样一些极不情愿向区域语言让步的国家，也已经在前几年签署了《欧洲区域与少数民族语言宪章》[4]，该宪章要求签署国在教育、公共服务、文化活动和媒体等领域保护并推动少数民族语言发展。[5]梅（May 2001：311）曾呼吁以更大的民族语言民主为方向重新构想民族国家，或许第一步已经迈出。

与此同时，爱尔兰的情况表明，官方地位和政府支持对于挽救语言颓势可能还不足够。尽管爱尔兰语已经被提升为民族语言，政府通过资助教育系统进行了大量支持，但爱尔兰语仍然不得不屈服于社会经济的英语化力量（见 O' Riagain 2001）。

因此，结论并不明朗。一方面，大量的证据表明，欧洲民族构筑的过程包括强大的主流阶层语言的制度化，以及少数民族语言的被牺牲、被排斥和被征服。尽管近年来采取了一些弥补措施，但我们仍然继承着这一历史的社会语言遗产，不过改变成了羞辱和贬抑这样的形式。另一方面，少数民族语言衰退成因复杂，不能简单化地把矛头都指向民族国家这个"哲学信条（基础）"。

4.2 语言复兴的理论与实践

语言复兴随目标语言的濒危程度及其原因而有不同形式。以加泰罗尼亚语为例，语言复兴主要在于语言的正常化[①]，即从佛朗哥政府压迫下恢复，重新进入教育、媒体和行政等公共领域，而且取得了相对成功。

如果目标语言濒危程度较高且识读水平较低，如澳大利亚土著语言、某些非洲语言或美洲印第安人语言，制定目标就要现实一些，还要采用不同的方法。比如对于澳大利亚冈拜厄金语（Gumbaynggin）而言（Lo Bianco and Rhydwen 2001：406），较为实际的方法可能是记录存活人口的语言片段，以期能开发一些教学材料和编撰字典。

很明显，不管何种情况，语言复兴显然都需要一定的意识形态支持。如费什曼（Fishman 1991：2）就提出一个尖锐的问题：首先，为什么要采取这样的行动？费什曼（Fishman 1991，2001a）、狄克逊（Dixon 1997）、克里斯特尔（Crystal 2000）及内特尔和罗曼（Nettle and Romaine 2000）等学者都曾尝试解答，我们将在下文进行评述。

---

① 这里的"正常化"，指恢复到佛朗哥独裁统治前。

4.2.1 保护全球语言多样性的争论评述

关于保护语言多样性的争论大致可分为两类。为便于阐释，我们不妨称之为语言生态类别和认同类别。

4.2.1.1 语言生态论

这一派观点起源于内特尔和罗曼（Nettle and Romaine 2000：13）。他们认为语言多样性和生物多样性紧密关联，他们甚至为此创造了一个新词：生物语言多样性。两者都面临类似的威胁，两者都有类似的环境背景。

例如，土著小语种的丧失会导致该语言所包含的知识的丧失，特别是"编码于土著语言中的关于本地生态系统的详细知识"。（Nettle and Romaine 2000：166）。这些知识很有价值，因为如果充分利用本地知识系统，可能会促进可持续发展；而且它们增加了人类知识的总量，为人类福祉做出了贡献，比如说，可能有助于人们发现新的药品。

克里斯特尔（Crystal 2000：40）认为，随着这一语言的消失，储存于语言中的历史及世界观也随之而去，而这些可能改变、丰富我们自己的历史或世界观。他提醒我们，用进化论的观点来看，多样性会比统一性更有利于物种的长期生存。最强大的自然系统是那些最富多样性的系统。从科学角度看，生态论认为保护濒危语言的理由与保护濒危物种的理由一样。

还有些观点是基于语言多样性的内在价值和美学价值。有时，人们说（见 Weinstock 2003：254）语言本身就有其内在价值，无论其功用如何，因为它们代表了独一无二的人类成就以及独特的看待世界的方式。因此，语言本身就是目的，当一种语言消失，其内在价值也就消失了。

克里斯特尔（Crystal 2000：54）也提出过类似观点，他认为语言多样性值得保护，因为"语言本身很有趣"，通过语言的不同变体，我们会更了解语言的本质和人类语言能力。例如，大多数西方语言中无"言据性体系"这一概念，但图尤卡语（Tuyuca）语言中动词词组语法中却有此一说，不同的动词形式都形式化地标明某一命题不同种类的证据（Crystal 2000：59）。

最后，语言多样性会带来广泛的美学价值，它使世界更精彩，更有活力，也给了我们更多的文化选择和艺术表达的资源。

4.2.1.2 认同论

这一派论点被广为接受的初始前提是，语言不仅仅是一种交流的工具，也通常是一个社区认同的重要甚至是根本的特征。语言的丧失会对社区认同和文化带来严重伤害。费什曼（Fishman）有明确阐述，他认为："毁灭一种语言就是毁灭一个根深蒂固的认同。"（1991：4）。

后现代主义者视认同为偶然的、流动的、人为建构的，费什曼的这一观点可能会让他们觉得带有本质主义色彩而感到不快（May 2001：308）。但费什曼（Fishman）的总体观点却更微妙一些。他承认民族主义和认同可能"比语言存在更持久"（1991：17）。如作为日常口头交流语言的爱尔兰语虽然已衰落，但爱尔兰民族认同却继续存在。同样特林吉特语（Tlingit language）已经消失，但特林吉特民族认同却保留了下来（Dauenhauer and Dauenhauer 1998：73）。但他坚持认为，文化和认同虽然保持了下来，却已经不再是原先的面目。这是因为语言与文化是以一种指向（Indexically）、象征、部分—整体的方式相互联系的。指向是指"与一种文化有紧密的和历史性的关联"，只有语言才能够最好地"表达该文化中的事物和情感"（Fishman 1991：22）；象征是因为在圈内人与圈外人头脑中社区语言和文化可以相互取代（1991：24）；部分—整体是因为任何文化中的部分（如歌曲、谚语、祈祷和诅咒）都是"由语言构成的"。因此，语言的丧失确实会产生文化错位。

梅（May 2000：373）也提出过并无二致的观点，他一方面坚持民族认同建构主义观点，另一方面又指出："理论上，语言也是认同的众多标签之一……实际往往不止如此"。间隔数行，他又说：

> 孤立地、科学地看待语言与认同的联系可能会认识不到持这种语言的人对这种语言所体验的重要程度。

这使我们想到关心语言消亡的另外一个不太为人所知的自由主义原因：如果社区个人以他们的语言为傲，如果他们深切地关心自己语言的命运，那么这些人就会考虑采取一些有意义、有价值的措施，如关心这一语言的存亡，考虑是否把这一语言传递给下一代（见 Boran 2003）。

4.2.1.3 对上述观点的评论

我们现在来简要评论一下上述观点。我们承认，总体上，上述论点令人信服地表达了一种观点：全球语言多样性的削减是一个亟待解决的严重问题（见 Crystal 2000：166）。这并不意味着我们可以无批判地接受，或对这些说法如何形成体系不甚了了。

我们应该注意到，上述论点的基础不同：有的出于工具性或谨慎背景的原则敦促保护语言多样性，有的出发点是特定语言或所有语言的内在价值。有的把语言多样性看作对全体人类都有益的"公共利益"（public good），有的强调使用濒危语言的特定人群的福祉。

最后一种论点是最有说服力的，因为它们直面语言复兴最艰难的挑战之一，即某些社区或社区中的某些成员将主流语言看作更多机遇和社会进阶的媒介，并决定只将主流语言传递给他们的后代。

但经常有学者指出（如 Crystal 2000，May 2001），做出这一决定并非自愿做出，而是因为遭受歧视的历史使这些人感到自卑或羞耻，民族国家也采取了不公正的制度结构。而且，如克里斯特尔（Crystal 2000：109）指出，操持濒危语言的人群往往对于废除自己的社区语言的后果并不知晓，也未能意识到学习主流语言和保持少数民族语言可以并行不悖。实际上，世界上很多地方的人们在日常生活中都愉快地与两种或两种以上语言打交道。[6]

这些论点在一定程度上确实很有道理。很多，甚至大部分濒危语言之所以濒危很可能就是因为历史上或至今仍有的不公正待遇，因此原则上应采取行动保护这些语言，直至个人语言选择是自愿做出而非迫于内化的羞耻感。但是，对历史不公正的补偿也可能无法消弭主流语言和衰落语言所带来机遇的巨大鸿沟，所以有些人仍会为子孙后计，不让他们学习祖辈相传的少数民族语言。

我们选择支持关注操持濒危语言者福祉的这一论点，而不是那些突出语言多样性的"公共利益"的论点的另一个原因是，后者，如帕滕和吉姆利卡（Patten and Kymlicka 2003）所说，会出于保护语言多样性考虑，要求濒危语言使用者保持他们的语言，从而给他们增添了不必要的负担。可以设想一下，亚马孙地区的一种使用范围很小的语言濒临危险，可这一族人为了保护"公共利益"，背着自己的心愿，继续保持他们的语言，而所谓的"公共利益"极可能是由欧洲、北美和日本的人群享用和受益，这将是多么悲惨的情形。

博兰（Boran 2003：108）认为，保护语言多样性的环境主义论点也会使人容忍致力于保护濒危语言的少数群体，这些群体往往对持较低认同感的异见成员采取强制高压暴力手段。其结果可能是"种族钳闭"，即拒绝给予自由主义思想家想要秉承的一种权利，换言之为退出自身民族的权利。

囿于篇幅，我们在此只再作两点说明。第一，虽然保护全球语言多样性的呼声很高，但论据仍未完善，仍需进一步思考和实践；第二，如前所述，保护语言多样性最令人信服的理由不是环境主义或谨慎原则，而是对于濒危语言使用者的利益和感受的关注。他们中有很多人有充分的理由希望保持自己社区的语言，我们应助其一臂之力。但另有一些人出于不同原因，不想保持这一语言。虽然我们可能希望他们没有这种想法，但如果我们不希望破坏重要的自由原则的话，我们就不能也不应该仅仅为了保护全球语言多样性而把维持濒危语言的责任强加于他们身上。

综上，保护全球语言多样性当然是一个很值得努力的目标，但如果这样"违背了濒危语言社区大量人群的选择和意愿，或者需要对他们采取可能影响他们的机遇或社会进阶的重大限制措施"（Patten and Kymlicka 2003：49）的话，那么这种做法值得商榷。

4.2.2　语言复兴的指导框架

大量的语言复兴文献都包括案例研究，但也有理论贡献。我们在这一部分只挑选出其中两项进行研究：费什曼设计的 GIDS 等级表（Fishman 1991，2001b）和贾尔斯、布里及泰勒（Giles，Bourhis and Taylor 1977）首次提出的民族语言活力模型。

4.2.2.1　费什曼的 GIDS 等级表

费什曼（Fishman）设计的八段式"世代断层等级量表"（Graded Intergenerational Disruption Scale；GIDS）（Fishman 1991：87—109）有两个主要功能：第一，帮助分析语言濒危程度；第二，指导语言复兴，为复兴行动提供参考，指出恢复行动的优先顺序，以及如何协调不同的恢复行动更为有效。表 4.1 将简要介绍等级表的八个阶段。

表 4.1 GIDS 等级表（据 Fishman 1991，2001b：466）

阶段 8：	这一等级断裂程度最为严重。濒危语言受到极大冲击，仅有少量互不往来的老年人仍在使用。复兴工作可包括与掌握该语言的人士合作，重新整理语法、词汇和语音，以供未来教学使用。这一阶段应对成年人教授语言。
阶段 7：	在这一等级中，老年人仍在讲濒危语言，但年轻人已不再使用。与阶段 8 中的老年人相比，这些老年人与其他少数民族语言社区成员居住同一地方或家庭，社会联系密切。但其他社区成员中的很多人可能只会说主流语言。这一阶段复兴工作的焦点和目标是在年轻一代中重新教授濒危语言知识，这样他们就能在未来将这一语言传递给其子女。
阶段 6：	这一等级在 GIDS 表中是关键的一级。濒危语言在家庭之内代际传递，也是非正常代际口头交流的一般语言。复兴工作应巩固濒危语言在家庭内部的使用，并形成家庭—小区—社区使用链，濒危语言可作为非正式社会交际的主要媒介而有效保持。
阶段 5：	在这一等级中，识读能力普及度较高。针对成年人和儿童的语言教学主要由少数民族社区经营管理的机构展开，如小区扫盲中心等（费什曼在此处的举例是巴斯克语①学校）。培养少数民族语言读写能力的益处总结如下： 1. 它扩大了语言的功能范围。 2. 它使少数民族语言具有了声望，降低了少数民族社区对于主流社区印刷媒介的依赖。 3. 它提供了时空交流的另外一种媒介。
阶段 4：	在这一等级中，濒危语言在正式教育中拥有一席之位。无论在少数民族社区开办的私立学校或国家资助的公立学校，少数民族语言都作为一门课程进行教授，或与主流语言一道作为讲授语言。这一阶段与上述阶段在两方面有重大不同：第一，濒危少数民族语言已经摆脱非正式的私人领域的制约，进入原专属主流语言的正式公共领域；第二，为换取主流社区对于语言复兴工作的支持，部分控制权被转让给主流社区。
阶段 3：	在这一等级中，濒危语言重新现身于少数民族语言社区了解的工作区域，主要是在一些小企业。这些企业有的面向少数民族社区，有的面向主流社区。在有些情况中，企业员工多数为少数民族语言使用者，部分人甚至进入管理层。在这种情况下，语言复兴工作的重心是确保公司内部用少数民族语言进行交流，并营造少数民族语言氛围。对于主流语言使用者经营管理的公司，复兴工作应确保为少数民族社区提供语言服务。

---

① 原文为 Basque "ikastolas"。

（续表）

阶段 2:	在这一等级中，较低一级的国家机构（如卫生系统、邮政系统、国有事业单位、警察局、法院等）开始为有需要的人群提供少数民族语言服务。这标志着少数民族语言社区的巨大进步，但费什曼（Fishman 1991：106）也担心少数民族语言使用者工作机遇的增多会使部分能力突出者脱离根基，进入主流语言社区。
阶段 1:	这一阶段在 GIDS 级别量表中等级最高，少数民族语言使用于大众媒体、高等教育和各级政府等领域。它被给予某种程度的正式地位，甚至在本地区成为共同官方语言（如 1993 年《威尔士语言法案》通过后威尔士语在威尔士地区的地位）。少数民族社区享受一定程度的经济和文化自治权。最后，尽管费什曼没有明确表示，但很可能国家已经按照地域原则或个人原则赋予一些少数民族语言权利。

对费什曼而言，第 6 阶段是至关重要的一个阶段，因为如果没有代际传递，濒危语言不过是在"消磨时日，以待死期"罢了。因此，其他阶段采取的措施只有在强化第 6 阶段之后才能有真正意义。对于阶段 1—4，费什曼显然持谨慎态度，认为它们虽然令人渴望却并不十分重要，由他对阶段 3 的评论可见一斑：

> 这只是一个令人渴望但却次要的阶段，它与母语代际传递这一纽带有相当的距离，甚至需要相当的远虑和巧思才能与这一纽带发生间接联系。（Fishman 1991：105）

费什曼也严重质疑在第 4 阶段要不要教授少数民族语言。毋庸置疑，费什曼在做如此评论时联想到了爱尔兰，在那里强迫式的爱尔兰语教育并没有遏制爱尔兰语的衰落。所以费什曼认为，尽管教授濒危语言确实有重要的贡献，如提高读写能力、扩大该语言的功能范围、获得更高地位、提高历史和当今的文化价值，但这样做并不总能促进代际传递，因而对语言复兴作用有限。

很多学者对此持相同看法。如在谈及威尔士语学校教育时，贝克（Baker 1993，2001，2002，2003a）指出，这种方式可能会使这一语言面临成为一种仅存于学校而与"家庭—小区—社区链"脱离的危险。贝克（Baker 2003a：97）认为，若从长计议，想要拯救这一语言，还需要在学校教育之前和之后实施一系列的支持措施："单凭双语教育不足以维持语言"。

但费什曼忽视双语教育的作用似乎有点太过极端了。就拿威尔士语来说，语言教育对威尔士语的复兴做出了相当大的贡献，它广泛传播了语言知识，提高了语言地位，改变了人们的观念，还为威尔士语使用者创造了就业机会。而且它还吸收了新的语言使用者，不仅包括本地使用者也包括外来使用者，扩大了使用人口数量，他们都能够将这一语言传递给自己的子女。当然，琼斯（Jones 1998a：353）也指出，这关键还得取决于他们是否会选择这样做。

"民族语言媒体（Xish media）实在是一支靠不住的芦苇秆……'逆转语言转用'不应过于依赖它们"（Fishman 1991：107）。对此，我们不敢苟同。诚然，少数民族语言广播和媒体不会直接作用于代际传递，但它们却会引起更多受众的关注，让这一语言具备现代性。这种影响可以说仅仅具有象征意义，但对于一种一度遭受贬抑的语言而言，哪怕是象征性地位的提高也会改变人们的态度，为语言复兴做出有益的贡献。莫阿尔（Moal 2000：126）就对最近在洛里昂（Lorient）新成立的一家布列塔尼语私人数字电视台频道表示了赞许。S4C（一个公立威尔士语电视台频道）前总监威廉斯（Williams 1995：6）指出：

> 虽然现在在区域内进行语言规范化是头等大事，但让语言在生活文化中为人接受也很关键。因此，用影音媒介传播当代生活文化对于语言的生存至关重要。

GIDS 等级表还有另外一个引人瞩目的地方是各阶段之间的相互联系。费什曼（Fishman 1991）曾说这一等级表具有"历时的准隐含性"（diachronic quasi-implicational）。欧里亚甘（O'Riagain 2001：195）认为，这可能意味着各阶段之间存在一定的时间顺序，进入某一阶段需要，甚至必须以另一阶段的完成为基础。然而，为了澄清误读，费什曼在其 2001 著作中做了更为明确的阐释，说语言复兴不是"由下而上逐步发展"，也不应该"按部就班，逐阶段完成"（Fishman 2001：467）。数行之下，他又说：'各阶段措施……彼此不相抵牾'。"他的这一阐释与爱尔兰语（O'Riagain 2001）、盖丘亚语①（Hornberger and King 2001）和威尔士语（Baker 2003b）的复兴工作相吻合。在这些案例中，多项措施，如媒体宣

---

① Quechua，通译盖丘亚语。

传、语言教育、经济发展等，齐头并进，共同致力于语言的推广。

只要大家谨记代际传递是一切复兴努力之根本，那么同时采取一些相互支持的措施又何错之有？毕竟语言复兴是一项异常艰巨的任务。我们认同霍恩伯格和金（Hornberger and King 2001）提出的观点，即 GIDS 等级表不应被看作一个具体的行动纲领，而是一种辨别复兴工作孰先孰后以及它们之间联系的有益探索。

我们现在来探讨一下 GIDS 框架可能最为明显的一处疏忽：它未能注意到语言复兴的经济基础。语言转用首要的一个原因就是父母认为濒危语言不能提供足够的劳动力市场价值，因而不值得向子女传递。鉴于此，除文化激励和向心激励外，复兴工作还应该加强经济刺激，语言才有望得以维持。正如贝克（Baker 2002：231）所说：

> 少数民族语言越是与就业、晋职、财富相联系，它的价值就越有可能被认可。

除个人选择之外还有其他因素。语言存在于其使用者社区并由其维持，而且社区及其社会网络受社会经济和就业变化影响。语言活力也是如此。爱尔兰的爱尔兰语区（the Gaeltacht areas of Ireland）即是一例明证。这一地区的小农经济一直以来为爱尔兰语的维持提供了有力的社会网络（O' Riagain 2001：208）。但 20 世纪 50 年代以后，这一社区的社会经济情况发生了变化：非农业就业机会增加，城镇互通变得频繁，娱乐模式也发生了变化。这一切都大大改变了社会网络的面貌，而后又对爱尔兰语的维持产生了极为不利的影响。

这一案例对语言复兴规划有明显的启示：如果社区语言使用模式有其社会经济基础的话，那么复兴工作就应该与社会和经济政策领域联系起来。这些政策与语言无关却会对语言产生深刻影响。实际上，语言复兴不是仅靠单枪匹马就能完成的，它甚至与城乡规划都密不可分。正如艾奇逊和卡特（Aitchison and Carter 2000：149）所说，住房和土地使用问题也有重要的文化和语言意义。可以假设一下，如果威尔士语农村地区要盖一处房产，但主要是面向外来人口，那么情况会怎样。毋庸置疑，上述这些考虑使威廉斯（Williams C.）认为"完善的语言规划在本质上是整体性的"（1991b：315）。同样，欧里亚甘（O'Riagain 2001：213）和贝克（Baker 2001：83）都表达了对布尔迪厄（Bourdieu 1991:57）观点的支持，后者说：

> 要想保护濒危语言……就必须进行一场全面的斗争。要想拯救语言的使用价值，就必须拯救市场。换言之，就是拯救一整套生产者和消费者的政治和社会生产条件。

综上，我们认为，GIDS 等级表有一定的探索价值，但它对于经济因素，即受经济和政治力量影响的"语言市场"认识不足。

4.2.2.2 民族语言活力与语言复兴

语言复兴另外一个颇有影响的框架是贾尔斯、布里及泰勒（Giles, Bourhis and Taylor）等人于 1977 年提出的民族语言活力模型（或框架）。有人认为（如 Bourhis 2001），这一模型可与 GIDS 等级表互为补充。所谓活力，此处是指"一个族群能够在群际环境中以一种与众不同的共同体的方式行动的东西"。作为一个区别性的语言文化集体，民族语言活力越高的族群的存活概率比活力较低的族群更大，因此，贾尔斯等人 1977 年设计的影响民族语言活力的结构变量框架有着重要意义。

在他们曾构造的"影响语言活力的结构变量"的图中，人口因素分为两小类：人口数量和人口分布。前者包括人口变量的基本特征，如随人口出生率升降而引起的绝对数量变化、向外或向内移民或迁徙模式以及族内或族外婚姻等。后者指某一特定地区族群的集中与分布及在总人口中的比例。如果某一族群聚居一处且在当地人口中占比较高，通常会有利于语言的维持。

其中的制度支持和控制因素指民族语言族群在地方甚至国家一级的社区机构——如媒体、民政、教育、工商等领域——中的代表比例及影响程度。"正式"表明族群成员在机构中享有决策权利的程度；"非正式"指族群游说影响的程度。很明显，拥有较高级别制度支持和控制权的少数语言族群提高自己语言活力的可能性就越高。

最后，地位因素，包括经济地位（指族群对于地方或全国经济生活的影响程度）、社会地位（指族群及其语言的声望）、社会历史地位（指族群在历史上的声望）以及区域内外的语言地位（指对该族群语言的在政治上和法律上的认可程度）。

三组因素可以互相独立，如有些可能在人口因素方面较有优势而在地位因素方面较差。但贾尔斯等人（Giles et al. 1977）的基本观点是，三组因素共同影响着民族语言活力的整体水平。这一框架为诊断少数民族语言状态做出了有益贡献。不少评论家，如艾奇逊和卡特（Aitchison and Carter 2000），就利用它对近几十年来威尔士语的复兴过程进行了讨论。

当然，这一框架也并非毫无瑕疵。他似乎更适于作为一种描述性工具而不是解释性工具，因为它并未表明各个因素在具体案例中有何侧重，也未能告诉我们这些因素在不同环境下如何相互作用，导致语言转用或语言维持的结果。对此，我们需要进行更细致的历史和社会学阐述。而且，如贝克（Baker 2001：72）指出，有些因素（如制度控制）不易衡量，难以展开实证调查操作。

综上所述，我们认为虽然民族语言活力框架能够描述语言小族群体的处境，辨别薄弱环节，可以作为 GIDS 级别量表的有益补充，但它不能够解释导致其产生的原因，也不能为语言复兴工作提供具体的方案。

或许能更好地作为行动指南的是克里斯特尔（Crystal 2000：130—142）的六项命题（或因素），现总结如下，作为本节小结：

1. 若濒危语言使用者在主流社区声望提高，有利于濒危语言的发展。

2. 若濒危语言使用者在主流社区财富增加，有利于濒危语言的发展。

3. 若濒危语言使用者在主流社区立法权提高，有利于濒危语言的发展。

4. 若濒危语言使用者在教育系统表现优异，有利于濒危语言的发展。

5. 若濒危语言使用者有书写语言能力，有利于濒危语言的发展。

6. 若濒危语言使用者能充分利用电子技术，有利于濒危语言的发展。[7]

上述因素，除第六项外，对于了解费什曼（Fishman 1991，2001）或贾尔斯等人（Giles et al. 1977）观点的读者并不陌生，但它们形成了一个有用的整体，因为它们重申并突出了声望、权力、经济刺激、教育和制度认知在语言复兴中的核心作用。

4.3 语言规划与语言复兴：威尔士语与布列塔尼语案例研究

本章主要问题是要对威尔士语和布列塔尼语作对比案例研究，包括它们的衰落及截然不同的复兴轨迹。将二者进行对比研究可以帮助我们理解影响甚至决定语言复兴成败的因素。我们首先来回顾一下两种语言缓慢衰落的历史。

4.3.1 威尔士语和布列塔尼语：语言衰落的历史回顾

我们先来探讨威尔士语。

4.3.1.1 威尔士语

1536 年和 1542 年的《联合法案》将威尔士并入英国，并将英语作为司法和行政领域的主导语言。之所以将这两项法案作为我们讨论威尔士语（Cymraeg）衰落的一个起点，并不是因为威尔士语从彼时起才开始经历地盘的缩小。实际上威尔士语的衰落早在 1070 年左右盎格鲁-诺曼人入侵时就已经开始发生了。1536 年标志着威尔士语自公共领域退出和相对于英语逐渐矮化的开始。这些法案引发了（见 Jones R. 1993）或者说加速了威尔士士绅阶层持续的英语化。因为这些人如果想在公共生活中谋得一席之地，他们就别无选择，只能学习英语。慢慢地，就产生了语言—社会关联：上层士绅们讲英语，底层百姓讲威尔士语。将威尔士语逐出司法和行政领域的一个次要影响是语域范围的缩小及更为明显的声望的丧失。威尔士语开始与粗鄙、乡野、农业联系起来。最后，至 19 世纪中叶，威尔士语成了经济落后的代名词。

这一时期并非全都是坏消息。到 19 世纪末，威尔士语仍然是大多数人口的通用语言，这使得底层行政领域不得不采用威尔士语。同时，威尔士语作为单语使用的核心地区（y fro Gymraeg）发展强劲，而且中世纪《英雄传奇》（Mabinogi）（Price 1984）及更早期的作品也赋予了这一语言以丰富的文学遗产和声望。

1588 年，威廉·摩根（William Morgan）采用数百年来吟游诗歌传统演化而来的一种文学形式翻译了《圣经》，这不仅给威尔士语增添了文学遗产，而且很多作者（如 Jones R. 1993；Jones M. 1994，1998a；Price 1984；Thorne 1994；Barbour 2000c）都认为它是一件具有时代意义的事情，因为它帮助建立、传播和普及一种标准书面威尔士语，因而避免了这一语言的碎片化，成为相互不可理解的地方方言。布列塔尼语在这一方面就无法幸免了。不仅如此，随着《圣经》的翻译，编制标准也开始启动，最终在 1928 年出版了一份《威尔士语正字报告》（Orgraff yr Iaith Gymraeg），确立了标准书面威尔士语的规则和原则。琼斯（Jones M. 1994:245）指出，这是一个"非地域性的"共同核心语言变体（common core variety）。这一标准化过程不同于典型的提升有声望的方言的方式，可能也正因于此，标准威尔士语获得了大范围的民众拥护。

威尔士语版《圣经》除了提高了威尔士语的声望，还有一个积极的影响是：它奠定了威尔士语在宗教领域使用的基础。这对于威尔士语的维持发挥了关键作用，尤其是在 18—19 世纪。18 世纪卫理公会的恢复和 19 世纪不信奉国教运动（如非国教的清教运动）的发展不仅通过教堂提供了一个以威尔士语为主的社会生活中心，而且还提供了一个使威尔士语发挥影响并树立声望的正式领域。威尔士语在祈祷集会、主日学校①、讲道传业等场合的使用使大量民众得以与相对正式的口头威尔士语接触。教会也对威尔士语的传播普及和印刷出版发挥了极为重要的作用。特别值得一提的是兰道罗尔（Llanddowror）镇牧师格里菲思·琼斯（Griffith Jones）。他在 18 世纪 30 年代建立了一个由巡回传教士组成的"流动学校"系统。至 1760 年格里菲思·琼斯去世之时，这一流动学校已经在 3325 所学校教育过逾 16 万名儿童和成人，使他们有足够的语言能力读懂威尔士语版《圣经》（Price 1984；Jones R. 1993）。

宗教的作用，威尔士诗歌音乐擂台赛（eisteddfodau）⁸ 的复苏，以及威尔士语辩论协会的增加，使人不禁以为，随着语言读写能力的扩大，威尔士语复兴在即。但艾奇逊和卡特（Aitchison and Carter 2000：31）却保持着一颗冷静或更为现实的头脑，他评价说：

> 18 世纪的这些运动加深并扩大了威尔士语的既有应用语域，并因此使之得以保存；但除此之外，威尔士语的语域并未扩大，这一点在下一世纪至为重要。

对威尔士语极为不利的一点是，在 19 世纪大部分时间内，威尔士语被排斥于正规教育之外。英国于 1870 年通过了《初级教育法案》，更加明确而完全地忽略了威尔士语。直到 19 世纪末，威尔士语教育才得以在学校里获得有限恢复，但威尔士语已经被排挤出诸多语域（如教育、法律、政府、科技），上层社会持续英语化。此间还发生了很多插曲，如 1847 年发布的被后世称为"蓝书叛国罪"② 的教育报告，这些都打击了威尔士语前

---

① 主日学校（Sunday School）是基督教教会于星期日早晨在教堂或其他场所进行的宗教教育。

② 原文为 *Treason of the Blue Books*，指 1847 年发布的关于威尔士教育情况的调查报告，该报告对威尔士社会和威尔士语进行了抨击。

进和现代化的自信。尽管有明显的人口优势，但到 20 世纪，威尔士语已经无法抗拒被迫错位的命运。

威尔士人口的内部迁徙

对于大多数评论家而言，威尔士语在 20 世纪上半叶衰落的主要原因是威尔士的工业化。这一进程早在 19 世纪就已开始，但它对语言的影响一直到相当长一段时间之后才变得明显起来。早期的影响之一是从北威尔士到南威尔士的人口迁徙：如在 1861—1911 年期间，有 16 万多人从其他郡迁徙到格拉摩根郡（Price 1984：116）。有人认为，这种内部迁徙减少了北部威尔士农村地区的人口，对威尔士语有百害而无一利；但也有些人（如 Brindley Thomas 1987）认为，人口重新分布会增加语言在城市中的存在，假设威尔士也像爱尔兰或北苏格兰一样保持农业社会，那么可能有更多的人选择迁出本地，从而大大减少威尔士语的使用者数量。

不管这种观点是否正确，不容置疑的一点是，19 世纪末至 20 世纪初以南威尔士煤田为中心展开的第二波工业化过程促使大量英格兰人和爱尔兰人迁徙到威尔士，并产生了重要的英语化影响。例如，琼斯（Jones R. 1993：546）报告称，在 1871—1881 年期间，格拉摩根郡有 57% 的外来人口来自英格兰。人口迁徙，加之随后而至的城镇化的总体影响是增加了威尔士语与英语的接触，降低了威尔士语的人口集中度，扩大了双语区域（英格兰人讲英语，而威尔士人持双语）。这当然也算是一种单向双语制，而且它为随后的语言转用做了铺垫。

我们不妨多了解一些工业化带来的其他影响。首先，新的铁路网络的建立结束了威尔士相对与世隔绝的状态，而这种与世隔绝状态在很多地区和很多方面都使得威尔士语得以维持。其次，工业化改变了文化和政治生活。阶层意识的不断加强，尤其在经济危机之后更加严重，使得工党的社会主义思想比自由党的非国教主义更得民心。随着威尔士生活的世俗化，工人俱乐部和英语娱乐场所逐渐取代了教堂，成为新的社会生活中心。于是，长期以来一直担当着威尔士语堡垒的宗教社会语域丧失了其重要性。但威尔士语的噩梦还远未结束，不远的未来，无孔不入的英语大众媒体的发展和传播将带来另外一次英语化浪潮。

语言人口分布

上文阐明了威尔士语衰落的原因。由人口数据我们可以更好地了解威尔士语的衰落程度。表 4.2 显示了自 20 世纪初有人口调查数据以来至 2001 年最后一次人口普查中威尔士语使用者在威尔士总人口中的占比。

表 4.2 威尔士地区威尔士语使用人口统计，1901—2001 年（百分比 [%]）

	1901	*1911*	*1921*	*1931*	*1951*	*1961*	*1971*	*1981*	*1991*	*2001*
威尔士	**49.9**	**43.5**	**37.1**	**36.8**	**28.9**	**26.0**	**20.8**	**19.0**	**18.7**	**20.8**
克卢伊德（郡）			41.7	41.3	30.2	27.3	21.4	18.7	18.2	
达费德（郡）			67.8	69.1	63.3	60.1	52.5	46.3	43.7	
格温特（郡）			5.0	4.7	2.8	2.9	1.9	2.5	2.4	
圭内斯（郡）			78.7	82.5	74.2	71.4	64.7	61.2	61.0	
中格拉摩根（郡）			38.4	37.1	22.8	18.5	10.5	8.4	8.5	
波伊斯（郡）			35.1	34.6	29.6	27.8	23.7	20.2	20.2	
南格拉摩根（郡）			6.3	6.1	4.7	5.2	5.0	5.8	6.5	
西格拉摩根（郡）			41.3	40.5	31.6	27.5	20.3	16.4	15.0	

（来源：英国人口统计与威尔士语言委员会，2001 年）

由上表可见，自 1901 至 1971 年期间威尔士语使用人口明显递减，随后减速变缓，甚至据 2001 年最新统计结果，威尔士语使用人口竟有小幅回升至 20.8%（三岁以上人口数量计 582,400 人）。在下文我们将看到，这一增长与威尔士语学校教育紧密相关。

威尔士语使用人口的郡分布也明显极不平衡。不出意料，圭内斯郡和达费德郡这两个传统的、农业的威尔士语核心区域，威尔士语人口占比最高，在 1991 年分别达 61% 和 44%，与东南部诸郡，如格温特郡、中格拉摩根郡和南格拉摩根郡的情况形成鲜明对比。

此外，我们还可以看到上表数据所无法显示的一个方面，即西北核心区域威尔士语地域收缩程度和速度。有人把这一逐步瓦解的过程比喻为水洼的干涸。琼斯（Jones R. 1993）认为，这一过程与次城镇化、二套房屋购置和退休安置有关。

传统的威尔士语地区的语言人口在减少，然而数据显示，南部城市中威尔士语使用人数和占比都有了上升的趋势，这成为语言复兴的一个新特点。例如，据 2001 年人口统计数据，在 1991—2001 年期间，尽管圭内斯郡的威尔士语使用人口比例下降了 3%，但纽波特郡的威尔士语使用人口比例却增长了 7.7%，而加的夫市则增长了 4.4%。如艾奇逊和卡特

（Aitchison and Carter 2000：134）所说，威尔士语已经成为一种主要使用于城镇的语言。

4.3.1.2 布列塔尼语

布列塔尼本来是不列颠南部讲布立吞语的民族通过殖民建立的一个公爵领地，1532 年才根据《联合敕令》并入法国。作为一个法国外省（province），布列塔尼拥有宗教、司法和财政自治权。但这一地位以及伴随的特权在 1789 年爆发的法国大革命期间悉数丧失。革命中的法国取消了所有外省，代之以省（*départements*），并由巴黎直接管辖。直到 1972 年，布列塔尼才作为一个行政单位重新出现于法国版图。这时的布列塔尼是法国 22 个大区（*région*）之一，下辖菲尼斯泰尔、莫尔比昂、阿摩尔滨海和伊勒-维莱讷四省。

这种地理和行政区划并不意味着它们具有单一的语言文化认同。我们知道，布列塔尼地区分为上布列塔尼和下布列塔尼。上布列塔尼自 13 世纪就不使用布列塔尼语而是使用罗曼语；下布列塔尼才是传统的布列塔尼语核心区域，这一地带位于大致北起圣布里厄南至瓦讷的西部地区。然而，如果游客现在随意穿行这一区域，他们可能不会注意到这一分隔线。正如蒂姆（Timm 1980）、汉弗莱斯（Humphreys 1993）和普赖斯（Price 2000）等人指出，近五十年来，这一布列塔尼核心区域已经要彻底沦陷，在大部分地区布列塔尼语都已经几乎消失殆尽。并且下布列塔尼地区的城镇使用法语的历史都已逾数百年之久。

如果说布列塔尼地区的语言分歧阻碍了泛布列塔尼认同意识发展的话，那么另外一个因素令布列塔尼语的处境雪上加霜，那就是布列塔尼语又分裂为四大主要方言（而且方言之下还有次方言），即 Kerne、Leon、Treger 和 Gwened，其区域范围分别与历史上的教区大致相当。琼斯（Jones 1998b：131）认为这些语言之间几乎互不相通。还有一种有争议的观点认为，很多布列塔尼本地人对于这种语言分歧十分在意，因而有一句俗话说："他们说的不是同一种布列塔尼话"①。

库特（Kuter 1989：84）也强调很多布列塔尼人认同的地方狭隘性（local parochial nature），认为他们对于自己的地区（pays）、市镇（commune）、方言特点、服装甚至女帽都十分在意。在大区或次大区级，法语仍是统一

---

① 原文为法语：Ils ne parlent pas le même breton。

语言，是与外人交流的工具——所谓外人既包括布列塔尼之外的人，也包括来自其他布列塔尼市镇的人。这种由于法语导致的越来越弱化的布列塔尼认同意识无疑促进了布列塔尼语的衰落。我们将在下面一节详细讨论这一点。

布列塔尼语衰落概览

很多评论家（如 Press 1992，Moal 2000，Texier and O' Neill 2000）都认为，布列塔尼语的衰落可追溯至中世纪晚期。当时的布列塔尼仍然是一个公爵领地。布列塔尼社会的上层，包括贵族和高级教士，讲的是法语，并认可其更高的声望和权力；而社会底层，包括农民、工人、渔夫、手工匠人，则讲布列塔尼语。在同一时期，法语在城市中站稳了脚跟，取得了支配地位，从而把布列塔尼语限制在农村地区和农业生活领域。

1789 年爆发的法国大革命标志着布列塔尼语进一步滑向了衰落的深渊，因为从彼时起，雅各宾派以法语为中心建立一个集权国家的思想就一直笼罩在区域语言之上。该派认为，区域语言对法国的统一和"一国、一族、一语"的理念都构成潜在的威胁（见 Judge 2000）。这一意识形态的表现形式之一就是把布列塔尼语排斥于教育、法律和行政领域之外。更为恶劣的是，对布列塔尼语进行公然地贬抑。这样的例子实在数不胜数，我们之前就曾经举例说明过这一问题。又如，直至 1927 年我们仍然发现法国教育部长德蒙齐（de Monzie）宣称：

为了法国的语言统一，布列塔尼语必须消失。（Kuter 1989：78）

这种敌视态度以及领域限制无疑使布列塔尼语成了一个负面象征，以至于后来连布列塔尼人也自惭形秽。无论是局外人还是布列塔尼人自己，都认为布列塔尼语是社会的障碍，是落后的农民认同的标志，是一种"野蛮人的遗产"（Timm 1980：33）。这些都促成后来代际传递的中断。

还有其他一些因素也加剧了布列塔尼语的衰落，如根据 1882—1887 年《费里法案》（Jules Ferry laws）建立的世俗化的初级义务教育制度、1889 年制定的普遍兵役制以及铁路的发展（1864 年铺设至布列塔尼）等。前两者带来了法语和布列塔尼语双语制，目的当然是培养下一代人讲法语。后者使得越来越多的布列塔尼年轻人奔赴巴黎地区寻找就业机会。

第一次世界大战对布列塔尼语的衰落起到了推波助澜的作用。战争期间大量布列塔尼男性被征募入伍（军队讲法语），造成约 12 万布列塔尼人死亡（Press 1994：217）。这些男性人口的损失使得女性不得不在农田承担起更大的责任，也使她们与法语世界开始接触。双语制开始进一步深入这个一度是以单一语言为主的社会群体。

语言人口分布

人们会想，这些不同因素结合起来会大大减少布列塔尼语使用人口的数量。但法国的人口调查一般不做语言统计，我们从为数不多的资料可以了解到，20 世纪初大约有 140 万布列塔尼语使用者（Humphreys 1993：628）。但到了 1997 年，根据法国布雷斯特（Brest）当地日报《电讯报》（*Le Télégramme*）所做的最新可靠调查，法国只有约 24 万人可流利使用布列塔尼语，另有 12.5 万人使用双语。他们的年龄分布更明确显示，这一语言已经老化，因为能流利使用布列塔尼语的人群中有 45% 为 75 岁以上的垂垂老者，年龄介于 20 至 39 岁的人群中这一比例为 5%，而 20 岁以下的人群中这一比例仅为 1%（Moal 2000：119）。语言的代际传递几乎已经中断。1998 年法国人口研究院的调查证实了这一点。报告称代际传递比例接近于零。欧盟委员会公布的《欧洲马赛克》研究报告（Euromosaic report）显示，该报告列出 48 种濒危语言，布列塔尼语名列第 32 位。

很明显，虽然布列塔尼语的衰落已经持续了数百年，但在 20 世纪，尤其是 1950—1970 年期间使用者数量减少最为明显，语言活力大为降低。当然，这其中有诸多因素的作用，如布列塔尼语的传统堡垒——天主教和教会学校至 20 世纪 50 年代已基本完成了由布列塔尼语到法语的逐渐转用，甚至在一些不重要的场所，如教理问答课和私人牧师工作，也已完成转用。

城镇化与人口迁徙

除上述因素外，还有两种更为重要、更为广泛的社会经济力量：城镇化和人口迁徙。法国的城镇化较英国稍晚。伴随着 20 世纪 50 年代开始的农业机械化，农业人口大幅减少。麦克唐纳（McDonald 1989：4）的研究证实了这一点，他发现 20 世纪 50 年代时，布列塔尼有 50% 以上的人口为农业人口，到 1975 年这一比例下降至 21% 左右。这一趋势削弱了布列塔尼语的农村基础。除此之外，大批布列塔尼年轻人前往巴黎或其他地区工作，这种人口迁徙也拉低了核心区域的优势。例如，仅在 1954—1962

年期间，就有约 10 万 30 岁以下的布列塔尼人迁徙到外地（Oakey 2000：644）。

另外，现代化的其他方面的影响，如旅游业的增长、汽车带来的交通便利、年轻女性摆脱农村生活束缚的意愿及由之而来的异族通婚，以及经济刺激的衰退，都让我们进一步理解了代际传递为什么会迅速停顿。

语言因素

除社会因素之外，我们还不应忘记语言因素的影响和作用。前文已述，布列塔尼语分裂为四大方言，而且直至近年一直没有一种被广泛接受的标准书面布列塔尼语。这种缺失不仅使布列塔尼语无法融入正规教育，而且对它成为一种区域共同语言和泛布列塔尼认同象征极为不利。正如琼斯（Jones 1998b：138）指出，布列塔尼本地人把他们的方言只看作本地认同的象征。至于更广泛的认同标识，他们宁可仰仗法语。正因如此，加之头脑中已经根深蒂固的布列塔尼语是进步与现代化障碍的观念，布列塔尼语近年来代际传递陷于停顿便在所难免了。

具有讽刺意味的是，在布列塔尼语目前人口分布处于弱势和作为家庭及社区语言几近殆灭之际，法国政府终于表现出在公民领域向布列塔尼语让步和支持布列塔尼语教育的意愿，如 1999 年法国签署了《欧洲区域与少数民族语言宪章》。虽然这一善意姗姗来迟，但这将对活动人士近年来复兴布列塔尼语的努力产生积极影响。我们将在以后章节进行阐述。不过在此之前，我们要先来探讨威尔士语及其复兴。

4.3.2 威尔士语语言复兴

为方便起见，我们将威尔士语语言复兴的讨论分为两个部分：1）语言地位规划和制度支持；2）语言习得规划。

4.3.2.1 地位规划和制度支持

20 世纪晚期威尔士语语言复兴的一个显著特征是它从一种局限于低端地位语域的边缘语言获得了官方承认并予以制度化、合法化，这在 60 年前还几乎是不可想象的。伴随着语言地位的上升，公众也对这一语言刮目相看。例如，在 1995 年的一次民意调查中，88% 的受访者表示威尔士语是一种"值得骄傲的"语言（May 2000b：158）。讲威尔士语已经成为某种社会时尚，尤其是在中产阶层。越来越多讲英语的父母愿意把自己的子女送入威尔士语学校，这表明人们逐渐意识到学习威尔士语会在公共部门、教育和地方媒体等方面带来职业优势（Aitchison and Carter 2000：138）。

我们现在来讨论一下威尔士语的复兴。虽然 1925 年威尔士民族党（the Welsh Nationalist Party；*Plaid Cymru*）①就已经成立，但我们还是选择 1962 年威尔士民族党前主席桑德斯·刘易斯（Saunders Lewis）在 BBC 威尔士电台发表的题为"语言的命运"（*Tynged yr Iaith*）的公共讲座作为我们讨论的起点。他在讲座中呼吁采取合法或不合法的直接行动挽救濒危的威尔士语（见 Williams 1994，2000a）。作为响应，约六个月后，威尔士语言协会（*Cymdeithas yr Iaith Gymraeg*）成立。这个游说团体主要采取的非暴力直接行动促使威尔士语地位的提升加快了步伐，如使用双语路标（1969）、颁发双语道路基金许可（1970）及扩大地方政府双语服务范围等。

与此同时，英国政府于 1963 年成立了一个专门委员会调查威尔士语的法律地位。这是对早期威尔士民族主义运动的回应，但也反映了英国对于威尔士语言的同情。调查委员会于 1965 年发布了一份报告，为 1967 年《威尔士语言法案》（the Welsh Language Act）的通过铺平了道路。该法案确立了英语及威尔士语在公共管理文件方面"平等有效"的原则，废除了对威尔士语在法庭的限制（Price 1984）。虽然这些措施在民族主义游说团体眼中还远不如人意，但它们仍然被看作威尔士语在公共领域合法化和后来来之不易的地位提升的先声。

最为重要的一个成功手笔是 1982 年一个威尔士语电视频道 S4C（*Sianel Pedwar Cymru*）的筹建。[9]它提高了威尔士语的可见度，扩展了威尔士语公共讨论话题范围（如体育）。作为一个委托组织（或授权组织）而非制作组织，该频道多年来极大提高了威尔士语的地位，尤其是在经济方面，它使加的夫开始成为一个重要的媒体制作中心，也增加了威尔士语媒体就业机会（Williams 2000a，2001）。

由于不满意语言活动人士的持续施压，也由于英国政府对少数民族问题采取了更为温和的方式，《威尔士语言法案》终于在 1993 年获得通

---

① *Plaid Cymru* 为威尔士语，指威尔士民族党（又称威尔士党），该党一直争取威尔士独立，信奉威尔士民族主义和民主社会主义。

过。该法案确立了以平等基础对待威尔士语和英语的法律框架，进一步提高了威尔士语的地位。其中可能最为重要的一项条款是从法律上认可威尔士语言委员会（*Bwrdd yr Iaith Gymraeg*）。而这个委员会，如贝克（Baker 2003b：98）指出，就是正式的威尔士语语言规划的主要执行者。

该委员会最主要的一项任务是监管"威尔士语言方案"的实施情况。这些方案要求每个公共部门组织都要制定计划，详细规定如何实施语言平等，保证公众以所选（preferred language）语言享受服务的权利。截至1998年，约有67项包括地方政府在内的方案已经获批，另有58个公共部门单位收到起草方案的通知。该委员会还对威尔士语组织进行拨款扶持，发展威尔士语电子资源（如拼写和语法检查程序），以及劝说私人企业使用威尔士语与威尔士人打交道。

当然，语言活动人士对此仍然不满意，他们认为1993年的《威尔士语言法案》和威尔士语言委员会的权限太过狭隘，比如，《法案》没有授予威尔士语官方语言地位；私营企业不受语言平等这一核心条款的约束；威尔士语语言委员会仅有"推荐"的权力但却无法强迫他人服从其要求（Williams and Morris 2000）。

尽管如此，很多评论家仍然认为1993年的《威尔士语言法案》和已获法律地位的威尔士语语言委员会标志着重要的制度发展。它们提高了威尔士语的地位，扩大了公共部门的使用，朝"双语威尔士"方向迈进了一大步。诚如琼斯（Jones 1998a：17）所说，由于当前制度支持的力度和更为积极的形象，威尔士语已经远离了衰落和老化之歧路，甚至在某些方面已经成为一种扩张性语言。

4.3.2.2 语言习得规划

众所周知，学校是语言社会化和语言习得的一个重要机构，因而众多致力于威尔士语语言复兴的工作者都为威尔士语教育而殚精竭虑。他们的努力没有白费：自1939年在阿伯里斯特威斯开办第一家双语学校至今65年以来，双语教育和威尔士语教育蓬勃发展，威尔士语使用人数近年来翻转上升（见上文2001年人口统计数据），人们也认识到双语教育是目前威尔士语语言复兴的中流砥柱。

威尔士语的发展情况可由表4.3和表4.4窥其一斑。表中分别显示了通过威尔士语学习以及以威尔士语为第二语言的小学和中学学生人数。为方便比较，我们把 1992—1993 学年的数据与 2001—2002 学年的最新数据并列在一起。

两表中有一个有趣的特点，即除学习威尔士语或以威尔士语为媒介学习的人数显著增加外，在上个十年期间未学过威尔士语的学生数量明显减少。这反映了 1988 年的教育法案给威尔士语言教育带来了转变。该法案第一次给予威尔士语教学法律认可，条款规定威尔士语在威尔士语学校是核心课程、必修课程，也是所有其他学校一至四年级的基础课程。该法案的目的是要把威尔士语教育推广到南部和东北部英语化地区。

另外，越来越多的英语家庭也参加了威尔士语教育。据梅（May 1999：162）报告称，这一比例多达 58%，在一些英语化程度较高的地区这一比例更高（Jones 1998a）。这种情况反映了威尔士双语学校优秀的教学质量和良好的声誉（见 Baker 1993：23）以及不断改善的威尔士语地位。越来越多的人认为，学习威尔士语会增加就业机会。这些都是因为威尔士语在公共部门、服务业和休闲经济（如零售、媒体、公共关系等）中的强势存在。

表 4.3 公立小学中的威尔士语教学

	1992—1993 学年		2001—2002 学年	
	学生人数	百分比（%）	学生人数	百分比（%）
所在班级威尔士语是唯一或主要教学媒介语的学生	46,088	16.6	51,344	18.2
所在班级威尔士语是部分课程教学媒介语的学生	8,986	3.2	5,034	1.8
所在班级威尔士语是第二语言的学生	175,323	63.3	222,337	78.7
所在学校没有威尔士语语言教学的学生	46,684	16.9	3,861	1.4
总数	277,081	100	282,576	100

说明：2000 年共有 445 所小学威尔士语是唯一或主要教学媒介语，占所有小学学校 26.8%，学生人数占总人数约 20%。

（来源：威尔士国民议会 2003 年，《威尔士数据纪要 2002 年》。加的夫：威尔士。
威尔士语言委员会 1999 年，《威尔士语语言教育的连续性》。加的夫：威尔士。）

表 4.4 公立中学中威尔士语教学（7—11 年级）

	1992—1993学年		2001—2002学年	
	学生人数	百分比（%）	学生人数	百分比（%）
接受过以威尔士语为第一语言教学的学生	20,552	12.1	26,967	14.4
接受过以威尔士语为第二语言教学的学生	94,663	55.9	158,185	84.5
未接受过威尔士语言教学的学生	54,195	32.0	1,960	1.0
总数	169,410	100	186,081	100

说明：2001 年共有 53 所威尔士语中学（指一半课程以威尔士语教授的中学），占所有中学学校约 23%，学生人数占总人数约 18%。

（来源：威尔士国民议会 2003 年，《威尔士数据纪要 2002 年》。加的夫：威尔士。威尔士国民议会 2002 年，《我们的语言及其未来：威尔士语政策回顾》。加的夫：威尔士。）

　　除了小学和中学教育的贡献，我们也不应忽视威尔士语幼儿园运动（*Mudiad Ysgolion Meithrin*）[1]。该运动创立于 1971 年，至 1998 年已有 570 个幼儿园和 386 个托儿所加入，这些学校有 13,500 儿童，其中 61% 以上来自非威尔士语家庭（Aitchison and Carter 2000：140）。它们在巩固威尔士语第一语言技能和提高威尔士语第二语言学习者的语言意识方面发挥了重要作用，因而也为小学课程的语言功课奠定了坚实的基础。

　　上表未明确表示，但却很值得一提的一点是，威尔士双语教育的方式存在相当大的差异，这种差异主要是由所在学区的人口分布情况决定的（见 Baker 1993，1997）。在英语化的南部地区，威尔士语学校主要针对以英语为第一语言的学生，而在北部和西部地区，学生主要是以威尔士语为第一语言。在一些混合学区，也有以威尔士语为第一语言的学生和以威尔士语为第二语言的学生同班上课的情况。后者实际上是接受基于加拿大模式的威尔士语沉浸式教育，而前者的教育模式则是一种遗产或发展型双语教育（见第 3 章）。除此之外，尚有其他形式：有的学校只把威尔士语当作第二语言课程来教授，有的学校几乎所有课程都用威尔士语教授，还有的学校采用混合式教学，即部分课程以威尔士语教授，部分课程以英语教授，或者同时以双语教授同一门课程。这种复杂的双语教育模式非常有趣，可以为双语教育研究提供丰富的资源，但因本章篇幅所限，这里不再赘述。

---

[1] 原文为威尔士语，英语通译为 Nursery Schools Movement。

威尔士语语言教育对于威尔士语命运的整体影响和主要贡献可总结如下：

1. 如活动人士所期望，威尔士的教育体系吸收了新的语言使用者，这弥补了威尔士语家庭传递减少带来的损失。如 1981、1991 和 2001 年的人口调查都显示，3 至 15 岁之间的威尔士语使用人数在不断回升。1991年的人口调查数据还显示，独立于家庭传递之外的学校教育功不可没。36.1% 以上的威尔士语使用者的父母均不会讲威尔士语（威尔士语言委员会，1999）。但这并不意味着威尔士语言规划者想要舍弃费什曼（Fishman 1991）的观点或弱化家庭传递的重要性。相反，他们只是强调了语言维持中以学校为基础的语言教育的补充作用。当然，如果双语教育的唯一目的就是语言维持，那么它存在的理由就要大打折扣了。但如我们在前文所述，我们有足够的理由相信，如果双语教育实施得当的话，会对学生产生教育和心理方面的有益作用，这一点丝毫不差于甚或强于单语教育。

2. 威尔士语教育可以帮助以威尔士语为第一语言的学生巩固语言技能，尤其是读写技能。其对于语言维持的积极影响有目共睹。现在，一个威尔士孩子可以从幼儿园直至研究生都以威尔士语进行学习，这本身就是一个巨大的成就。

3. 最后，如威廉斯（Williams 2000a：670）指出，双语教育的增长已经"使威尔士语的社会地位合法化"，这成了"威尔士民族独特性的又一个标签"。

以上两节的情形令人欣喜，但我们还应总结一下语言复活面临的挑战。或许最严重的挑战是威尔士语核心区域的持续收缩以及其居民的老龄化趋势。诚然，日益增多的学校语言教育部分地补偿了威尔士语家庭传递导致的人数减少，但这些威尔士语学习者很多都是第二语言使用者，他们是否会在以后的生活中继续使用这一语言未为可知，更不知他们会否把这一语言传递给下一代。这一问题对于威尔士东南部的年轻一代更为重要，因为这一地区英语化和城镇化程度颇高，这使得人们很难抗拒认为威尔士语主要是一种学校语言的看法。

第二个值得关注的问题是人口统计数据反映语言习得的程度。当然，从表面看，数据显示能讲威尔士语的人数有所上升，但如果我们注意到他们的语言流利程度的话情况似乎并不那样乐观。例如，艾奇逊和卡特（Aitchison and Carter 2000：141）报告称，据 1996—1997 学年中小学校长的评估发现，虽然课程覆盖不算狭窄，但约 55% 的小学生威尔士语流利程度有限或较差，30% 的学生的流利度差强人意。1998—1999 年度情况稍好一些，16% 的小学生能流利讲威尔士语，较 1986—1987 年度的 13.1% 有所上升（Williams 2001：77）。

与之相关的一个问题是英语化程度很高的南威尔士地区参加威尔士语学校沉浸式教育的学习者的语言变化。由于在校外练习威尔士语或接受母语使用者监督的机会有限，琼斯（Jones 1998a：258）认为，这些学生的语言成了一种"学校方言"，其特点是语言结构不符合规范和历史的约定俗成。这一切都证实了费什曼（Fishman 1991）的一个重要观点，即教育机构不能承载语言复兴的全部重担，语言复兴需要以家庭和社区为基础的联系和支持。

4.3.2.3 结语：威尔士语语言复兴的未来

最后，我们转向地位问题。有人认为，1999 年国民议会的成立和其致力于以平等基础对待英语和威尔士语的努力，标志着威尔士语向重新融入公民领域又迈出了一步。但也有人认为这一政治自治的新台阶会给威尔士语带来有害影响和长期威胁，因为虽然它提高了公民机构，如议会、大学、民族博物馆、歌剧等的活力，但它也带来了另外一种可能，即这些公民机构可能随时间的推移而发展成为威尔士认同表达的新领域，从而把语言当作一个次要，甚至过时的角色（Aitchison and Carter 2000：156）。虽然从目前来看好像是杞人忧天，但想想爱尔兰语和苏格兰语的情形，仍然令人担忧。一些观察家也乐见这种情形，因为他们认为仅有 20% 的人口使用的威尔士语终究会成为威尔士民族认同建构的干扰而不是合力。[10] 因此，我们认为，尽管威尔士语语言复兴已经取得了相当大的进步，但复兴工作还远未结束，而且质疑之声不绝于耳，我们仍需拭目以待。

4.3.3 复兴布列塔尼语的努力

与威尔士语的情形一样，布列塔尼语复兴也不容乐观。但不可否认的一点是，在某些领域，语言复兴还是取得了一定进展，例如在教育方面，1977 年由积极主张语言复兴的家长和教师组建了一个志愿联盟——Diwan①。这一组织已成功建立了一个私立布列塔尼语学校网络，涉及幼儿

---

① 1977 年，布列塔尼民族主义运动者建立了 Diwan 学校，含义为"幼苗"，极力推动布列塔尼语教学。

园、小学和中学阶段。现在，一些公立学校和天主教教会学校也由官方指定为法语和布列塔尼语双语学校。表 4.5 为这些学校在 2002—2003 学年的招生数据：

表 4.5 2002—2003 年度幼儿园、小学和中学参加双语课堂
和沉浸式课堂的学生人数

幼儿园	Diwan 联盟学校		1,054
	公立双语学校		1,525
	天主教教会双语学校		1,250
	小计		3,829
小学	Diwan 联盟学校		1,073
	公立双语学校		1,073
	天主教教会双语学校		1,053
	小计		3,199
中学	Diwan 联盟学校	初中	504
		高中	137
	公立双语学校	初中	268
		高中	78
	天主教教会双语学校	初中	156
		高中	0
	小计		1,143
	总计		**8,171**

（来源：Mercator-Education 2003）

从上表可见，虽然学习布列塔尼语的学生人数只有区区 8,171 名，仅占布列塔尼地区在校学生总数的不足 1%（Mercator-Education 2003：30），但考虑到布列塔尼语在 1951 年据《戴克松法案》（*Loi Deixonne*）才刚刚重新进入公立学校课程，这一数字意义不凡。

而且，我们不应忽视，布列塔尼地区几所大学，如雷恩、布雷斯特、洛里昂、南特和西部天主教大学（Rennes，Brest，Lorient，Nantes，Université Catholique de l'Ouest [UCO]），在不断增设布列塔尼语教学。2003 年约有 769 名学生参加了单一学位或双学位课程或成人课程。参加以"夜校"教育为主的成人学生则有 5400 名左右。除此之外还有不少布列塔尼语学习者或热心人士参加夏令营，其中最著名的就是 KEAV（*Kamp Etrekeltiek ar Vrezhonegerien*）组织的夏令营。

除了教育领域，布列塔尼语还延伸到广播媒体。2000 年 9 月一家私立数字电视频道布列塔尼电视台（TV-Breizh）开播，而在此之前，只有"法国西部频道"（France-Ouest）一家电视台，而且布列塔尼语播出时间少得可怜，每周仅有四个小时（Moal 2000）。在无线电广播方面，法国 Bleu Breiz-Izel 电台也开始每天播送两个小时布列塔尼语节目，作为全国网络的一部分。在纸介媒体方面，也有多种周刊、月刊或季刊形式的布列塔尼出版物，但是发行范围有限，而且没有布列塔尼语日报。两家区域日报《电讯报》和《西部法国报》——几乎全版都是法语，只是每周都刊发一些布列塔尼语栏目，主要供人们学习语言之用（Texier and O'Neill 2000）。另外值得一提的是 1999 年成立的一个语言推广机构——布列塔尼语语言办公室（*Ofis ar Brezhoneg*）。但该机构职权范围未定，我们也无从评价其最终影响。

4.3.3.1 布列塔尼语语言复兴中的薄弱环节

布列塔尼语的复兴有进展，但也有薄弱之处。其中最重要的一点就是布列塔尼语使用者社区内部本地使用者和新来使用者之间的分歧。这些新来者是复兴运动的主要支持者（McDonald 1989；Jones 1998a, 1998b）。跟某些少数民族语言运动（如爱尔兰语）一样，他们大多属于中产阶层，受过良好教育，政治热情很高。而本地使用者大多是年事已高的农民，他们往往没有布列塔尼语的读写能力，而且经过数十年来受政府对于布列塔尼语的边缘化政策影响，往往对本族语言妄自菲薄。因此两群人之间存在社会和政治方面的明显分歧。

这种分歧对布列塔尼语的社会意义也大不相同。如前所述，对于本地使用者而言，布列塔尼语被认为是一种土腥味十足、可弃之若敝屣的认同标识。琼斯（Jones 1998b：135）采访过的一位本地人就曾说："布列塔尼语是一种过时的玩意儿"。而对于新来使用者，他们则把这一语言看作区域泛布列塔尼认同不可分割的组成部分，热情地支持布列塔尼语教育。

布列塔尼语语言内部的差异进一步深化了这两种对立的语言观。本地人讲的主要是由家庭传递而来的方言，其语法具有明显的凯尔特特点，但其词汇，尤其是表达现代概念的词汇，严重受到法语渗透的影响。新来使用者大多是第二语言习得者，他们讲的是一种标准化的、文雅的布列塔尼语，因而他们的言语语法上受法语影响，但词汇上却很"正宗"（Jones 1998a：322）。需要补充的一点是，所谓标准布列塔尼语，是一种数种方言的合成体。长期以来，人们试图建立一种适用于学校课本等用途的，通用的统一书写系统。[11] 标准布列塔尼语就是这种努力的新近产物。正因为它主要是专家和委员会的创造，所以在本地人看来，这种语言带有一种人为矫饰甚至异类的味道。

因此，造成本地使用者与新来使用者之间分歧的不仅仅是他们对待语言的态度，也包括他们所讲语言的不同特点。这对语言复兴非常不利，因为如果没有本地使用者的支持，或者没有政府全心全意支持的话，复兴活动就可能只是一小部分人头脑中的意淫和私事罢了。这一群体为数不多，似乎也不太可能遏制布列塔尼语代际传递严重下滑的趋势。不过，作为第二语言使用者，他们或许会给他们的子女传递一种"新的"（相对于"旧的"）布列塔尼语。这种新的布列塔尼语或成为如琼斯（Jones 1998a：323）所称的"外来方言"（xenolect）。[12]

4.3.4 威尔士语与布列塔尼语语言复兴之比较

威尔士语和布列塔尼语早已分别并入英、法两个民族国家，成为两种凯尔特少数民族语言，两者应该有一定的社会语言学上的相似性。这样猜测不无道理，以两者衰落的模式观之，实际似乎的确如此。例如，两者的衰落好像都随英、法两个民族国家的形成过程而加速；随之两者的资源和声望都让位于两个民族国家的主流语言；两者都在不同时期遭受过排挤，被迫从行政、教育等公共和官方领域退缩到宗教领域；两种语言的使用者都被引导认为自己的语言落后、缺乏经济价值；两者都遭受现代化同质影响的冲击，结果使主流语言更加有利；两者都因经济驱动发生人口变化而被削弱，如在布列塔尼人口变化体现在向外迁徙和农村人口的减少，在威尔士人口变化则是内部迁徙。

然而，这种平行在某一处悄然中断，两者开始走上了不同的轨迹。很明显，现在的威尔士语无论在制度化或其他方面都比布列塔尼语更强大。因此我们要来研究一下那些推动过威尔士语却阻碍着布列塔尼语的因素。

最主要的因素之一是英国和法国两个国家扮演的角色。后者因诸多历史原因对于法语作为统一的民族象征极为敏感，加之政治上的集权制传统，使得法国认为区域语言，包括布列塔尼语，对于民族统一构成巨大威胁。而在英国，语言问题没有引起中央政府的太多关注，且英国处理语言差异的方式也更为务实。

这种差异的影响反映在语言政策方面。法国向来的政策是把布列塔尼语排挤出公共领域，有时甚至采取一些咄咄逼人的措施，这使布列塔尼人也对自己的语言自我贬抑。相反，英国政府对威尔士民族主义诉求更为同情。例如，1993 年通过的《威尔士语言法案》批准在全国公共语域使用威尔士语。当然，近年来法国政府也采取了一些缓和姿态，比如法国前总统密特朗 1981 年承诺给予"保存差异的权利 / 法案"（*le droit à la différence*）。但法国政府的态度仍然有些暧昧，如 2002 年法国最高行政法院决定，拒绝将 Diwan 联盟学校纳入公立教育系统（Mercator-Education 2003：5）。

第二个主要因素是威尔士语和布列塔尼语在语言构建认同方面的差异。我们已在上文得知，本地布列塔尼语使用者把认同与"地区"（pays）而不是布列塔尼语社区联系起来。他们把布列塔尼语只作为一种本地化认同，而不认为布列塔尼是一个民族：布列塔尼是法国的一个地区（或许如此），但绝不是一个民族。相反，威尔士语使用者都认为他们属于同一个民族，虽然他们也有乡土观念，但他们更热爱和忠诚于威尔士民族认同和民族语言（Jones 1998a）。而且，这种民族归属感因近年来建立的一些民族机构，如国民议会、威尔士语言委员会等，而进一步得到加强。在布列塔尼则没有类似地位的机构，因而也几乎没有取得介于"市镇"（commune）或"地区"（pays）之上、国家之下认同的机会。于是，布列塔尼语本地使用者一般都抵制新来使用者想要建立的泛布列塔尼"民族"认同。而威尔士就没有这么大的分歧，虽然本地使用者与语言活动人士范围不同，但他们也不相互敌视。这与布列塔尼的情形大不相同。

与认同和语言维持相关的是语言标准化。人们通常认为语言标准化会提高语言声望，并通过教育传播语言，提高识读水平，从而有利于语言复兴。但琼斯（Jones 1998a）指出，标准化必须注意方式问题。她区分了两种标准化方式：自下而上式和自上而下式。威尔士语属于前一类，因为这一语言的标准书写形式是由中世纪吟游诗人传统和《圣经》翻译逐渐发展而来的，这一变体已经享有一定声望，当需要建立现代标准威尔士语的时候，这一变体就很快被采纳了。而标准布列塔尼语则是一种许多当地人都难以认同的语言变体，这其中一个重要原因就是它是相对一种较新的多

方言混合体，是由一群自身分歧也很大的专家和委员会创造出来的（见
Jones 1998b）。如此由上而下的标准化缺乏足够的时间进一步发展或赢得
接受一个不情愿的言语社区，这种标准语言的处境无疑会危害到语言复兴
工作。

最后一点是时机问题。威尔士语的复兴在 20 世纪初期就已经开始，
当时家庭传递仍相当普遍，以威尔士语为母语的年轻人数量非常可观，他
们愿意也能够参与语言复兴。而布列塔尼语的复兴起步较晚，且面临严峻
形势，即家庭传递已近崩溃。因此布列塔尼语言复兴不得不同时处理两个
问题：一是应对四分五裂的言语社区，二是缺少说母语的年轻人这一坚实
的基础。

综合上述原因，两种语言的命运在近年来出现了巨大的鸿沟。就语言
活力而言，可以说布列塔尼语和爱尔兰语极为相似，但与威尔士语不可同
日而语。在所有凯尔特语言中，威尔士语无论在社会政治、人口或制度方
面都处于有利位置，最有望在 21 世纪存活下来。对于布列塔尼语，我们
却不敢做如此乐观的估计。

4.4 结论：威尔士语与布列塔尼语案例研究的启示

影响威尔士语和布列塔尼语的因素看似各不相同，但这不意味着这些
因素就是独一无二的。在欧洲语言衰落和语言复兴的其他一些例子中人们
常常会遇到相同的因素：一个民族国家的资源向受支持的官方语言倾斜；
一种主流标准语言由社会特权阶层使用并慢慢与"社会流动"联系起来；
有的少数民族语言使用者强烈依恋祖辈的语言并因此愿意支持使用这一语
言；有的少数民族语言使用者与祖辈的语言没有强烈的认同感，因此更可
能转用另一种更有优势的语言；教育体系在某一时期可以用来传播正式的
官方语言，但在另一时期却被用来教授和传递少数民族语言；更难以预料
的是，现代化力量（如工业化、城镇化）往往会破坏维持少数民族语言社
区的社会网络。

由上面列举的诸多因素可见，影响语言命运的主要是一些社会政治和
经济因素。但我们在之前的讨论中也已知道，这些因素相互作用，而且在
不同情况下变化复杂，没有一种因素会决定语言复兴的成败。比如，民族
主义情感对于威尔士语有利，而对于爱尔兰语却几乎没有什么影响。

教育和经济刺激的角色较为稳定。大部分评论家（如 Fishman 1991，

2001a；Baker 2002）基于充分的证据认为，双语教育对于语言复兴有重要意义，尤其能够提高语言声望，扩大识读能力，吸收语言使用者。但费什曼（Fishman 1991）也指出，如果学校教育不与家庭传递这一关键纽带联结，或不与校外社区语言使用联系的话，双语教育就不一定能保证语言复兴。

我们再来看经济刺激的作用。越来越多的人通过欧里亚甘（O'Riagain 1997，2001）及其他学者的著作认识到，语言群体既是社会群体又是经济群体，语言复兴规划不能与社会和经济规划分开。用威廉斯（Williams 1991b：315）的话说，语言复兴如果想要取得成功，就需要有"整体性的"规划，甚至包括看似平凡但实际上非常重要的领域，如城乡规划（见Aitchison and Carter 2000：152）。如贝克（Baker 2002）所言，这意味着要考虑少数民族语言社区的经济基础。我们注意到一个有趣的现象：威尔士语言委员会在最近的优先工作通告中，建议"将语言推广与社区发展的经济原则结合起来"（Williams G. and Morris 2000：188）。

最后一个因素是语言使用者的态度。有人认为这将最终决定复兴工作的成败。意识形态的投入和积极选择使用并继承语言对于语言复兴确实极为重要，但恐怕这还远远不够。语言复兴的成功还需依赖有同样信念的使用者的数量，以及这些人是否能找到化理想为现实的政治空间和权力。在某些情况下（如威尔士和加泰罗尼亚），政府已做好准备，愿意对少数民族语言社区割让部分权力，包括自治权。但在有些情况下，政府因为意识形态原因不情愿为语言多样性的发展腾出政治空间，因此上述意愿未必能够实现。然而，随着在国家和超国家层面少数民族语言权利意识的不断加强，以及对于语言多样性的文化甚至经济价值的不断认识，政府非常可能会出台更具包容性的政策。这些政策是否会及时发挥作用，拯救某些少数民族语言，我们将拭目以待。

尾注

1. 该宪章第一条把区域性和少数民族语言定义为："一种传统上由数量占全国人口少数的国民在特定区域使用的语言"。"一国官方语言的方言或移民语言"不在此列。

2. 虽然这些变化非常有趣，但因本章内容所限，不再举例探讨，欲知详情者可参考 McMahon 1994、Jones M. 1998a 和 Dorian 1981，1989。

3. 直到 1972 年，蓬皮杜仍据报道说过这样一番话："法国注定要在欧洲留下自己的印迹，这里没有区域语言的空间。"（引自 Temple 1994：194）

4. 法国在 1999 年签署了该宪章。

5. 一个国家可以根据地域或个人原则给予少数民族语言权利。按地域原则，语言权利只在少数民族语言所在的特定区域行使（如比利时）。按个人原则，语言权利更为便捷，因为权利只给予个人而不考虑其地理位置。美国按个人原则给予权利的例子要比加拿大和芬兰少一些。

6. 这是很关键的一点，我们将在以后的章节中探讨双语或多语方案的利与弊。在此我只想说明一点，就是世界上大部分人实际都懂两种或多种语言，单一语言制在全球是一种相对不寻常的事情。

7. 此处的最后一项对策吸引人们注意到科技对语言复兴的潜在影响。例如，因特网可以帮助少数民族语言使用者建立一个"虚拟社区"，这样可以克服一些地理分散的问题。科技也使得远程教育和在线语言学习成为可能。

8. 威尔士音乐诗歌擂台赛（eisteddfod，又称威尔士音乐诗歌节）是威尔士地区的一种音乐、歌曲和诗歌朗诵竞赛盛会。米切尔（Mitchell）（人际交流 [笔者个人通过访谈等了解到]）回忆起 20 世纪 40 年代的情形说，每一个小镇都有自己的节日，每个年轻人（包括作者本人）都去参加竞赛。他指出，威尔士诗歌音乐擂台赛对于威尔士语的维持所发挥的作用不容小觑。此外，他也注意到威尔士青年联盟（Urdd Gobaith Cymru）所发挥的积极作用。

9. 事实上，威尔士民族党前主席格弗温·埃文斯（Gwynfor Evans）曾威胁要绝食到底，英国政府最终被迫答应履行诺言，建立一个公立威尔士语电视频道。

10. 戴维斯（Davies A.）（人际交流 [笔者个人通过访谈等了解到]）认为，如果强行推广威尔士语，可能会在部分讲英语的威尔士人口中产生反作用，尤其是当这些人感到在劳动力市场处于不利地位时。

11. 琼斯（Jones 1998a：305）精彩地描述了布列塔尼语的"正字之争"。

12. 所谓外来方言是指"一种本地人讲的外来语言变体（variety）"，但它不是一种克里奥尔语（又称混合语），没有进行重大的语言重组（Jones 1998a：323，据 Holm 1998）。

第 5 章　英语的全球传播：起因、能动因素、效果与应对政策

　　英语的全球传播可见证于众多知名出版物中，如由切希尔（Cheshire 1991）、克里斯特尔（Crystal 1995，1997）、麦克阿瑟（McArthur 1998）、格拉多尔（Graddol 1997）与安蒙（Ammon 2001a）撰写的著述。因此，迄今为止，英语作为一种全球通用语或"超中心（hypercentral）语言"（de Swaan 2001a）的优势地位，几乎是毋庸置疑的，即使是对这一现象通常采取严厉批评态度的学者，如菲利普森（Phillipson 1992，2000a，2003）、菲利普森和斯古纳伯–康格斯（Phillipson and Skuttnab-Kangas 1995，1996，1999）、彭尼库克（Pennycook 1994，1995，2001）和托尔夫森（Tollefson 1991，2002a）也不可能对此提出实证性的异议。

　　因此我们将省却笔墨，仅以最简洁的方式重述有关英语全球主导地位的论断的统计学和事实基础。正如斯波斯基所说（Spolsky 2004：91）："当今所有民族国家的语言政策都必须将英语这种全球语言作为一个要素纳入考虑之中"，我们主要关注英语全球传播的起因、效果与启示，以及对此的不同解读。

　　本章我们聚焦于英语传播的社会政治和意识形态维度，关注其对英语语言教学的影响。毋庸赘言，英语的全球主导地位对社会公正、国家内部和国家间的平等、语言与文化多样性以及经济发展的影响复杂且有争议。因此，在深入分析英语主导的各种影响之前，考虑有关其起因与能动因素的争论或许是有益的。

5.1 英语全球传播的起因与能动因素

　　众所周知，语言的传播与衰退与其使用者的权力与运势（fortune）具有因果联系，而与其作为语码符号体系的属性没有多大关系。一般认为，英语传播的关键因素，首先是大英帝国的扩张，其次是 20 世纪下半叶美国不断增长的经济实力、军事实力和政治影响（Crystal 1997；Graddol 1997）。

英国殖民帝国被认为主要通过两种方式创造了英语作为一种全球语言出现的首要条件：首先，通过输出语言使用者，在澳大拉西亚和北美地区建立了永久定居点，征服土著居民，逐渐形成了母语使用者的新社区；其次，通过对亚洲、非洲和大洋洲一些地区的殖民化，当地土著居民，或者至少是其中的精英分子学会了英语，他们并非受到强迫，而是因为他们认为学习英语可以使他们在社会和经济上占据优势。因此他们成了英语双语者，在非正式场合保持对土著语言的使用，在不同种族间、公共场合、正式场合的交流中使用英语。伯如-格里夫勒（Brutt-Griffler 2002；138）称其为"宏观习得"的传播，而前者则称为"移民传播[①]"。

自英国正式结束其在非定居殖民地统治起，英语在社会中的使用范围（见 Fishman et al. 1996a）被大量保留下来，在某些情况下还得以扩展。这部分归结于国家内部因素（见第 7 章），但是还必须考虑外部压力，特别是英语传播的第二个主要因素，即二十世纪美国在经济、军事和政治上崛起，直至其全球统治地位。例如，最近的指标显示美国稳居世界最大经济体之位，国内生产总值达 103,830 亿美元（占经济合作与发展组织国家 36% 的经济产出），大约是第二经济体日本的三倍（OECD 2003）。它在世界军费开支中占 43%，是第二大开支国的好几倍（SIPRI 2003）。

其他指标显示的情况也很相似：美国的科学研究产出大大超过其他任何一个国家，一些世界最知名、标志性的跨国公司总部都设在美国（如麦当劳、微软、时代华纳、迪士尼和美国电话电报公司）。它在二战后期建立的全球金融治理机构中拥有很大的表决影响力，如国际货币基金组织和世界银行。

关于美国全球经济与政治影响的证据多如牛毛，因此格拉多尔（Graddol 1997）、克里斯特尔（Crystal 1997）与菲利普森（Phillipson 2003）提出的观点是有一定道理的，他们认为美国主导地位与日益增长的英语使用是相互联系的，不仅表现在前殖民地，还表现在英语作为国际通用语使用且未被英国殖民过的国家。然而，他们的部分描述中未考虑和解释权力是如何渗入到日益增长的英语使用中的确切机制，而这也是我们将要讨论的话题。同时，我们将简要讨论一个英语主导的重要领域，即科学出版领域，来佐证美国的影响力。

---

① 原文为：spread by speaker migration。

5.1.1 科学出版物中的英语：一项语言传播指标

直到第一次世界大战，在科学领域，德语还是一种与英语同起同坐，甚至比英语更重要的语言，但一战后开始步入衰退，并直接导致战后德语在国际科学会议中被废弃不用（Ammon 2001b）。然而，从美国扩充和加强科研基础上可以发现，更为深远和长期的原因是，美国科研机构快速扩充，并在二战中未受到类似德、法两国那样严重的破坏，相反还因不少重量级科研人员因逃避纳粹统治移民美国而进一步加强。

冷战对美国科学研究的刺激、计算机技术的发展以及对研究型大学的资助都成就了美国在世界科学研究产出中比重的不断增长，不久即导致了一些欧洲小国的科学话语的主要使用媒介由德语转为英语。例如，哈尔曼和霍尔曼（Haarman and Holman 2001：231）指出，芬兰科学与学术领域在 20 世纪 50 年代即由德语转为英语。这表明了始于 1953 年的芬美学术交流项目的重大影响，该项目使芬兰学界可以在美国大学开展长期研究与教学。

这类向英语使用转向的情况越多[1]，其他研究人员用英语进行学术阅读和学术发表的动机就越强，因此不难发现，英语作为科学用语的扩张具有一种自发的动力。现如今英语作为科学用语使用的主导地位可由安蒙（Ammon 2003：244）提供的数据充分证明。他依据益格鲁–撒克逊文献数据库发现，到 1995 年为止，英语在自然科学（生物、化学、物理、医学和数学）出版物的使用率中占比为 87.2%，在社会科学（社会学、历史学、哲学）出版物中占比为 82.5%。

该趋势的一个显著特征是英语的使用已侵入之前强大而相对自给自足的德国科学研究界。例如，格拉多尔（Graddol 1997：9）提供的数据显示，高达 76% 的德国地球科学学者宣称英语是他们的主要工作语言。物理学、化学和生物学的比率分别是 98%、83% 和 81%。与此同时，安蒙（Ammon 2001b：353）注意到，因受期刊出版的微观经济利益影响，几家德国出版商改变了出版物和期刊名称所用的语言。如《应用化学》刊名从德语改为英语，现在要求用英语投稿。此外，《心理学研究》刊名也从德语改成了英语。

在科学这样一个本来就很国际化的领域，英语的主导地位意义重大，但也有很多副作用。例如，一些政府强烈要求在中学和大学课程中将英语置于重要地位，其理由很直接：经济繁荣需要一个强大的研究基础，这意味着该国科学研究人员应具备获取英语类科学出版物的语言能力。毫无疑问，这是英语在全世界众多教育系统中站稳脚跟的又一动因。

5.1.2 语言帝国主义作为对语言传播的一种解释

迄今为止，我们展示的图景尚无例外，也未脱离已被广泛接受的观点（见 Crystal 1995，1997；Graddol 1997），即英语得以全球传播的历史语境为：20 世纪美国作为一个世界强国的崛起，继承、补充并加强了英帝国的遗产。然而，当我们试图从权力的抽象概念转向实际决定习得英语并更深入探究到底是什么媒介促成这样的语言传播时，我们就进入了更有争议的领域。

关于这个话题，菲利普森的观点十年以来在学界影响深远，值得我们进行一下讨论。他自 1992 年起（如 Phillipson 1997，2000，2003）在一系列著述中提出，英语的扩散在很大程度上是由"中心国家"统筹、促进和领导的，过去如此，现在依然如此。所谓"中心国家"，即美国和英国，英语的扩散即为其商业和政治利益服务。

在他 1992 年著作的核心章节（第 5、6 章）中，菲利普森提到了推动和传播英语的种种机构。这些机构包括英国殖民当局、后殖民时期的英国文化委员会、英国外交部、美国新闻署、国际开发署、福特基金会、美国国务院和与其串通一气的地方精英，尤其是向其他语言使用者教授英语或从事英语教育的专业人士。为了支撑其有关统筹与促进的观点，菲利普森提出一种"何人获益"（cui bono）[①]的论点（见 Spolsky 2004：79），即如果我们想知道谁对某个情况负责，我们应该问问谁从中获益。菲利普森的答案很明确：获益者正是中心国家，它们将英语作为维持其统治地位、保持"边缘国家"对其依赖的关键手段之一。

菲利普森提出的语言帝国主义观点包含了原因与结果，例如所谓的全球英语对其他语言的不利影响。但它的核心还是他系统建构的"原因与能动性"（cause and agency）理论，因此我们首先从该视角出发进行探讨。

5.1.2.1 对语言帝国主义的批评

在这里，第一个问题是如果把语言帝国主义作为一种因果假设，其相

[①] 原文 cui bono 为拉丁文，指"是为谁呢？谁会获益呢？"。

关性要求我们将其看作帝国主义的一种独特形式，能够与一般意义的帝国主义相区分并相互补充，其核心是有意识地共同致力于英语的扩散。否则，语言帝国主义说就有被指无中生有的危险，因为英语的传播可能被看作殖民主义权力关系的一种副作用，或附带现象。换言之，该假设要求我们仔细调查殖民时期与后殖民时期是否有相关的政策与规划，这些政策和规划是以牺牲其他语言为代价强推英语。我们还需从中看到，语言帝国主义是一种强势的自上而下，而非自下而上的语言传播理论，因为它似乎认为，语言政策或规划有非凡的力量，可以影响语言行为发生变化。

殖民语言政策

作为其殖民语言政策是语言帝国主义载体的观点的证据，菲利普森（Phillipson 1992）特别强调了麦考利（Macaulay），尤其是他著名的1835年备忘录。[1] 他视其为解决了有关政府在印度教育的内容与教学媒介语方面的东方主义者—英国主义者的争论。该备忘录支持英语的地位，即以英语开展的教育是最佳的，目标是培养一批"印度血统与肤色是印度的，但品位、见解、道德与才智是英国的人才"（引自 Phillipson 1992：110），使他们成为殖民统治者与大众的中间人。菲利普森继而指出麦考利不仅对之后的印度，而且对"整个帝国"的殖民政策产生了深远的影响。

> 他（麦考利）的策略在1913年和1923年的帝国会议上获得了支持。……英语是帝国的主导语言。教育的职责就是培养掌握英语的人。（Phillipson 1992：111）

然而，埃文斯（Evans 2002）却对殖民语言政策和麦考利角色的诠释提出质疑。他详细讨论了麦考利备忘录的前因和此后的殖民通信文件，提出了以下观点：

1. 印度19世纪的语言政策既受制于语言观念，也受制于经济因素。

2. 英国主义者与东方主义者为大众发展本地语教育的目标是一致的，但对于实现该目标的最佳手段却意见相左。

---

① 1835年麦考利提出的《印度教育备忘录》。该备忘录在英属印度教育政策中具有标志性意义，主张在印度大力推行英语教育，创立西方式的教育体制。

3. 与麦考利备忘录一样重要的 1854 年伍德急件（Wood's Despatch）①设想使用英语和本地语来传播"欧洲知识"。（"我们已经宣布我们的目标是将欧洲知识推广给所有阶层的人民。我们已经表明必须在更高级别的公共机构分支中使用英语、在广大群众中使用印度本地语来影响该目标的实现"[Evans 2002：276，转引自 Richey 1922：392]。）

4. 印度 19 世纪后期的英语教育扩张反映了城市不断增长的英语需求，语言被普遍看成谋求公职的敲门砖。

5. 由于担心以英语为教学媒介语的教育扩张已导致出现一批心存不满又仇视殖民者的印度人，即所谓的印度绅士，他们对殖民政权的稳定造成潜在威胁，20 世纪初殖民语言政策被进行了重新评估。

6. 此后，殖民语言政策力图限制英语教学和扩大本地语的作用，该趋势被正式收录在 1927 年《殖民地教育咨询委员会报告》中（Evans 2002：279）。然而，其目的与其说是振兴地方语言，毋宁说是为了使对驯服、顺从的人们的殖民统治永存。

这种反应式的、自我利益的殖民语言政策，受经济原因的影响，通常违背当地人的愿望，试图将英语教育局限在一些精英阶层中，而在大众中推广本地语教育，与其他研究对殖民政策的考察基本上是一致的。例如，伯如-格里夫勒（Brutt-Griffler 2002：78）的研究，他在一篇长篇大论的文献中的关键段落中谈道：

> 仔细研读大英帝国的教育政策历史，并未发现为推动英语的广泛传播而进行协调一致的努力。相反，它显示了一种限制英语传播的忧虑，同殖民帝国的目的是一致的，是遏制反应政策（reactive policy of containment）的一部分。该政策努力避免殖民者的语言向一种"解放语言"②的转变。

该解释当然极大地远离了语言帝国主义假说提出的观点。

---

① 又称伍德教育急件（Wood's Education Despatch），该文件提出在印度建立完整的近代教育系统，确立了印度教育的西方化。

② "解放语言"（language of liberation）这里指为是语言成为被殖民者寻求解放的工具。

后殖民语言的推广

菲利普森（Phillipson 1992：183）为支持其语言帝国主义假说而给予极大关注的另一个事件是 1961 年的马凯雷雷会议（the Makerere Conference 1961），他指出这次会议在新独立的非洲国家确立了英语教学工作的原则，赋予了英语之于其他语言的特权：

> 马凯雷雷会议几乎只关注了英语。在教师培训和源于此的课程活动方面同样如此。该会议没有关照边缘地区[①]英语儿童的整体需求，甚至是他们的整体语言发展情况，而只是关注了英语和强化英语的方法。（Phillipson 1992：216）

乍一看，菲利普森（Phillipson 1992）引用的马凯雷雷报道摘录貌似支持他的观点。然而，正如戴维斯（Davies 1996：492）提出的，一旦考虑更广泛的语境，更复杂的情况就出现了。这次会议并非如菲利普森（Phillipson 1992）指出的是关于"强化英语"的，而是寻找"一种在各个层面提升英语教学效率的手段"（Makerere 1961：20），这是很不一样的。同样，它并非只关注"英语"，因为正如戴维斯（Davies 1996：492）再次展示的，该报告确实提出了学习者的语言与文化背景事宜。除了其他方面，该报告还号召"从实用双语制的观点出发研究学习者和社区的需求"（Makerere 1961：492）。

当谈及英美在后殖民时代通过诸如英国文化委员会和美国新闻署等机构，以及发展中国家的英语教学援助项目来推广英语的时候，菲利普森（Phillipson 1992）的理由是充足的。推广活动确实已通过多种形式开展起来，如资助英语课程、设立英语教学专业人员奖学金、直接开展英语教学活动和教师培训项目等。作者本人就亲自参与了匈牙利 20 世纪 90 年代早、中期由英国文化委员会资助的服务英语项目（Service English Project），其主要目的是提升匈牙利有关高校专门用途英语（ESP）/ 学术英语（EAP）教学的质量。毫无疑问，人们无法不赞同菲利普森（Phillipson 1992）的观点，即支持英语教学并非是毫不利己的，而是常常与外交政策目标相吻合，扩大英、美政治与外交影响力，以获取商业利益。实际上，英美两国有时候也对此毫不讳言。

---

① 这里的边缘地区指核心—边缘理论（centre periphery theory）中的"边缘"。

那么，我们所需要考虑的，并非这些机构推广或出口英语的事实证据，而是对它的解读，以及将其概念化为"语言帝国主义"是否合适就此我们主要谈以下三点：

首先，对于支持英语学习背后的自身利益，菲利普森似乎感到吃惊，甚至愤怒，并据此事实认为是语言帝国主义的实证。他的这个反应多少有点出人意料。长期以来大多数民族国家，如日本、英国、德国、法国等的外交政策一直被认为主要受各国自身利益驱使。实际上，外交政策的目标在很大程度上正是扩大本国影响和在经济上赢得竞争优势，而无法落实国家利益则往往会招致无能的指责。

与之相关的另外一点，就是几乎所有经济合作与发展组织（OECD）中的主要国家，如德国、日本、美国、英国、法国、西班牙也都花费巨资输出它们的国语。例如，凯泽（Kaiser 2003：199）报告称，日本外务省的一个下属机构——日本基金会——已在世界各地建立了语言中心，如曼谷、雅加达、科隆、洛杉矶、圣保罗和悉尼等，其主要功能就是在当地学校教授日语和支持日语教学。同时，麦克莱恩（MacLean 1999：94）注意到德国政府大力支持通过歌德学院、德意志学术交流中心（*Deutscher Akademischer Austauschdienst*；DAAD）和卡尔德斯堡俱乐部（*Carl Duisberg Gesellschaft*）等机构在国外教授德语。比如，1989 年在 68 个国家有 149 家分支机构的歌德学院得到来自国库的 2.3 亿德国马克的资助。为了法语的国际教学，法国政府提供了类似的、力度更大的支持。如果将"语言帝国主义"这一术语用于英美推动英语学习的努力，那么以此逻辑类推，日本和德国也应该说在推行语言帝国主义，但如此说法未免有牵强附会之嫌。

第三点，推广不同于也不一定导致被推广语言的接受。为了使以传播为目的的推广获得成功，互惠互利是必需的，特别是使那些被推广的目标人群接受英语。推广一种语言，甚至强迫接受未能导致广泛使用的案例是有目共睹的。一个例子就是后殖民时期印度政府推广印地语的努力。[2]

或许可以认为，成功推广一种通用语（如英语），需要满足以下必要条件：（1）在意识形态上不与被推广的语言对立，（2）普遍认为习得这一语言会使个人受益。当然，菲利普森（Phillipson 1992）和其他持有类似观点的人对个人欣然接受英语的现象有不同的解释，我们将回头讨论这一问题。但首先让我们注意一点：对语言帝国主义这种简单化的自上而下的形式，并据此解释如此规模的英语扩散是有问题的。

英语的援用

不知不觉地，这将我们引入或许是语言帝国主义假说最致命的弱点，许多评论家（如 Bisong 1995；Pennycook 1994，2001；Canagarajah 2000；Ridge 2000；Brutt-Griffler 2002）都已注意到这一点，即它否认了外围使用者的重要能动性，而却将他们描绘成受中心国家强迫的、被动的接受者或受骗者。然而，这种片面的能动归因是有问题的，甚至是错误的，原因如下：

首先，大量历史证据（见 Brutt-Griffler 2002）表明，是殖民地人们往往不得不努力争取接受英语语言教育的机会，而殖民当局往往试图对此加以阻拦。此外，一旦习得语言，英语最终成为动员殖民地人们反抗帝国统治的一种资源。从尼亚萨兰（今马拉维）到黄金海岸（今加纳），从肯尼亚到北罗得西亚（今赞比亚），民族独立主义领导人（如班达、恩克鲁玛、肯雅塔和卡翁达）使用英语和土著语言来吸引不同语言、不同民族的人们共同参与反对殖民统治的斗争（见 Mazrui and Mazrui 1998）。简言之，伯如-格里夫勒（Brutt-Griffler 2002：65）的观点是可以获得充分支持的：

> 英国统治下的非洲人和亚洲人特意利用了英语的霸权地位……来实施一项他们自己的政策。他们将英语从一种剥削的手段变为一种抵抗的手段。通过援用该语言，他们从根本上赋予了自身抵抗殖民主义的权力。

实际上，她的重要结论之一，就是英语的传播既是帝国主义的结果，也是反殖民斗争的副产品（Brutt-Griffler 2002：111）。这里更普遍的观点是由于语言帝国主义如此强烈地强调自上而下的强加过程，它忽视或削弱了之前提到的自下而上规划的可能性。换言之，那些英语被援用并服务于不同政治目的，通常是与最初的帝国主义势力毫无关系的方式。

英语在反殖民抗争中扮演的角色无疑是关于援用的一个重要历史范例，此外也有一些在时间上离我们更近的案例。例如，英语已经成为反全球化运动的通用语。《卫报》（2004 年 1 月 26 日）报道 2001 年"911"恐怖袭击事件的 19 名劫机犯中有 6 人以学习英语这门外语为借口进入了美国。同时卡纳加拉贾（Canagarajah 2000：128）也概述了英语在泰米尔当地人为唯僧伽罗民族主义进行抵抗运动①中所扮演的角色，而他们直到最近还在为在斯里兰卡岛上建立一个独立国家而发动武装斗争。这些案例情况不同，目的各异，使我们注意到英语在不同的政治斗争中起到了一种资源的作用，这突出表明英语的象征含义并非恒定不变，而是因语境不同而变化多端，而这些都是语言帝国主义的绝对性论点所无法解释的。

霸权与英语传播

菲利普森（Phillipson 1992）所借用的另外一个关于英语广泛被采用的重要解释是霸权主义，这一概念也为其他一些主流应用语言学家（如Pennycook 1995，2001）所采用。他们所谓的霸权，并非直接的主导统治，而是葛兰西意义上的霸权（Gramsci 1971），即统治精英不通过显性的强制手段，而是通过赢得民众的拥护，从而维护自己的统治与剥削。民众之所以会拥护是因为统治精英的声望与被认为是主导的话语权渗透于他们的日常观念，从而认为自己的从属地位是不可避免的，是自然秩序的一部分。英语的扩张也存在类似的霸权主义过程，特别是在全球化时代。即使是那些因英语而处于不利地位的人也对英语欣然接受，因为人们受主导话语的诱惑，认为英语是一种能带来现代化和机会的有利语言（亦见于Pennycook 1994）。

这种观点并非百无一是。当我们考虑到如赞比亚和坦桑尼亚，这些国家或地区的父母是如何为其子女而要求用英语接受教育，即使英语作为教学媒介语往往阻碍而非促进其他学科的学习（见第 7 章），我们也会忍不住将霸权过程视为理所当然。

然而，当作为因果解释进行论述的时候，几个与霸权概念相关的问题仍需探讨。一是在实证方面要证伪是困难的。人们能拿出什么证据来证明个人接受不是因为霸权，而是出于理性选择，虽然有时候人们并不了解真实情况。另一个相关问题是将理性选择以个人行为为由排除在外，低估了人们的批判推理能力，最终会显得屈尊俯就。第三是有些关于霸权如何运作的阐述倾向于夸大话语的因果作用。例如，深受福柯影响的彭尼库克（Pennycook 1994）就是一位这样的评论者，他给予话语极大权力。但正如

---

① 这里应该是 Sinhala Only，即 1956 年通过《僧伽罗唯一法案》（Sinhala Only Act），该法案规定以僧伽罗语取代英语，成为斯里兰卡唯一的官方语言。这被认为是蓄意阻止斯里兰卡的泰米尔人从事锡兰公务员，以及至其他公共服务机构工作而通过的法案。作者可能将 Sinhala Only 误写为 Tamil-only 了。

霍尔博罗（Holborow 1999）所指出，如此一来就低估了权力的物质条件对于个人习得或抵制英语的决定产生的重大限制作用。

这既不是否认霸权过程的存在，也不是否认英语传播产生了一些不那么有益的影响。我们想做的是希望对霸权和理性选择的作用重新评估，尤其是更多考虑一下后者，并评估预期经济优势在个人语言学习选择中发挥的作用。

我们很快会探讨这一主题。但是首先我们来总结一下关于语言帝国主义作为一个起因和能动性理论的讨论。借此机会我们正好提一下费什曼等人的编著（Fishman et al. 1996a），在他们的著述中，来自一系列前英美殖民地的作者从经验主义视角讨论了语言帝国主义在一个特定的语境中是否起作用的问题，这也是菲利普森（Phillipson 2000a：93）本人呼吁要开展的调查。依据论文集中的研究结果，费什曼（Fishman 1996a：639）总结认为，以英语进入诸如教育、政府、商业、印刷与广播媒体等领域的程度来衡量，虽然英国的殖民历史和语言多样性与英语化程度相关，但英语的持续扩张是由那些被调查国家的内部力量和外部力量共同驱动的：

> 如今英语传播背后的社会经济因素在世界大多数国家是本土的，在本土的日常生活与社会层面是息息相关的……经济一体化、同质化的企业和跨国力量正在形成一个单一市场，所有社会，不管是前殖民还是非殖民国家，出于它们的自身利益，通常都会设法融入该市场。
>
> （Fishman 1996a：639）

尽管费什曼关于这些非人为因素的性质的描述并不十分准确，但是他总结的证据补充了上文所述的观点和伯如-格里夫勒（Brutt-Griffler 2002）的历史证据。这些都倾向于证实语言帝国主义理论过于简单，因此难以令人满意地解释英语作为一种全球通用语的持续扩张。我们需要另辟蹊径。

5.1.3 英语传播：另一种解释框架

幸运的是，在德斯旺（de Swaan 1998，2001a）的著作中，提出了另外一种解释框架，尽管不完整，但它似乎可以帮助我们更合理、更令人满意地解释英语作为全球通用语的传播。其吸引人的一大特征是将英语定位于全球语言集团（global language constellation）之中，而这本身就是一个初现端倪的全球和跨国社会的内在特征。它显示了个人选择集合在一起如何导致宏观层面的语言传播或语言转用；此外，它还采用社会学框架中的经济概念，解释了哪些因素使人们倾向于习得一种语言，而不是其他语言。下面我们将进行简要概述。

5.1.3.1 全球语言系统

在德斯旺（de Swaan 2001a：25）看来，这是一个由个体的多语使用者组成的层次性的、统合一致的、"强力有序"的系统。层次性的基础是世界的大多数语言并没有文字，主要凭借记忆和叙述，而不是书面记录。这些"边缘"语言的使用者，如德斯旺（de Swaan 2001a：4）所称，倾向于通过一种共同的第二语言与其他边缘群体开展交流，该语言因为扮演了这种衔接的角色，并且在国家或地区层面往往是官方语言，被冠以"核心"语言之名。德斯旺（de Swaan 2001a）估计或有约百种核心语言为95%的世界人口所使用。

高一级的分层上大约有十二种"超核心"语言，每一种语言都有1亿或以上使用者（斯瓦希里语除外），这些语言分别是阿拉伯语、汉语（普通话）、英语、法语、德语、印地语、日语、马来语、葡萄牙语、俄语、西班牙语和斯瓦希里语。它们的超核心不仅因为其在各自的势力范围内，在行政、商业和教育方面扮演着重要角色，还因为它们既联系了一系列核心语言的多语使用者，也联系了它们与超核心语言的母语使用者。因此，马来语（印度尼西亚语）对印尼语言集团是超核心的，因为除了其他职能之外，它联系了各种印尼语的多语使用者。同样，法语在覆盖西部和北部非洲广大地区的语言集团中也是超核心的。各种核心语的多语使用者向一种超核心语言汇集，将它作为第二语言习得，德斯旺（de Swaan 2001a）认为，这是源于语言学习中的一种向心、向上的倾向，即人们通常更加喜欢学习一种在全球层次中位于更高层而非同层或更低层的语言。

最终，在层次系统的顶端是英语，它是世界语言系统的核心，是唯一联系各种超核心语言使用者的"超超核心"语言（sole hypercentral language）。

在某些方面，德斯旺关于全球语言系统的阐述不够详细明确。例如，不清楚地区语言集团的边界，或者在一个所谓的全球化时代如何对它们精确界定。同一种语言似乎可以出现在层次系统的不同层面。比如英语在全球系统中是超超核心的，但在其自身集团中也是超核心的。法语在西非和北非是超核心的，但对于法国的区域性语言（regional language）而言就是核心的。该层次系统在欧洲似乎为两层结构，而在非洲和亚洲多语言国家则为三层。最后，人们或许要问为何俄语被确定为一种当前的超核心语言，以前可能出于对苏联和东欧的尊重曾经如此，但现在还是这样吗？

综上所述，德斯旺的层级结构顺序概念在描述世界语言之间的关系方面是有用的。它突显了语言之间显而易见的不平等，揭示了地区间和国家间的物质、政治不平等，引起了人们关注全球语言系统的垄断趋势，反映了非语言世界的寡头垄断。

然而，要完全理解全球语言系统的架构与动态，德斯旺（de Swaan 2001a）指出，我们需要把语言作为一种经济商品来考虑语言的特性。

5.1.3.2 作为"超集体"商品的语言

如果用经济术语表述，语言之所以特殊，在于它不仅是集体商品，而且还是"超集体商品"，可以通过以下一系列属性加以界定：

1. 和其他集体商品一样，语言不会随着使用而减少效用。恰恰相反，一种语言赢得的使用者越多，潜在的以此进行交流者的数量就越多，使用该语言的文本也就越多，当然会促进那些已经熟练掌握该语言的人们使用它。其他类型的网络也是如此，比如电信网络，新用户通过增加潜在连接点的数量促进了所有用户的网络效应，该现象被经济学家称为"外部网络效应"。有人或许在此会补充评论道：选择订购何种网络或习得哪种语言会受到个人对竞争中哪种最可能保持持久功效和利益的预测的影响。该因素使人们倾向选择较大的语言，因为声誉往往会传递给其习得者，反过来也会进一步强化其自身吸引力。这种语言一旦习得，人们对已投入学习的语言会产生既得利益，这就降低了转向另外一种语言学习的可能性。

2. 在电话网络中，接入电话通常需要付费，具有排他性，而语言与此不同，按经济术语来表述，它是非排他性的"免费"商品，因为一般而言，它对任何愿意努力学习的人而言是开放的。当然，实际上也可能存在屏障，比如没有读写能力或被排斥在教育之外。因此，这里的"非排他性"是一个争论未决的问题。

3. 如其他集体商品一样，语言的维持要求众人合作。

4. 创造或生产一种集体商品要求一个社区的努力，而不是单独个人的努力。这也同样适用于语言（见 de Swaan 2001a：31）。

语言的超集体特性有助于解释为何语言推广趋于获得一种自我加强的动力。具体来讲，即因为掌握一门语言不容易控制（非排他性），并且每一位新使用者的加入增加了所有现有使用者对该语言的使用（"外部网络效应"），因而该语言具有了促使更多人习得它的内在倾向性，这可能会进一步演变，引得人们对其趋之若鹜。

虽然超集体的概念植根于集合行为之中，能阐明语言推广的动态，但它只能部分解释个人起初为何选择习得这种而不是那种第二语言。德斯旺（de Swaan 2001a：33）认为这受到有关他人将如何对待该语言的预期的影响。例如，他人是否也会将其作为一种通用语来习得，也受到对一种语言"交际潜力"（communication potential）认知的影响，即其 Q 值（de Swaan 2001a：31）。

一门 x 语言的 Q 值是其普遍性和中心性的产物。"普遍性"是指 x 语言的使用者在一个语言集团中的比例。"中心性"指在一个语言集团中其他语言的多语使用者的比例是否也能通过 x 语言实现交际。因此，这是其连通性（connectedness）的一个指标。中心性是重要的，因为在一个语言集团中 x 语言比 y 语言的使用者少，因此普遍性较低，但结果会有更高的 Q 值，因为它提供给其他多语使用者更多的连接。[3]

然而，德斯旺（de Swaan 2001a）指出：要恰当地确定 Q 值，通常不是通过比较单一语言而要通过语言库。因此，比如一名说德语和葡萄牙语的双语者在面临选择英语或法语作为第三门语言时，他需要弄清楚通过学这门语言，其整个语言库的 Q 值会提高多少。

总而言之，一门语言的 Q 值是其在某特定语言集团中交际价值的一个指标，它本身受该语言在前述的全球语言层级中所处位置的影响。它代表了（以正规的方式）粗略但显而易见的直觉判断，引导个人选择学哪种外语更有优势，因此它在构成上与库尔马斯（Coulmas 1992）的语言学习吸引力因素非常相似，包括交际范围（使用这门语言能够开展交际的人数）和功能潜力（functional potential）（一旦习得该语言后所能做的事情）。库尔马斯（Coulmas 1992）指出，后者主要是由长期的历史进程，特别是以词典、翻译等形式在语言上的投资所决定的。那么在某种意义上，语言可以被看作长期资本投资项目，其投资数额影响语言的功能潜力。同时，在个人层面，二语学习可以被比拟为资本形成，在资本比喻中就是获得符号资本和智力资本。

5.1.3.3 对德斯旺解释框架的评价

前文概述的解释框架强调语言推广遵循有利于个人的原则是众多个人决策集合的产物，这与语言帝国主义的解释框架截然不同。它强调了自下而上的过程，而语言帝国主义则是自上而下的协调与推广的过程。正如德斯旺（de Swaan 2001a：186）所说：

> 世界语言系统并非为功效而设计。它根本不是设计出来的，而是自然发生的，是无数个人决策（以及非决策、弃权和服从）的无意结果，人们完全没有意识到其选择对更大语言集团的结果。（De Swaan 2001a：186）

这个观点和以此为基础的框架很值得赞赏。它表明能动因素是如何出现在个人决定（或非决定）的微观层面，是如何随着个人的集合而弱化、衰减的，并往往产生无法预见的甚至可能是他们本人不希望出现的结果。同时，个人能动的扩散（而非像某些机构那样聚集），以及通常情况下个人对集体结果（如语言衰落）的不敏感，凸显了语言规划在国家或超国家层面阻遏英语扩张的有限能力，因为这与提升个人语言资本的公众观念背道而驰。欧盟的情况可以说明这一点。尽管欧盟出资设立项目，力图推动课程体系中的外语多样化（例如 Lingua、Erasmus 项目）（见 Wright 2004：128），尽管有对于语言多样性的宣传和造势，但将英语当作第一（或唯一）外语的学生比例已经持续增长。比如，欧盟委员会的统计（Eurydice 2002）显示，在 1999—2000 年度整个欧盟约有 40% 的小学生学习英语，而 1996—1997 年度约为 33%（Eurydice 2000）；普通中学有 87% 的学生学习英语，而 1991—1992 年度为 83%。

对于英语上升而其他语言则被有限习得的这一趋势的一个合理推断就是父母（和学生们）不愿意在二语习得方面承担巨大代价，除非他们看到一些实在的或潜在的好处，而鉴于英语在全球语言层级中的位置和其在全球化中的润滑剂作用，恰好符合个人对语言学习的要求。此外，这种对英语经济价值的认知看起来显然并没有看走眼，因为如格林（Grin 2001：73）的研究所显示，在瑞士的劳动力市场，除教育成效外，高收入与英语技能密切相关。欧洲其他地方的情况或亦如此。

上述案例支持了德斯旺（de Swaan 2001a）对于英语扩张由下至上、

需求导向、自我强化等特性的整体分析，在民主、非自给自足社会中，语言规划在逆转这一扩张方面是相对无力的。尽管如此，如前所述，他的框架是不完整的，因此在这一部分简要讨论它的一些局限性作为总结或许是有用的。

德斯旺框架的局限性

这些局限性的第一条就是，如果菲利普森的论述过于从上到下，那么德斯旺的或许是过于从下到上了。个体对第二语言的偏好是受到对其相对交际价值认知的影响，而传播一旦启动就有一个自我加速的倾向，以上两点都令人信服。但我们不应忽视初始状况，或用一个神学的隐喻"初因（first cause）"。因此，虽然未经设计，全球语言层次系统也并非"偶然发生"，它源自并且仍然反映了过去强加在非洲和亚洲广大地区的英国殖民统治和当前美国的经济、军事和政治的主导地位。

第二，德斯旺的框架专注于并且大致解释了对语言的需求，尤其是因全球化而加剧的对英语的需求。然而它很少论及供给，即学校扩张或缩减英语教学的决定。显然，供给是高度反映需求的，但是此类决定至少部分是自发的，由机构与机构中的权威人士采取或指导的，特别是教育部门。这里可以想想马来西亚中学通过转向印尼马来语作为教学媒介语来削弱英语地位的决定，该决定此后被部分撤销。又如坦桑尼亚决定在中学继续使用英语作为教学媒介语而非转向使用斯瓦希里语等类似案例。

这里更为广泛的一点是，语言市场不是完全竞争的或者不受任何限制的，而是受制于民族国家。尽管全球化弱化了民族国家的自由行动，但是它们依然拥有在公共使用领域使用民族语言、保护民族语言使用市场的权利。因此，作为该分析的关键部分，对于个人偏好在扩张中的作用的分析必定是有启发性的，但是同样需要将更高层面，即国家机构的决策纳入其中，而不仅仅是个体的集合。

与此类似的一点与全球化有关。在个体习得决策层面，其对于英语需求的影响是可分析的。然而，一个更为广泛的分析或许也应包含跨国企业及其执行总裁，他们在英语扩散中发挥了催化作用。例如，当 1999 年日产（尼桑）—雷诺建立伙伴关系的时候，首席执行官卡洛斯·古森（Carlos Ghosn）决定将英语作为职员们的工作语言，尽管大部分职员来自日本和法国，进而也提升了其他企业效仿的可能性。因此，通用语的扩张不仅受个人习得决定调控，而且受到更高层级机构，如跨国企业和国家政府行为与决定的制约和影响。

德斯旺框架的最后一个局限在于，与语言作为认同或文化宝藏的标记物相比，它更强调语言作为一种交际工具。因此，它能很好解释通用语的传播，例如英语之所以被广泛采用主要是因为它所赋予的工具性、实用性优势。但用它来解释使用较少的民族语言的状况就捉襟见肘了，因为在这种情况中，人们更多考虑的是认同而非实际的交际收益。其原因是，虽然外部网络效应在通用语传播中非常奏效，但对于使用较少的"核心"或"边缘"语言而言，却存在着一些对抗力量。首先是语言保护主义（linguistic protectionism）。我们已经提及国家拥有权利在某些保留的公共领域坚持使用民族语言。更小规模的少数民族社区也可能复制这些政策，人们可以采取强制的或合作的集体行动，以维护该社区语言及其代表的文化资本。其次是认同的考虑和抛弃祖辈相承的语言而付出的情感代价，即使在这些不平等条件下可能并不能阻止向主流语言的最终转换，而只是充其量迟滞产生一种相对稳定的双语制。

当然，这些局限只是德斯旺（de Swaan 2001a）框架的瑕疵之处。尽管如此，它仍然能从社会科学概念出发，比语言帝国主义假说更好地阐明语言传播的发展。它的一个主要贡献是强调了英语扩张的自我强化特性及其根本的广泛能动性，因而表明英语扩张并非受单一机构、国家或个人集合的操控。有鉴于此，菲利普森（Phillipson 2000a：102）等人虽然出于好意呼吁通过语言政策（规划）来约束英语扩张和减轻其影响，但是他们对其功效过于乐观了。这并不是说英语不受约束的无限扩张值得称道，当我们接下来转向英语全球扩张的影响与启示的时候，我们会看到，情况远非如此。

5.2 英语全球传播的影响

关于英语全球传播的影响，一个相对温和的观点有时候占据了主导地位，即彭尼库克（Pennycook 2001，2000：108）所谓"殖民者自我标榜的""自由放任的自由主义"立场。然而，这其中是有问题的，因为最近的文献（例如 Pennycook 2001，2000a；Skutnabb-Kangas 2000；Tollefson 2002a）对批评性观点给予了更大的关注。这些观点影响了关于全球英语的争论。因为其对英语的主导地位更多是质疑而非接受，因而在学界引发了不少争议。鉴于此，我们现在将对这些观点进行简要讨论。

纵览文献，关于英语传播影响的批评主要集中在四个方面：

第一，英语作为一种全球通用语，在英语母语者和非母语者之间的交流沟通上产生了不平等，导致了不公平（例如 Phillipson 1992，2000b，2003；Ammon 2000；Braine 1999）。

第二，英语引起并巩固了社会内部和社会之间的社会经济不平等，导致了不公平。它的扩张也在形式上导致了不断加剧的全球不平等（例如 Pennycook 1995，2001；Tollefson 1991，2002a；Ricento 2000a；Phillipson 2000a）。一个相关的批评是，在许多非洲和亚洲的后殖民国家，英语作为一种教学语言在教育上是无效的，结果是阻碍而非促进了人类发展（Williams and Cooke 2002）。

第三，英语传播对全球语言多样性构成了威胁。它破坏了语言生态，直接危及一些语言并且使另外一些语言边缘化——主要通过把它们从科学传播和高等教育等重要公共领域中排挤出去（例如 Phillipson 1992；Phillipson and Skuttnab-Kangas 1996，1997，1999；Mühlhäusler 1996；Skuttnab-Kangas 2000）。

第四，在文化同质化过程中，英语难脱干系。具体而言，英语是"美国化"的载体，菲利普森和斯古纳伯-康格斯（Phillipson and Skuttnab-Kangas 1997：28）称之为"麦当劳化（McDonalisation）"（也见 Phillipson and Skuttnab-Kangas 1996，1999；Pennycook 1995）。

这些批评的核心包括两个关键概念：不平等和多样性。因此，我们将从英语的主导地位对语言和文化多样性的影响开始讨论。

5.2.1 英语对语言多样性的威胁：对相关主张的评估

在关于语言多样性和语言濒危的话语中，人们有时候会遇到适用于英语和其他主要语言的一个术语："杀手语言"（killer language）（例如 Skuttnab-Kangas 2003：33）。这个术语和其他类似的术语，如语言灭绝（linguicide）、语言谋杀（language murder）等，显然是隐喻性的，因为语言无法脱离其说话者而独立存在，它们本身也无法实施行动。隐喻虽然能阐明一些问题，但在当前的情形中，也可能会模糊人们的视线，因为它会分散人们的注意力，从对语言消亡（language loss）更合理更有依据的解释中转移开来。

正如第4章所讨论的，其中最根本的一点是祖先语言代际传播

（intergenerational transmission）的断裂。这个过程通常是这样开始的：当一种在社会经济上被边缘化了的不太被广泛使用的语言与一种更有声望、经济价值更高的语言接触时，前一种语言的使用者选择使用后一种语言，或从经济层面考虑，认为应将后一种语言传授给他们的后代。正如穆夫温（Mufwene 2002）所说：

> 语言不会杀害语言，而语言的使用者自己会杀害语言。通过弃而不用，该语言的使用者就会成为语言谋杀者，尽管他们本身也是他们所处社会经济生态变化的受害者。以受害者为重点，而不是以其受害原因为重点的解决方案，和那些重视受影响物种，而不重视影响物种的生态环境的解决方案一样糟糕。

然而，还有一种情况需要回应，有一个问题需要解决。虽然与英语接触明显对本土语言会产生一些非常不利的后果（例如：爱尔兰语、苏格兰盖尔语、澳大利亚土著语言等），但是也有一些语言丝毫未受英语的威胁。因此，人们想知道其中有什么样的不同。考虑之前穆夫温的观点，从语言接触的社会经济环境开始考察，找出那些看上去更具威胁性的东西，似乎是有益的。

穆夫温（Mufwene 2001，2002）区分了定居型（settlement）殖民地和剥削型(exploitation) 殖民地，这可以帮助我们理解其所导致的不同结果。[4] 欧洲殖民语言，如西班牙语、葡萄牙语、法语和英语，对其他语言产生的威胁，主要表现在前者（例如在北美洲、拉丁美洲、澳大拉西亚、爱尔兰等）而非后者。穆夫温（Mufwene 2002）将其归因于定居型殖民地的社会经济特点，即欧洲大量移民带来的人口压力最终导致人口优势、原住民因被驱离故土或在冲突和传染病中大量死亡，以及原住民发现在社会和语言两方面都有必要适应新的、被强加的经济秩序。最终整合的结果是，一个殖民者在人口、社会和经济上占主导地位、最终融入殖民者民族的语言占绝对影响的治理体系（system of governance）产生了。

与之相对，在剥削型殖民地（例如，尼日利亚、刚果、塞内加尔、马来亚等），殖民者的关键目的不是定居，而是控制原材料，为大都会的制造业开辟新的市场。相对于大量当地人口，欧洲殖民者人数稀少，主要集中在公务员、商人和传教士人群中，他们中几乎所有人都希望退休后回到欧洲。在这些情况下，发展出两级经济体系：土著人口中的大多数继续使用当地通用语或少数民族方言，而少数当地精英习得了英语，充当民众和殖民统治者的中间人角色（Mufwene 2002；Brutt-Griffler 2002）。

当时的非洲，和现在的非洲一样，（前）殖民国家的语言并未取代原住民使用的土著语言，而是加入到他们的语言中，这种情况归因于它们之间明确的功能划分：前者往往是中等、高等教育以及高级公共管理和国际通商的语言，使用者主要是接受过教育的城市精英；[5]后者则是在较低层经济领域工作或生活在乡村的人口使用的土语，只是部分地与国家机构语言接触。在数量有限的精英群体中，确实有迹象表明，英语越来越多地被应用于非正式领域。但是正如穆夫温（Mufwene 2002：10）所指出的那样，相反的力量同样存在，即精英们保持本民族语言（多数土著人语言）的使用能力来维持与乡村地区亲戚们的联系。

同时，在马来西亚、新加坡等较富裕的前殖民地，也有类似的情况存在。英语的确是跨国商业网络、教育和家庭以外不同种族交流的一种重要语言，至少在马来西亚和新加坡如此。但是当地的非欧洲语言（如马来语等）仍然是大多数族群内部交流的常态选择。

所有这一切并不是说土著语言在以前的剥削型殖民地不受威胁。相反，在非洲、东南亚和太平洋地区有充足的证据表明语言消亡正在持续发生（见 Grenoble and Whaley 1998；Nettle and Romaine 2000）。然而，在这里，语言转用并非朝向英语，而是朝向土著语言，一些语言起了土著通用语的作用。例如：东非的斯瓦希里语、尼日利亚的豪萨语、塞内加尔的沃洛夫语和马来西亚／印度尼西亚的马来语。此外，随着许多非洲社会城市化进程的加快，以及伴随而来的相当数量人口的无产阶级化，许多这些通用语言都变成了具有足够经济吸引力的城市方言（urban vernacular），诱使一些乡村人口舍弃祖先语言，转说城市方言。

所以，我们的结论是，前殖民语言，尤其是英语，正在威胁世界各地的土著语言的说法是不够谨慎的。它们在前定居型殖民地确实如此，但是在剥削型殖民地的不同语言接触生态中，语言转用倾向于其他土著语言而非英语。为了最好地阐明这种差异，我们可以这样概括：在大多数定居型殖民地，英语成为很大一部分人口的语言，从而往往破坏当地土著语言；而在另一方面，在大多数前剥削型殖民地，英语没有取代当地人的方言，而是作为一种通用语———一种少数人使用的通用语，对于土著语言几乎就不存在威胁。正如穆夫温（Mufwene 2002：24）所指出的那样："语言或方言只有在为相同的功能产生竞争时，它们才能互相威胁。具有不同交际或社交功能的语言可以非常愉快地共存"。到目前为止，几乎没有什么证据可以表明英语正在与土著语言竞争当地土语的功能。

5.2.1.1 在欧洲作为一种通用语的英语

让我们把目光转向欧洲，在那里英语同样被视为对其他语言产生了威胁。"就像布谷鸟总把自己的蛋塞到别人的窝里一样，英语同样占据了其他语言的历史栖息地"（Phillipson 2003：4）。我们在欧洲可以得出非常相似的观点。很少有证据显示英语正在破坏欧洲国家以标准语形式出现的国家语言，即使是在那些较小的国家（如挪威）。当然，英语正在竞争和取代其他语言（尤其是法语）的通用语地位（见 Wright 2004：133）。例如，英语在科技传播中起着支配作用，并且日益主导欧洲中小学和大学的外语课程。但是这并不意味着英语会对其他欧洲语言的生存构成威胁。任何这样的设想都是站不住脚的，原因如下：首先，尽管身处全球化时代，但是大多数欧洲国家仍然拥有足够的权力实施语言保护主义政策，在许多公共领域（如教育、行政等）为本国语言保留特许地位；其次，英语通用语地位仅仅具有工具性价值，而这些语言还具有自身的认同价值，这就大大降低了大规模转向英语的可能性。

然而，这并不能阻挡批评者对英语的所有指责，一个尚未回答的问题是，即使英语没有"杀害"其他语言，也在新近形成的全球性双语系统中将这些语言降格为较小的角色（Phillipson and Skuttnab-Kangas 1996：446；Pennycook 2001：58；Mühleisen 2003：113），用彭尼库克的话（Pennycook 2001：57）来说，土著语言已沦落为"静态的认同标识"，作为非正式的语言用于低声誉领域，而英语则占据了高声誉的高等教育、科学传播和跨国商业领域。

在涉及科学语域时，这些观点往往是最有力的，因为英语显然已经成为其中的主流语言（Ammon 2001a）；在高等教育领域，英语也扮演了日益重要角色，尤其是在丹麦、瑞典、德国和瑞士这些国家。这不免令人产生担忧，在科学领域长时间使用英语，会导致其他语言产生语域萎缩（register atrophy）现象，即由于使用不足而导致一种语言的科学词汇和语体资源产生枯竭（见 Gunnarsson 2001：306），就像肢体因缺乏锻炼而出现萎缩一样。

或许还有更为严重的问题（我们稍后会再回来谈论此事），那就是高等教育如果仅用一种外语来运作，那么高等教育就会愈加脱离社会其他领域。在将自己的研究呈现给国际受众时，非英语国家的研究人员与英语母语者相比，在学术交流上处于明显的劣势位置（Ammon 2001b，2003）。

让我们暂且把注意力放在语域萎缩问题上，以回应冈纳森（Gunnarsson）的观点。尽管瑞典语（以及类似的语言）在作为科学语言使用时，显然还未到达垂死的地步，但谁也无法保证最终不会演变为这样的结果，这实际上是英语霸权的潜在代价之一。

然而，其他一些学者采取更为乐观的观点。在同一本书中，哈尔曼和霍尔曼（Haarman and Holman 2001）承认英语对芬兰语的科学语域语言结构产生了影响，但也认为英语帮助芬兰成为"网络社会"的领先者：

> 芬兰决定采用英语作为科学研究的主要载体，使得这个国家出人意料地在全球化进程中主动或被动地扮演了一个重要角色。
>
> （Haarman and Holman 2001：256）

这里突出显示了英语为小型国家超越民族共同体的限制，在更广阔的舞台上为经济和社会利益开展互动提供了机会。与此同时，德斯旺（De Swaan 2001b：74）发现，一些语言从英语中借用了大量技术与半技术术语，但丝毫没有威胁到那些语言的完整性。正如他所说的那样，"形态学有强健的下颌，令人吃惊地将外来词轻松咀嚼并融入符合语法规则的句子之中"。

因此，关于英语作为科学领域的使用语言存在着两种针锋相对的观点。有人强调在这种高地位领域中，减少当地语言的使用是非常不利的；另一些人则强调，全球化的世界使用同一种国际科学语言，会带来许多好处。英语能成为这种国际语言当然是因为历史的偶然，而不是因为英语有什么内在特质使其必然如此。

5.2.1.2 非洲语言与英语的作用

然而，对非洲来说，这样一个矛盾性的结论存在的空间不大，因为在非洲，英语和其他前殖民语言一样，不仅继续在高等教育占据主导地位，而且继续主宰其他一系列社会地位高的正式领域，包括中等教育、政府部门和行政管理。不可避免的影响是，非洲土著语言被降格到更低地位的非正式领域，从而剥夺了它们功能细化的机会与资源，即利迪科特和布赖恩特（Liddicoat and Bryant 2002：10）所谓"语言知识高雅化"。马兹鲁伊（Mazrui 2002：275）强调了这个问题，指出即使是现在，《资本论》还不能用任何一种非洲主体语言阅读。在马兹鲁伊（Mazrui 2002, 2004）看来，这一事实表明了非洲在智力和认识论上对西方持续依赖，导致自身表达愈加衰弱。

对许多非洲知识分子和其他人来说，矫正过去所忽视的东西，不仅仅需要一种语言上的非殖民化，而且要通过促进和发展非洲语言，使其达到等于或高于前殖民地语言的地位，并在这个过程中洗去自卑的印迹。这种语言复兴的原则和理由在 2000 年 1 月的《阿斯马拉宣言》[①]（重印于 Mazrui 2004：129）中得到了最清楚的阐述，其中一个关键条款宣布，非洲语言"必须肩负义务、承担责任，接受挑战，为非洲大陆发声"。

鉴于非洲土著语言在高地位领域的持续缺席，而使用前殖民语言作为教学媒介语（见第 7 章）往往产生有害的结果，人们不由得会支持该宣言中的愿望。但与此同时，宣言提出的理论问题和实际执行中出现的问题都值得仔细考察。

布隆马特（Blommaert 2001：137）提出的第一个问题是，以权利为基础的话语，如《阿斯马拉宣言》，倾向于将语言多样性和不平等问题视为语言之间的关系问题，而忽视了各种既定"语言"单位内部的多样性和平等性问题，这些问题实际上可能对社会流动性和平等性有着更为直接的影响：

> 重要的不是语言的存在和分布，而是特定语言交际能力的可用性、可及性与分布，比如在标准变体和读写变体方面的语言能力。赋予一位少数族群成员在公众场合说其母语的权利，这本身并不会使他／她变得更为强大。（Blommaert 2001：136）

布隆马特还进一步指出，在一个多语政体中，语言间制度性平等的理想观念，即每种语言在教育、媒体、行政等方面平等占有一席之地，不仅在经济上不可行，而且在社会语言学上也是不可能的，因为这会导致高

---

① 该宣言全称为《关于非洲语言与文学的阿斯马拉宣言》（Asmara Declaration on African Languages and Literatures）。

地位变体的排他性发展，而这并非所有群体成员都能把控的。布隆马特（Blommaert 2001：137）断言，其结果是"语言群体之间的不平等将会减少，但是语言内部的不平等将会增加"。

《阿斯马拉宣言》的另一个有争议的地方是宣言第十条中的主张："非洲语言对于消除非洲人头脑中的殖民化和非洲复兴（African renaissance）都是必不可少的。"这一主张明显受恩古吉（Ngugi 1986）"使头脑非殖民化"思想的影响，带有强烈的沃尔夫主义的痕迹，即我们所说的语言建构并控制着我们对世界的理解和认知。事实上，这种似乎言之凿凿的观点受到了广泛的争议，其中最主要的是非洲作家慕帕赫列列（Mphahlele 1963）和阿切贝（Achebe 1976），后者提出英语是可以被本土化的，它能够"承载非洲的经验"并且能够成为对立话语的媒介。英语本土化文学的存在，各种非洲英语变体的出现，以及反对英语作为全球性语言的观点都倾向于用英语来表达，这一切都支持了阿切贝的观点，即英语是可以被援用的。这一观点会被很多人视为虽不十分精炼但却很准确的描述。

当然，对于非洲土著语言重新定位为中心语言也有着实际的社会政治障碍。作为非洲最富有的国家之一，南非最近发生的一系列事件可充分说明这一点。南非1996年宪法指明政府会大力发展除英语和南非荷兰语之外被赋予官方地位的九种土著语言，其中一个方面就是推动其语言知识雅化（Finlayson and Madiba 2002）。芬利森和马迪巴（Finlayson and Madiba）报告说，尽管泛南非语言委员会（PANSALB）等语言规划机构在术语发展和其他技术领域取得了进展，但是政府是否有足够资源来支持九种语言[6]同时发展，仍然存在着争论，因为政府还面临着诸如住房、电力、健康、用水等一大堆问题的压力。

然而，鉴于在教育中使用一种语言是推动该语言雅化的重要因素[7]，非洲人对土著语言作为教学媒介语持抵制态度，这就使得问题更为棘手。这种态度很可能反映了这些语言在过去种族隔离背景下的劣势地位和当前英语在经济上更具优势的一种看法。芬利森和马迪巴（Finlayson and Madiba 2002：45）的问卷调查证实了这一趋势。在有十五所大学参与的一个关于语言教学的问卷调查中，所有回答均显示它们继续以英语作为唯一教学语言。在中等教育方面也存在类似的情况：英语仍然是非洲学校青睐的教学媒介语。坎旺玛鲁（Kamwangamalu 2003：241）同时观察到，英语在南非电视播出时间中占比高达91%，而在1994年，有87%的议会演讲使用的是英语。

　　这些数字以及观察者的证据（例如 Ridge 2000）促使人们得出这样的结论：尽管宪法对语言做出了规定，但是在当代南非，英语的主导地位正在上升而不是下降。这一种发展趋势也为麦克莱恩和麦考密克（McLean and McCormick 1996：329）的观点提供了强有力的证据：宪法对于官方多语制的规章仅仅具有象征意义，也证实了德斯旺（de Swaan 2001a：140）的怀疑，即目前的语言状况并不完全令国家领导人感到不快。

　　让非洲土著语言在更为广泛的公共领域发挥作用，显然是有益的；让英语在教育方面占据主导地位，也确实是不太恰当的。然而，一个更广泛的教训是：这些问题并非不存在，事实是人们仍未找到解决方案。正如我们所看到的，如果某一语言使用者更愿意学习和使用其他语言来增加他们的就业机会，那么官方自上而下地认可和推广某种语言本身并不能改善其语言地位。要求对非洲土著语言重新进行定位，正如带有社会语言学缺陷的《阿斯马拉宣言》所呼吁的那样，可以提醒人们注意语言的不公正现象，但其本身既不提供资源，也无法创造实施语言政策所需的政治意愿。

　　南非的情形也再次突出表明，为改变社会语言权力平衡的语言地位规划，就其本身而言，确实能力有限。为了实现这一目的，需要进行一些更为深刻的经济重构，使南非其他的语言对人们有着同样的吸引力。正如坎旺玛鲁（Kamwangamalu 2003：244）所言，"民众需要知道，在向上社会流动方面，以这些语言（九种土著官方语言）开展的教育，能为他们做些什么"。里奇（Ridge 2000：166）提出了类似的观点：

> 英语在南非的主导地位……是大多数英语非母语者的选择。他们认为通过这一语言满足了其真正的需要。……这一点值得我们严肃对待。

　　或许需要说明的是，这些南非应用语言学家并不是说宪法中的语言条款[8]是不必要的或有误导性的。相反，鉴于目前有利于英语的复杂社会经济和意识形态力量，我们更应该这样说，仅仅将英语降到和其他官方语言一样平等的地位是不够的。因此，相对于已有的一些提议，将大众对英语教育的需求和提高非洲土著语言地位两者协调起来，就显得更为微妙复杂。其实不仅在南非，在该国北部的一些弱小国家更是如此。在第 7 章，我们将会更详细地讨论这个问题。现在我们还是继续讨论英语传播对文化多样性的影响。

5.2.2　英语对文化多样性的威胁：对相关主张的评估

在一些批判性的著作中，英语往往参与到文化同质化及美国化的全球化进程中。就这一主题，我们在菲利普森和斯古纳伯-康格斯（Phillipson and Skuttnab-Kangas 1996：439）的文章中可以发现更"直白"的论点，他们借津田（Tsuda 1994）之义指出：

> 将英语推上卓越"世界语言"地位是全球化进程的一个症候。我们生活在一个以意识形态全球化、跨国化、美国化和世界文化同质化为特征的世界，……以电影、流行文化、快餐连锁店为先导。

类似的断言出现在后来的出版物中。例如，菲利普森（Phillipson 2000a：90）说：

> 你不必成为一个社会学家就可以注意到，我们的世界日益被可口可乐、美国有线电视新闻网、微软和许多以英语为核心语言的跨国公司所主导。在这一"麦当劳化"的进程中，……人们试图创造和想象出贝内迪克特·安德森（Benedict Anderson 1983）所说的一种全球消费主义文化和一个全球单一市场。

在这里，使用"麦当劳化"这一比喻，显示出受到来自全球化研究领域的社会学家如瑞泽尔（Ritzer 1996）和巴伯（Barber 1995）的影响。这些学者对我们所熟知的、复杂的、有争议的全球化现象进行了反乌托邦式的描述，使人们在脑海中浮现出数不清的大商场、主题公园和快餐店，其特征正如布洛克和卡梅伦（Block and Cameron 2002：4）所描述的那样：文化品位、工作模式和娱乐喜好变得千篇一律，令人无可奈何。

相对而言，菲利普森和其他人描绘的全球化则较为直截了当。全球化被看作是资本主义的全球化，是凭借英语传播和由西方主导的跨国传媒公司串通一气共同推动的一个过程。在文化方面，它通过强行注入市场主导的同质化的西方消费文化，蚕食和损害了本土认同。简言之，除了语言帝国主义外，全球化进程中还存在一种文化帝国主义。

可以讲，这种说法在直观上有一定的吸引力，表面看来有一定的合理性。毕竟，几乎在人们足迹所至的任何地方，至少在那些与全球经济融为一体的国家，西方文化特别是美国文化产品和艺术品给人留下了深刻的印象：麦当劳、星巴克、美国有线电视新闻网、主要用于播放好莱坞影片的电影城，等等。此外，菲利普森（Phillipson 2003：72）收集的数据显示，文化流动存在不对称性。例如，在 1998 年，美国电影在荷兰和德国的票房收入中占 90%，在英国占 80% 以上。由欧盟拍摄的电影在美国占据的市场份额则仅有 2% 至 3% 左右。汤普森（Thompson 2003：254）描述了电视市场中类似的情形：美国出口的电视产品远超进口。发展中国家用于节目制作的资源很少，而美国电视剧因为规模效应而费用低廉，因此进口美国电视节目是一个相对廉价的填充播放时间的办法。

有人可能会进一步提到，对这些不对称性的关注引起了政治最高层的担忧。例如，法国政府对好莱坞产品的发行实施配额制，以保护国内电影业。正如汤姆林森（Tomlinson 1997：174）所指出的那样，在 1993 年，关于电影和电视进口的意见分歧导致关贸总协定贸易谈判的中断。

人们之所以愿意把全球化与文化同质化和文化帝国主义等同起来，其中另外一个原因就是全球化和跨国资本主义之间存在密切联系，其势不可挡的扩张性和经济力量将许多文化拉入了全球资本主义文化的范围。梅钦和范莱文（Machin and van Leeuwen 2003）对国际流行女性杂志《时尚》进行了分析，揭示出这个过程是如何运作的。在考察该杂志八个不同国家版本的数据之后，他们指出，尽管每个版本都用不同的语言出版，代表了不同的地方文化实践，但是在对现实的语言建构方面，即在更为抽象的"话语图式"（discourse schemas）层面，存在着一种潜在的同一性。因此，根据梅钦和范莱文（Machin and van Leeuwen 2003：505）的研究，这个世界正如《时尚》杂志所建构的那样：

> 没有人类同胞的团结一致，没有来自宗教和文化传统的忠告，也没有通过任何形式的集体行动得出的结构的、政治性的解决方案。所有的一切都取决于个人，他们必须通过生存战略独自面对世界，传统的"女性诡计"① 在其中继续发挥关键的作用……"适者生存"和"赢家通吃"法是这一话语图式的精华信息。其意义表现在它阐释社会工作实践的方式，以及它对人际关系的再语境化……显然这一方法符合

---

① female wiles 在这里的意思可能是，女人是弱者，但女人也有女人的技巧可以使男人就范。此处可引申理解为：强调随机应变，弱者在强者面前自有其生存之道。

新资本主义秩序的利益，而《时尚》杂志参与了这一秩序的建构。

那么，这其中所传播的既不是特定的语言，也不是针对《时尚》杂志所描绘的人生沧桑的任何一套解决方案，而是某些更为抽象的东西——特别适合全球资本主义的价值观和生活世界。毫无疑问，将《时尚》杂志换成麦当劳，也可以得出类似的观点：麦当劳的全球门店通过一个共同的经营模式来运作，但是其烹饪产品可以根据本国的口味进行调整，并以当地通用语言提供服务。

不过，无论这些说法表述多么有道理，将这些情形统统纳入一个文化帝国主义的解释框架，人们还是有理由进行反驳的。首先，仅仅因为西方文化商品无处不在，就推导出必然存在严重的文化渗透，从而导致由西方主导的文化同质化，这是完全错误的。正如汤姆林森（Tomlinson 1997：180）所指出的那样，全球媒体市场，作为一个经济领域，有时比人们所设想的更为复杂和多元化。例如，巴西环球电视台不仅占据其国内市场，而且向其他拉美国家出口产品。当地的电视节目，充满了地方文化特色，又参考了特定的文化模式，如英国的《加冕街》①，非常具有代表性，所吸引的观众一直以来多于美国进口的节目。

然而，文化帝国主义论点还有一个更为严重的问题。与语言帝国主义类似，它往往将西方文化商品的影响对象描绘为被动的和不加思索的接受者，将文化影响描绘成往单向的，即从中心向外围。汤姆林森（Tomlinson 1997：182）令人信服地指出，文化帝国主义误解了文化流动的本质。辩证地看，将这种流动理解为外部影响与地方文化形式之间的相互作用，并往往产生突变和混杂，会更有益处。关于混合形式的文化进入全球流行文化，汤姆林森（Tomlinson 1997：183）所举的例子是嘻哈文化②，这并不是人们通常认为的美国黑人文化，因为它实际上是一种"美国黑人文化和加勒比音乐文化的混杂形式"。

这引导我们更进一步思考，在当代的人口迁徙和流散世界中，文化帝国主义论点所不可或缺的核心和边缘观念正日益成为问题。如果边缘指的是亚洲、非洲和拉丁美洲的人口与文化，那么洛杉矶、伦敦，或者莱斯特

---

① 原文为 Coronation Street，该剧是英国一部经典肥皂剧，于 1960 年首播，是英国电视剧历史上播放时间最长、收视率最高的电视剧之一。

② 原文为 hip hop，是 20 世纪 70 年代源自纽约的非洲裔和拉丁裔青年之间的一种边缘性次文化，后来逐渐发展壮大成为新兴艺术形态。

（见第 3 章）的人口统计可以显示，他们早已进入核心。[9] 从任何一位随意观察者都可看到的英国都市中的"民族"食品、服装和手工艺品的世俗商品化，到对西方文化和民族认同产生的更深刻的影响，都可以看出文化的影响是复杂多变的。在汤姆林森（Tomlinson 1997：185）看来，欧洲和北美社会多元文化主义不断增长，与之相呼应的是西方在文化事务中的自信逐渐衰退，这意味着人们急需寻求一个更为复杂的分析框架，而不是一个有凝聚力的强大西方将其文化形式强加于薄弱边缘的分析框架。

随着人们越来越多地将全球化（Tomlinson 1997；Giddens 1999）描述为一个"去中心化的过程"，新的分析框架显得更有分量。换言之，虽然国与国之间的财富与权力存在着明显差距，比如美国、日本和欧洲对世界事务的影响要比非洲较贫穷的国家大得多，但是很难证明全球化是在一些国家或一组公司的控制下进行的。

事实上，在全球化的背景下，国家内部和国家之间出现了复杂的优势和劣势模式，打破了以往南方与北方或核心与边缘的二元性。因此，以前一些欠发达国家（如韩国）的经济日益繁荣，而英格兰东北部的部分地区经济衰退，其产品在世界市场上不再具有竞争力，这本身就反映出经济力量平衡的变化，两者能够以复杂的经济方式相关联。[10] 通过同样稠密的经济联系网络，全球资本主义也在同一个社会中创造了奇特的并置现象：富裕片区与贫穷片区并行或毗邻。比如，贫穷的哈克尼区或陶尔哈姆莱茨区（Tower Hamlets）与富裕的伦敦金融城就靠得很近。

通常在这里出现的观点是，一个能够主导薄弱外围的单一凝聚力核心已经不复存在。以文化帝国主义论点为基础的"核心—边缘"模型无法捕捉到全球化特征所带来的文化影响力传播的复杂性。因此，需要一个更加精细的阐释框架，以突出全球与地方的相互作用。

因此，我们的结论是：虽然全球媒体公司（例如时代华纳、维亚康姆、贝塔斯曼、索尼、迪士尼等）或许能在娱乐方面引领了大众口味的统一化（McChesney 2003），但是没有任何有力的证据表明，西方主导的文化同质化正在轻易地进行。国家和地方的认同似乎展示出某种弹性，全球化非但没有消除这些认同特征，或许还造就了新的混合文化形式、新的认同和新的国际化情感，给既有的认同多样性又增添了一层复杂性。

英语在这些过程中的作用也谈不上中心角色。正如梅钦和范莱文（Machin and van Leeuwen 2003）的研究所指出的那样，正在全球传播的（若是真有这类东西的话），与其说是英语语言或任何特定的文化实践，还不如说是与资本主义相交融的所谓"话语图式"和价值观。实际上，全球资本主义在为顾客定制产品、使用特定营销语言、满足国内市场的口味等方面，已经显示了相当程度的灵活性。但是这或许并不奇怪，因为对于全球化企业集团来说，其目标是追求利润，这比追求语言或文化的同质化要重要得多。

5.2.3 英语与不平等

从批判的角度来看，英语的传播常常与两种主要形式的不平等有关。第一，英语水平较高或较低民众之间或者母语使用者和非母语使用者之间的沟通不平等；第二，国家内部和国家之间的社会、经济和政治不平等。我们首先讨论前一种。

5.2.3.1 交流不平等

许多评论者（例如 de Swaan 2001a：52；Wright 2004：174）承认，由于英语在全球占据主导地位，英语母语使用者获得了他们本不应得到的优势。之所以说他们不应得，是因为这些母语使用者在儿童时期就自然习得了这门语言，[11] 而二语使用者及其所在的社会，则承受了正规学习、教材、教师和所有与学习相关的相当大的成本，更不用说时间成本与精力成本。基于网络效应，这些二语学习者还为包括母语使用者在内的所有其他人增加了该语言的效用。用经济学术语来说，母语者在享受"地租"（de Swaan 2001a：189）。他们从集体利益中获得收益，但对生产成本的贡献则相对较小。

毫无意外，这种成本的不对称通常会引起不公平的感觉，有时甚至会产生仇恨，能够部分缓和这类情绪的是：母语使用者事实上也要付出相当大的努力才能提高用标准语言来写作的技能，而且这种因地理、气候或自然资源等偶然因素产生的不公平对人类是不可避免的。人们也提出了政治上不切实际的，但在道德上无懈可击的建议，即母语社区应进行转移支付，以帮助其他社会承担英语作为第二语言学习的费用。

然而在各类文献中，引致最多评论的是非母语使用者在科学和学术交流方面受到的不利影响，而不是母语使用者的优势。例如，菲利普森（Phillipson 2000a：97）曾做过一个比较，结果可能令人不悦，但却颇能说明问题：在一次使用英语的学术会议上，一些与会者费力地用英语表达他们的观点，而在一次使用世界语（Esperanto）的会议上，来自不同国家的与会者轻松、自信平等地交流。

与此同时，纳普（Knapp 2002：236—238）也质疑这样一种信念：如果使用通用语进行互动，无论是非母语使用者之间，还是母语使用者和非母语使用者之间，几乎总是相互合作的。从为期一周的英文国际学生模拟联合国会议记录数据中，他观察到在这一竞争环境中，非母语使用者不仅参与程度较低，[12] 抱怨感到自己被排除在外，而且更糟糕的是，针对语言能力受局限的非母语者的歧视性行为，阻碍了非母语者在会议中明确表达自己的观点。值得注意的是，这种非合作行为的始作俑者是纳普（Knapp 2002：224）所指的"准母语使用者"，即具有接近母语使用者语言熟练程度的二语使用者，而不是英国或美国的母语使用者。这些事例虽然可能不具备代表性，但是却突出显示了英语非母语者在国际会议或类似活动中可能遇到的潜在的或实际的交流劣势。

学术／科学出版领域的不平等

其他学者更多地关注学术出版领域的不平等。例如，有观点认为，要在高水平的国际期刊上发表英文文章，来自非英语背景的学者明显处于不利地位（见 Tardy 2004）。也有观点（de Swaan 2001b：78）认为，由于这些期刊通常是英国或美国主办的，英国和美国的编辑就充当了守门员的角色，他们对"选择和提升其他国家的学者具有重大影响，因为这些学者能否晋职就取决于能否在这些期刊上发表文章"。另外，他们的拦截也加强了英美话语规范、风格和理念的主导地位，这对第三世界学者尤为不利（见 Tardy 2004）。还有一种普遍的批评是，以非英语形式出版的作品往往被低估甚至被忽视，他们的成果也因此失落于科学领域（Phillipson 2001：9；Tardy 2004：251）。

与这些道听途说和想当然相反，实证性证据所揭示的图景则复杂得多，特别是关于英语非母语学者在知名国际期刊发表作品究竟有多难这一问题上。塔迪（Tardy 2004）曾引用不同作者的研究来说明这个问题，比如卡纳加拉贾（Canagarajah 1996）强调了多种困难，但这些困难并非都是语言方面的。然而，伍德（Wood 2001：80）提供了相反的证据，他以一项关于《科学》和《自然》期刊一年（1997—1998）以来的发表情况为样本，得出了这样的结论：尽管第三世界国家的科学家在发表作品时可能会遇到资金和物质方面的障碍，但是语言方面的障碍并非不可逾越：

从这里的数据来看，即使是在最有声望的杂志上，非母语者的语言障碍看起来并不高。[13]

当然，伍德的取样有限，需要对更广泛的期刊进行类似研究，以证明英语非母语研究者在国际出版物上发表文章并非处于不利地位。尽管如此，他的研究结果对人们想当然地认为非母语者在论文发表中必然处于不利地位提出了质疑。

如果我们转向有关不利地位的认识方面，也会发现说法各异。塔迪（Tardy 2004）引用了其他学者的一些研究，他们发现非母语学者与英语母语学者相比确实感到处于不利地位。然而塔迪本人对国际研究生态度的调查发现更能说明问题。所有问卷调查对象（n=45）都认为，将英语作为国际科学语言使用是有利的，但与此同时，有36名受访者指出了一些不利的方面，例如，学习英语达到高水平需要大量时间。

类似情况也出现在默里和丁沃尔（Murray and Dingwall 2001：100）对瑞士科研人员（n=250）关于学术英语的态度的一次调查中。41%的受访者表示他们认为英语的主导地位给他们的职业生涯造成一些不利影响，8%的人认为英语是一个主要障碍，但是另有27%的人认为这实际上给他们带来略微的优势，还有24%的人认为这对他们没有任何影响。这些发现与1990年安蒙（Ammon）对德国科学家的语言态度调查基本没有什么不同，在这个调查中，有55%的受访者表示他们在用英语交流方面没有感到任何不利。然而，这些发现与特吕绍（Truchot 2001：320）的研究形成了鲜明的对比，特吕绍在1984年的斯特拉斯堡调查中发现，样本中有多达60%的法国科学家认为自己相对于英国母语者的科学家显然处于劣势。

当然，要从这些不同的调查结果中得出任何明确的结论是非常困难的。这些问题和样本都非常不同，而且回答者显然受到了以下观念的影响：被调查者认为自己是在与谁竞争，以及他们认为自己的英语有多好。还有就是国家背景的影响：与法国科学家相比，来自瑞士这样一个多官方语言的小型国家的研究人员，或许更容易超越国界，接受将英语作为全国科研人员的交流语言。而法语作为一种国际语言，一直在与英语开展竞争，法国政府已经通过立法（1994年）来捍卫法语在科学和学术领域的使用。

综上，我们只能说，现有证据表明对英语的支配地位存在着相互矛盾的态度。而且正如人们所猜想和预期的那样，一种虽远非四海皆准但仍相当广泛的看法是：相对于英语母语者，英语为非母语的科学家在国际科学交流中确实处于不利地位。

关于交际中的不平等

对于既有的各种不平等现象，多位学者提出了一些改良的措施（即使不是纠正性措施），有一些甚至还比较激进。例如，安蒙（Ammon 2000：114）以非常理性的方式，呼吁英美期刊的编辑和审稿人员对英语标准语的偏离现象持更宽容的态度，支持非母语作者的"语言独特性"权利。然而，他承认，如果没有协调一致的机构和政治支持，这些诉求就难以实施。德斯旺（de Swaan 2001b：79）也含蓄地表达过类似的观点，他说"仅仅有良好的意愿是不够的"。像安蒙一样，德斯旺（de Swaan 2001b）认为，缓解不平等现象和去除盎格鲁-撒克逊偏见的最佳方法或许是进行长期的"去盎格鲁化"，他希望将逐渐成形的"欧洲英语"变体在适当的时候进行规范化，使其最终获得欧盟的官方认可（见第 6 章）。在短期内，他提出了一些有限的实际措施，比如在国际期刊编委会内任命更多熟练使用英语的非母语者，更仔细地监控来自非母语作者的投稿和被接受发表的比例。

当然，还有人提出了更为激进的解决方案，其中之一是放弃将英语作为全球科学领域的通用语言，并且不再将英语作为欧盟机构主要的实际工作语言，而改用某种中立的、更平等的交际代码（如世界语）（Phillipson 2003：121）。另一方案适用于欧盟内部交流，设想构建一种"平等的不利地位"的情形。例如，在正式讨论中要求代表们都使用母语以外的语言。然而，这些建议都不具有说服力。这主要不是因为原则问题，而是因为其实施过程存在实际的和政治的障碍。先说第一种方案，放弃英语是行不通的。因为正如德斯旺（de Swaan 2001b：79）所指出的那样，没有一个中央机构足以控制全球英语来执行这样的决定。此外，英语作为科学国际语言的优势地位业已受到了广泛承认，如果把英语替换掉，出于可理解的原因，世界各地那么多投入时间学习英语的学者可能会起来抗议。在第二种方案中，"平等的不利地位"意味着无人获得优势地位，这种人为设计也不大可能获得认可，而且要获得来自法国和英国这两个强大欧盟成员国的政治支持，看起来几乎是不可能的。

事实上，解决学术和科学领域英语母语者与非母语者之间交流上的不平等是困难的，因此，不足奇怪，一个既令人信服又没有其他不良副作用的解决方案，至今仍然遥不可及。英语作为通用语教学方式的变化（见第

6章），可能会对更公平的交流做出些许贡献。除此以外，只能建议英语母语使用者，特别是专业的教育工作者，应该牢记这样一个事实，即作为一种全球语言的母语使用者，他们获得的优势地位是偶然的、不劳而获的，应该谨慎对待。

顺此话题，我们转而讨论另一种据称与英语的全球传播有关的不平等形式：社会经济不平等。

5.2.3.2 英语与社会经济不平等[14]

早期关于英语维持和强化社会经济不平等的论述可以在托尔夫森（Tollefson 1991：7）的文章中找到。他认为英语并不是像人们通常描绘的那样，是一个促进发展的中立手段，而是一种"制造和维持社会和经济分裂"的机制。其他一些学者也持类似立场，如彭尼库克（Pennycook 1995：54）说道：

> 英语……作为国家内部和国家之间的财富和声望地位的守门员，是造成大部分财富、资源和知识分配不平等的语言。

有人指出，在许多后殖民国家，英语一直作为小学、中学和大学教育中的教学媒介语。这一点特别受到批评，也是一个造成不平等的核心机制。这一做法不仅在教育上效率低下（见第7章），因为人们对这种语言无法透彻理解，导致社会和经济成本高昂（参见 Williams 1996；William and Cooke 2002）；而且也是极不公平的，因为它使得相对富裕的城市精英获得优势地位，进一步边缘化农村贫困人口。

我们想指出，这些主张有许多是有实质内容的，其中不仅仅是那些与教育效率低下有关的主张。有相当多的间接证据表明，掌握英语，或更确切地说，掌握标准变体的读写能力，对于获得高收入的白领工作、高等教育、全球文化和有声望的"中产阶级"身份，虽然不是充分条件，但确实是必要条件。这就是英语为何有如此大的需求的根本原因，也正是出于这个原因，用彭尼库克（Pennycook 1995：54）的话说，英语技能被合理地视为身份地位的守门员。

这是一种分布极其不平均的资源。虽然如此，精英群体往往发现，要积聚英语所代表的资本非常容易，或者因为他们的生活方式（书籍、电视、旅行等）提供了接触该语言的大环境，或者因为在中等教育通常既不普及又不免费的社会中，他们更有条件获得更高质量的中等教育，其中获得英语读写能力是第一要务。如果父母们感到公立学校在传授这些方面的技能上存在不足，那么富裕的家长往往会选择将他们的子女送进私立英语学校或提供私人辅导机构，而低收入父母却无法为子女提供这样的额外条件。比如，瓦瑞斯（Vavrus 2002：377）报告称，随着20世纪80年代国际货币基金组织一个结构性调整方案的实施，坦桑尼亚的私立收费英文中学发展迅速。与此同时，在印度，私立英语学校的数量也有所增长，这些学校主要面向富裕的中产阶级家庭的子女（Annamalai 2004：187）。

因此，不难发现，英语和英语教育常被视为复制精英特权地位的助手。在一些评论家（如 de Swaan 2001a：104）看来，语言这一阶层分化的属性正是保留殖民语言（如英语和法语）作为管理和教育语言的动机之一。用迈尔斯-斯科顿（Myers-Scotton 1990）的话来说，这些语言起到了"精英封锁"的作用。也就是说，那些社会精英凭借对英语或法语等高地位变体的掌握才获得了特权地位，因此他们希望保持这些语言的官方地位，使其成为一种能将大众逐出高层劳动力市场的手段，从而有助于巩固他们对社会地位近乎垄断的控制。

如果这个关于英语与不平等之间联系的分析有一定的说服力，那么经常讨论的相关补救措施就不那么有说服力了。用土著语言替代英语作为教学媒介语就是一个明显的措施，但是由于一系列的原因（见第7章），这一措施难以实施。其中最强烈的反对来自那些在英语作为教学媒介语中损失最多的群体，这可以说是一个悖论。

然而，这些人的行为不能被视为缺乏理性。在个人层面上，父母希望子女接受最有利于他们就业机会的教育，这通常意味着用英语进行教育。他们可能会意识到，仅凭英语技能并不能保证得到一个好工作，因为学校教育失败的概率也很高。但是他们也明白，如果没有英语，他们肯定会被排除在较理想的就业形式之外。然而，麻烦在于，虽然在个人层面上是合理的，但这种对语言的选择偏好汇集起来，就可能在集体层面维持了一个对其中大多数人不利的教育体系。

然而，大幅度削减英语在课程中的比例也是有问题的，民主选择在此并不适用。随着越来越多的国家经济体被跨国企业和全球化产业（如旅游业）所束缚，否认英语语言技能的经济价值也就变得越来越困难，这是精英群体很容易理解的一个事实。如果在公立教育部门接受的英语有限，他们很可能会转向以英语为教学媒介语的私立学校。当然，其后果肯定是加剧而不是减少不平等。

这一论点的逻辑似乎表明，英语应该扩大传播，使所有人都能获得。但语言资源的民主化仍然存在问题。毕竟，英语语言技能分布得越广泛，就越可能成为一种平庸的技能，在劳动力市场上获得红利的可能性就越小（Grin 2001），充当"精英封锁"工具的可能性也就越小。

当然，语言资源获取的民主化可以以多种形式存在，其中不尽令人满意的一种是将以英语作为教学媒介语的教育形式扩展到较低层次的小学教育。这种做法之所以不够合理，是因为它与教育效率、经济和人类发展都密切相关。关于教育，有大量证据表明（见第3章），第二语言技能只有在学生熟悉其母语读写技能之后才能得到最佳发展，于此相类似，识字能力培养也最好从使用熟悉的当地语言开始。有证据表明，政府投入巨资在早期教育阶段引入英语，无论是将其作为一门课程，还是作为教学媒介语，往往收效甚微（见 Nunan 2003），其中一个重要原因是，教师和教材等资源变得过于紧张，导致英语教学质量低劣、材料供应不足和学习效率低下。[15]

将英语作为初等教育的教学媒介语，也往往造成土著语言的进一步边缘化，有几位评论者的论述极具说服力（如 Stroud 2002，2003；Bruthiaux 2002），土著语言是发展和赋权的宝贵资源。比如，扩大它们的使用范围将使边缘化的社区更充分地参与发展进程，从而走向更可持续、更加有针对性的发展。通过促进政治中心和当地社区间的信息交流来加强民主进程，并将这些社区与学校更紧密地联系起来，使学校在他们眼中不再那么陌生（Stroud 2003：23）。

土著语言和相关联的多语实践，在非正规经济的运作中也很重要，许多最贫穷人口就是从中找到他们的生计。同样，布吕蒂奥（Bruthiaux 2002：203）指出，对于社会上最贫穷的阶层来说，通过土著语言进行基本的扫盲，将对发展和减贫做出最直接的贡献。他补充说，对于这个群体来说，英语教育在很大程度上是一种无关紧要的事情，结果常常是承诺多于给予。因此，英语教育应当针对那些"很快有机会参与国际交流"的特定人群。

综上所述，这些观点确实为在教育和其他方面使用土著语言提供了一个有说服力的理由。但它们也有其局限性，其中之一就是，虽然地方语言确实可以像人们所说的那样授予权力和提供尊严，但也会对人们产生束缚和限制作用。另外一点是社会对英语确实存在强大需求，即使在较贫穷的社区，许多人仍坚持认为用土著语言开展教育是一条走不通的死胡同。将英语语言教育瞄准那些有可能参与"国际交流"的人，这听起来在技术上是合理的，但是会导致一系列问题：谁来决定受教育群体？凭借何种政治标准来确定人选？那些被排除在外的人们如何甘心于他们的渴望受挫？这种有针对性的语言教育何以见得就可以减少社会经济不平等？

从这些讨论似乎可以得出这样的结论：任何假设英语和当地语言之间必然存在对立，并谋求压制一方而抬高另一方的政策解决方案，都可能是有缺陷的，因为英语和土著语言都是有价值的，虽然价值不同：英语能够在日益受到全球力量支配的经济活动中提供就业机会；土著语言则有助于更有效地学习，更多地参与政治进程，并促成更可持续和更切合地方实际的发展。

那么，最好的办法或许就是把互补性作为一项政策原则，寻求双语或多语的解决方案。在教育方面，这意味着在添加性双语制的框架中以两种语言作为教学媒介语。在引入英语之前，先巩固一种所熟悉语言的读写能力；同时，在英语的获取方面稳步推进民主化。

然而，这些建议只能暂时性地提供一般性原则。鉴于各国在劳动力市场、经济、社会语言环境和教育制度方面存在着巨大差异，设想找到一种能够协调效率、机会和公平的最佳解决办法，那就是过于自以为是了。此外，还缺乏各种能够为语言教育政策制定者提供参考的实证数据。例如，英语和其他语言为特定个体带来多大经济效益，这方面细致的国别研究还不丰富。

我们最后补充两点，作为本节的结论。第一，土著语言的边缘化是许多非洲国家政治经济的共同特征，这或许是其使用者地位低下和权力受限的后果，而非原因。因此，在意识形态和经济力量反向而行的情况下，赋予当地语言某些权力，可能只会对语言使用者的赋权做出微小的贡献。真正的赋权需要更深刻的经济和政治变革，这一点不太容易从有关语言和公平的话语中推断出来，因为相关话语将更大的权力归因于语言政策，尽管没有证据支持这一观点。

与此密切相关的是第二点：不平等现象中具有复杂的多因素的因果关系，其中除了不平等的经济和政治关系之外，语言或许只起相对次要的作用。因此，认为移除英语就能够消除不平等，是相当不切实际的。不平等还有许多其他缘由，正如布隆马特（Blommaert 2001：136）所指出的，在学习土著语言中的强势语言变体方面，也存在各种机会差异。

5.3 结论：英语全球扩张对英语教学的影响

对于英语全球传播的批评观点在过去的十年间已经获得了极大关注，具有一定的影响，正因如此，也为表述方便，对英语霸权的反思已经成为前面大多数评论的一个组织原则。然而在大多数情况下，我们不能同意批评性文献中所表达的观点。比如，我们指出美国与英国推广英语的努力不能被令人信服地描述为英语传播的主要原因。更可信的说法似乎是将它归因于一个更广泛的能动作用，强调自下而上的诸多因素，特别是受个人认知因素影响，即学习英语使个人在经济和教育上会占有优势，进而产生对英语的需求 ①。上述解释认可而非否认位于"边缘"的个体的积极能动作用，也对语言扩张的自我加强特性给予了适当认同，这一特性产生于"外部网络效应"，即当新的语言使用者加入交际网络时，语言增强了效用。

英语直接威胁其他语言，作为全球化的载体在西方主导的文化同质化中发挥作用，这种观点是对复杂过程的一个过于简单化的概括，这是不被人们接受的。弱小的土著语言正在消失，但是这种变化大多是由于强大的区域性语言，而非英语。品位的某种同质化看起来确实是全球化的一种伴随产物，但是几乎没有证据显示全球化正在消灭认同和地方文化实践。如果说确有影响的话，倒是它使得新的认同成为可能，从而对既有认同进行了增加和补充。

批评的另一个焦点是英语和两个主要不平等形式的关系，即英语的母语使用者和非母语使用者之间交流的不平等，以及因英语获得方式不同而产生的社会经济不平等。对于前者的批评主要集中于以英语为主导交流语言的科学研究方面。有人认为，以英语为母语的使用者因其更熟练的语言能力而拥有过度的优势。与此相关的一种观点认为，英语作为国际通用语使所有使用者，特别是母语使用者受益，但与英语母语使用者不同，非母语使用者却承担了不成比例的成本，他们需要花费大量的精力与金钱去学习这一语言。

第二种形式的不平等在发展中国家极为普遍。在那里，英语是提升教育机会和获取高社会地位职业的"守门员"，而精英团体往往在英语学习方面，无论是正规的学校学习还是私人教育，都具有更好的条件。在这种情况下，英语会成为一种障碍，甚至成为在社会和经济上将更贫穷的人口

---

① 此句可以理解为：英语霸权的形成不是菲利普森或托尔夫森所说的是大机构的阴谋或有计划的战略，而是众多自下而上的小机构小组织为了经济利益自发推广的结果。

排除在外的工具。

正如前面提出的，这些批评确实看起来比之前列出的观点更有理据，但对语言政策会产生什么影响目前还很难说。例如，在一个英语主导的世界，否认英语母语使用者不劳而获的优势是困难的，在这个意义上确实存在不公平。然而，将这些优势看作是来自语言实践本身而非不公平的经济、政治权力关系，那就更有问题了，但这些关系与语言毫无瓜葛，因此语言政策的改变不大可能成为解决的方案。

然而，这并不意味着我们就只能束手无策。例如，安蒙（Ammon 2000）与德斯旺（de Swaan 2001b）指出，如果获得政治支持，编撰一套有别于如今以母语使用者为基础的标准的国际通用语标准，那就将有助于英语的"去盎格鲁化"，并使英语作为通用语的使用者拥有自己的认同，成为独立语言变体熟练、权威的使用者，并与英语使用者平起平坐进行交流。这会对英语教学产生明显影响，但先让我们转向之前提及的第二种形式的不公平。

为此，最常被提出的补救措施（特别是针对后殖民的非洲）包括限制英语的作用，提升土著地方语言（indigenous local language）的地位，从而赋予一直以来被排除在外的和被边缘化了的群体以权力。考虑到对地方语言的长期忽视，以及当前十分明显的社会经济不平等，我们认为该建议确有价值。然而我们需要考虑一个现实情况，即在一个日益被全球化经济所捆绑的社会中，英语被认为是一种提供流动性和机会的语言，因此任何剧烈缩减其在教育中地位的做法在政治上都会有问题。出于上述原因，我们认为，互补性政策既能强化地方语言的作用，也能促进英语获得的民主化，这或许是改善与语言相关的不平等的一个更为切实可行的方法。

值得注意的是，此处所说的民主化并不意味着英语越早进入课程体系越好，这种政策同样是代价高昂且收效甚微的（见 Nunan 2003）。它所指的是在弱势群体需要学习英语以提高流动性和参与度却无力获得时增加其可及性。英国一家援助机构——海外志愿服务社（Voluntary Service Overseas；VSO）[1]，制定了一套标准，用以支持世界各地的英语教学，可正好说明这一民主化。该标准写道：

---

[1]　该组织成立于 1958 年，总部在英国，是一个国际志愿者组织，其宗旨是通过志愿者行动消除全球贫困和弱势。

　　海外志愿服务社（对英语语言教学）的支持应该在一个有明确时限的时期内、帮助处于弱势的个人与团体取得可以明确化的效果。

（VSO 2002：5）

这份指南在随后的段落中进行了如下区分：

　　提供英语时将那些已经获得英语资源者和难以获得英语资源者进行区分至关重要。因此，出于"国家发展"目的而支持英语语言教育并不合适。英语只应该成为那些受过更好教育的"中产阶级"的资源是基于以下假设：他们将对经济增长做出更多贡献，部分效益将会"扩散"到最贫穷人口。但经验显示这不一定会发生。（VSO 2002：5）

　　举例而言，应用这些原则意味着在中国，海外志愿服务社支持英语语言教学的目标应主要是更偏远的欠发达省份，而非快速发展的沿海富裕地区，是针对初中和教师的培训，而非高中和大学（VSO 2001：5）。在这份指南中，人们可以觉察到源自全球英语的批评性视角的一个有益影响，即对英语语言教学的效果和社会经济情境的一种敏锐感知，我们希望这种敏锐感知能通过英语教育持续扩散①。

　　我们在上文提及一种不同类型的民主化。有人认为，这需要英国和北美母语使用者离开英语语言教学的中心舞台。这种论点的关键是出于政治上的考虑，认为作为一种全球语言的英语不能继续为母语使用人口所独有（见 Widdowson 1994：2001）。英语为非母语的双语使用者必须能够以本国变体熟练、权威使用者的身份进行自我认同和被认同，而不是被认为是英式或美式标准英语不完美的、有缺陷的使用者。英语语言教学中母语使用者的去中心化问题已在应用语言学文献中引起广泛争论，影响重大，跨越了一系列领域，包括：

　　1. 招聘政策：在全球英语时代，将母语使用者身份算作有资质从事教学的一项重要考虑，在何种程度上这种考虑才算合适呢？（见 Braine 1999）

　　2. 课堂教学：麦凯（McKay 2003：17）等人提出交际型语言教学是一

---

① 这里指虽然对英语生产社会不平等的批判是不现实的，但毕竟对教学实践产生了一定的积极影响，还有利于消弭英语教学的负面效应。

种受文化影响的方法，不能被认为是适用全球的最好的英语教育方法。我们更需要一种适应当地教学文化、为当地教师所认可[16]的方法。

3. 学习目标：对那些把英语作为国际通用语进行学习和交流的人，掌握如同母语者的语言能力的目标合适吗？学习者的语言能力应该按照大都会的英国 / 美国母语使用者的标准来评估吗？（见 Davies 2003）

4. 教学规范与模式：与上述相关，制度化的第二语言变体（例如印度英语）或初露端倪的作为通用语的英语变体，是否应该和英式、美式标准英语一起被认为是合适的、可供选择的英语语言教学模式？

对这些问题的讨论对本书来说会离题太远，因为每个问题都会成为，并且已经成为足以用一本书的篇幅来讨论的主题。然而，在下一章，我们会讨论第四个或许也是最重要的问题，详细探究以下观点的合理性，即：除传统的英式或美式标准英语，是否应认可其他变体作为英语教学的规范和模式？

尾注

1. 有证据显示：作为科学话语的用语，在其他地方也有几例类似的从德语向英语的转换（见 Gunnarsson 2001）。

2. 印地语在印度的地位已经受到来自南部印度的达罗毗荼诸语言使用者的极强竞争。

3. 一个例子或许是英语和德语在欧盟的相对地位。德语拥有更多的母语使用者，因此更为普遍，而英语虽然在语言集团中拥有的母语使用者人数较少，但它可以提供给除德语或英语外的多语使用者更多的连接而更具备中心地位。

4. 穆夫温（Mufwene 2002）对殖民地化形式的分类并不是简单的二分法，即定居殖民地和剥削殖民地。比如，他提及贸易殖民地，其语言接触生态极利于新语言变体的产生（如皮钦语）。还有种植定居殖民地（如牙买加），那里的克里奥尔语和殖民语言一起生存了下来。更关键的是，他还强调土著语言的生命力，即使在定居殖民地，也没有全部受到殖民化的影响。他进一步指出，"这使语言学家必须研究并更好地理解影响语言活力的社会经济因素，在某些环境中有利于殖民语言，而在其他环境中有利于土著语言"。（Mufwene 2002：19）

5. 然而，在有些国家（如尼日利亚、喀麦隆、巴布亚新几内亚），基于英语的皮钦语已经在形成且被相当一部分人口所使用。

6. 这一原因促使亚历山大提议（Alexander 2000），把恩古尼语和索托语两大语言集群融合为两种非洲语言，使其在物质和人口统计上更为强大，以与英语抗衡。

7. 芬利森和马迪巴（Finlayson and Madiba 2002：46）观察到，作为教学媒介语的用途既创造了一种"对新术语的需求"，又提供了使用它们的机会。

8. 作为《宪法》不可分割的一部分，《权利法案》赋予公民用自己选择的语言与政府部门开展交流的权利，在法庭上用一种他们能懂的语言接受审判的权利，以及"在可能的情况下"用他们选择的一种官方语言来接受教育的权利。

9. 汤姆林森（Tomlinson 1997：183）引用了洛杉矶的数据，显示该市 40% 的人口由亚洲人和拉丁美洲人组成，并预计还会进一步增长。在莱斯特，亚裔人口预计在接下来的三四十年会增长到 50% 以上。

10. 这里人们会想到，如造船业，曾一度在英格兰东北部很强盛。

11. 我注意到"母语使用者身份"这一概念。戴维斯（Davies 1999b，2003）在他的著作中已经对这一概念阐述得非常详细。它远比此处所指更加复杂，更加棘手。然而，为陈述简洁起见，我仍然沿用了对"母语使用者"和"非母语使用者"这两个术语的传统理解。

12. 詹金斯（Jenkins 2003：83）的观察很有道理，他指出：对这类使用者的一个更合适的名称应该是"双语英语使用者"（更详细的讨论见第6章）。

13. 伍兹（Woods 2001：79）的调查显示，《科学》杂志45.9%的论文和《自然》杂志中40.6%的论文，或这两本杂志中平均45.6%的研究论文，是由非母语使用者撰写的。

14. 这部分主要关注发展中国家。

15. 然而，当外国顾问指出这一点，并建议缩减英语教学的建议时，这些建议遭到了拒绝。这种事情并非只发生过一次。戴维斯（Davies 1996，1999a）曾解释过，20世纪80年代他在尼泊尔就曾经历过类似的情况。

16. "认可度"（plausibility）这个术语来自普拉布（Prabhu 1990）。他指出：一种合适的方法应使当地教师感到在他们的环境中是有效的，从而对之予以认可。

第 6 章　新英语与教学模式：持续的争论

如前一章所示，我们现在讨论英语全球传播的另一个主要影响——对教育、英语语言教学和社会公平的重要影响。这是全球传播导致的语言多样化，"英语"的复数形式被日益广泛接受可以表明这一现象，例如，它醒目地出现在《世界英语》杂志（*World Englishes*）、"新英语"（New Englishes）这个词组和麦克阿瑟（McArthur 1998）所著《英语诸语言》（*The English Languages*）的标题当中。

当然，从古英语时期开始英语就一直存在着变异与变化，但如今不同寻常的是地区／民族变体的扩散、新标准化的第二语言变体（新英语）和混合语言变体的规模，后者指通过英语"涌入"（McArthur 1998：15）土著语言产生了混杂变体——新加坡式英语、西班牙式英语、日式英语、法式英语、中式英语。虽然有时候，这些标记并非恰当，但却丰富多彩并表明了英语多样化的事实。

与英语多样性相伴随且因果相关的是英语使用者的人口结构变化。根据各种估计（比如 Graddol 1999：62），母语使用者在数字上不再是人口最多的使用者群体：他们即将或已经被第二语言使用者所超越，其中许多人学习和使用英语，并非为了与母语使用者而是与其他说双语的第二语言使用者或在国内作为一种国际通用语展开交流。

这些在使用、形式和人口统计数字的变化，加之由库克（Cook 1999）和赛德尔霍弗（Seidlhofer 1999）等评论者提出的在观念上和教学上针对母语使用者中心地位的挑战，已经让人对英美标准变体的持续主导地位产生疑问，怀疑它们还是不是英语教学最合适模式和学习者瞄准的最恰当目标。格拉多尔（Graddol 1999：68）等人曾提出质疑：母语使用者变体还能够或应该持续多长时间成为权威使用标准的最终来源？

本章从语言教育政策和规划视角探讨该问题，但在我们讨论标准和模式之前，简单勾勒一下英语全球使用的社会语言学情境或有裨益。

6.1 英语全球使用的社会语言学背景

对英语在其中使用的宏观社会语言学背景，一个被最为广泛引用的代表就是卡楚（Kachru 1985：12）的英语三圈图式：内圈为母语使用者的国家，它们是规范的提供者，如美国、英国等；外圈为英语为二语的国家，它们是规范的发展者，如印度、尼日利亚、新加坡等；扩展圈为英语为外语的国家，它们是规范的依赖者，如日本、丹麦等。虽然这一图式本身并非无可挑剔（见 Bruthiaux 2003 的批评），但是它已广为人知，不妨将之作为此节的一个切入点。

内圈由传统的英语母语使用国家组成，如美国、英国、爱尔兰、加拿大、澳大利亚等，这些国家已经在历史上成为提供标准的中心。

外圈直到最近还是关于标准和模式争论中的主要焦点，它包括诸如新加坡、印度和尼日利亚这些国家。在这些国家，英语很久以来就是一种官方语言，有着各种不同的国内功能，而且至为关键的是被广泛用作教学媒介语。因此，英语使用的广度和深度促使卡楚（Kachru1985，1992b）称之为"本国化"或"本土化"，即由于生活在极其不同的物质、文化环境中的使用者的一种特殊交际需求而与英美不同的用法方面的演变。

扩展圈，包括诸如日本、中国、西班牙和埃及这些国家，在那里英语不具备官方地位，几乎没有内部功能，学习主要是为了国际交流或学术研究。作为这些更为有限的内部功能的反映，这些国家传统上对标准更为依赖，它们将英式或美式标准英语看作英语教学最恰当的典型，我们不妨称之为外部标准型。然而，这个传统的标准定位日益受到来自诸如赛德尔霍弗（Seidlhofer 2001，2002a，2004）和詹金斯（Jenkins 1998，2000，2002）等评论者的挑战，他们指出，在很多地方，特别是欧洲，英语如今已经被高水平的二语使用者作为一种通用语广泛使用，甚至产生了明显的去英语化特征，最终或许能够，并且应该被编纂成一套单独的英语通用语标准。

后面我们还将讨论这些观点，但这是一个合适的结点来首先注意该三圈模式虽然有用，但有其局限性。其中一个主要的问题是，为概括之方便，它将国家作为分类单位，但是这样做掩饰甚至会隐藏这些国家单位内部重要的社会语言复杂性。比如，在新加坡或尼日利亚，各种接近英式标准英语的变体使用者与其他使用者共存于一个言语库（speech repertoires），包括接受过教育的当地英语变体的母语使用者、洋泾浜或集市英语使用者和非母语使用者，英语在其中的应用从主导到不存在，其地位是如此的不同。

同时，在内圈国家有这样的社区，其中的主导成员是以英语为第二语言的双语使用者。因此，该三圈模式只描绘出了一个高度理想化的、英语使用占主导地位的国家模式，并非展现这些国家内部使用者之间实际存在的更为复杂的变化。正如古普塔（Gupta 2001：365）指出的那样，使用语言的是人，不是国家。

另一个问题是，该图式以功能为基础划分为外圈和扩展圈，在外圈中英语主要承担国内功能，而在扩展圈中英语主要承担国际功能。而对所有三圈使用者而言，这一划分模糊了在全球化创造的国际和超越国家的空间中英语作为国际通用语的作用。比如，在欧洲行政系统内外，英语已经成为芬兰人和希腊人之间，或葡萄牙人和德国人之间的一种主要通用语。在这个过程中形成了一种变体，有人（如 Jenkins，Modiano and Seidlhofer 2001：13）称之为"欧洲英语"。据克里斯特尔（Crystal 1999：15）研究，这种变体在语言学上的特征包括：句子结构较为简单，避免使用文化内涵丰富的口语或惯用语，语速较慢而发音较清晰。

这一分类方法的另外一个局限性在于，与其他分类方法一样，它难以与时俱进，应对变化。丹麦是一个典型的例子。人们可能相当肯定地认为它属于扩展圈，然而如今这个国家的高等教育正在经历菲利普森和斯古纳伯-康格斯（Phillipson and Skuttnab-Kangas 1999：25）称为"英语化"的进程。曾经由丹麦语充当的语言功能如今正在英语身上稳定积累。比如，英语如今在一些大学院系中成为教学媒介语；学生们日益被期望不仅用英语阅读，而且有时还被要求用英语写作；丹麦学术期刊已经转向用英语出版。简言之，它不再是一门外语，而具有重要的内部用途，这一情况通常被定性为具备了外圈的成员资格。

这使我们回到原点：三圈模式归纳了英语全球使用的广泛场景，但是这样做无可避免地将一个更为复杂的现实抽象化和简单化了。不过，只要我们对此保持警觉，它仍然是有用的工具。

6.2 定义新英语

"新英语"这个术语通常被理解为来自后殖民社会（如印度、巴基斯坦、马来西亚、加纳）的英语变体，其形式特征，如语音、词汇、语法、语篇等，显示了与英式或美式标准英语一定程度的背离。它们与日本等扩展圈国家使用的卡楚（Kachru 1992b）称为"使用型变体"不同，有以下社会语言特征（Kachru 1992b：55）：

1. 使用时间长（新英语大都发源于殖民时代，历史较悠久）；
2. 使用范围广（在许多后殖民外圈国家，就功能和使用者数量而言，英语取得了可观的扩延，对许多使用者来说，本地化了的英语体现了一种独特的认同）；
3. 二语使用者对该变体（见前文）的情感依附；
4. 功能重要性（见前文）；
5. 社会语言地位（见前文。同时，在许多外圈国家，英语是一种官方语言，或具有官方的功能）。

虽然这些社会语言特性比较明确，但是给新英语贴上标签——"新加坡英语""尼日利亚英语""印度英语"等——如果它们被用来指代同质、明确、明显个体化的实体，则会产生误导，因为这些标签遮蔽了丰富的异质性。英语本地化受一些因素影响，这些因素主要包括教育因素和职业地位等，会产生社会语言变体。例如，在尼日利亚，英语已有数种变体，既有相对接近英式标准英语的受过良好教育的人士使用的尼日利亚英语，也有在语言学上明显不同的尼日利亚混合英语变体（尼日利亚皮钦英语）。同样，在新加坡，也已识别出一群可比较的亚变体（见 Gupta 1999；Platt, Weber and Ho 1984），包括标准英语、受过良好教育人士使用的新加坡英语，以及一种接触变体，即非正式新加坡口头英语或新加坡式英语，后者既作为第一语言，也作为第二语言被习得。有人从克里奥尔语研究中借用术语，使用上层方言、中层方言和下层方言来分别指代接受良好教育的、中等程度的和非正式的变体。

接受过更高层次教育的个体通常掌握全部方言范围，因而能够在社会背景需要时自由转换风格，切入到一种下层方言。我们可以截取奇努阿·阿切贝（Chinua Achebe）的小说《不再安逸》（*No Longer at Ease*）来说明问题。片段中，一个名为克里斯托弗的尼日利亚高级官员正与两位朋友奥比和克拉拉对话。在对话结束部分，为方便读者起见，阿切贝添加了一个简短的社会语言注释：

What can I offer you?

Champagne.

Ah? Na Obi go buy you that-o. Me never reach that grade yet. Na squash me get.

They laughed.

Obi, what about some beer?

If you'll split a bottle with me.

Fine. What are you people doing this evening? Make we go dance somewhere?

Obi tried to make some excuses, but Clara cut him short. They would go she said.

Na film I wan'go, said Bisi.

Look here, Bisi, we are not interested in what you want to do. It's for me and Obi to decide. This na Africa, you know.

克里斯托弗说标准的还是"蹩脚"英语取决于他说什么、他在哪里说和他想怎么说。当然，大多数接受过良好教育的人在某种程度上都会如此。

(Chinua Achebe 1987，《不再安逸》)

类似的风格转换在其他外圈国家也很普遍。

当然英语通常不只是个人多语言语库中唯一的一种语言，因此除了与本地化英语亚变体间进行风格转换，人们常常也会发现一种混合语码的言语，这种语码来自两种或两种以上语言的元素。实际上，这种混合的言语是如此普遍，以至于在一些情景中它成了日常接触中普通的不被人注意的语码。下面一段马来语—英语混合对话片段（McArthur 1998：13）恰如其分地说明了该现象。尽管这种言语常常令语言洁癖者和政策制定者不满，但我们更宜将之看作一种双语创造的表现，而不是语言缺陷。

Speaker 1: Apa ini? What happened to you pagi-tudi? I tunggu tunguu
　　　　　sampai dah fed up! Man you pergi, joker you!
Speaker 2: Nowhere lah! I was stuck in the computer room…

虽然大多数评论者不想把这样的言语形式纳入新英语范畴，但这些言语还是值得一提，因为它们说明了高度多语社会中存在的日常语言实践的复杂性，挑战了那些政策制定者自上而下的假设，在他们看来多语现象只是不同的但显然是被捆绑在一起的语言实体的共存，如英语、马来语、汉语、斯瓦希里语等。

6.2.1 新英语的语言特征概述

对新英语语言特征的研究可以追溯到20世纪60年代，或许更早，以期刊和书籍的形式已经积累了大量描述性文献（见如 Burchfield 1994；Cheshire 1991；de Klerk 1996；Görlach 1995，2002；1992a，1994；McArthur 1998；Platt，Weber and Ho 1984；Pride 1986；Schmied 1991；Schneider 1997）。因此，试图总结这一大批文献既不经济，也不合适，因为我们这里关注的是语言教育政策，而非语言描写。即便如此，简要回顾新英语的一些较为突出的语言特征，对于了解其与英美标准英语差异的性质、明了有关教学模式的争论中到底症结何在是有用的。

由于关于新加坡英语和印度英语的记录相当翔实，我们主要以二者为例进行说明。顺便提一下，新加坡英语已经被当作（Platt and Weber 1980）"本土化"的一个经典案例。与英式或美式标准英语的差异发生在不同的语言层面——语音、词汇、语法、语篇。那么，让我们首先从语音方面开始。

6.2.1.1 语音

与英式英语的重音计时（stress-timed）不同，新加坡英语是音节计时（syllable-timed）的[1]，且倾向于更少的语调模式。这两个特征反映了源自以音调为基础的汉语的转变，而汉语是大多数本地人使用的语言（Tay 1982：65）。在音段层面上，比起标准英式英语[①]或通用美式英语[②]，元音往往更短促，长元音较少，并且有大量的辅音差异，最常举的例子是将 /θ/ 和 /ð/ 发成 /t/ 和 /d/；想当然地混同 /r/ 和 /l/ 的区分；将最终的辅音连缀减为该连缀的第一个辅音（见 Gramley and Pätzold 1992：449）。

在印度英语和英式或美式英语之间也存在着重要的语音差异。例如，

---

① RP 指 Received Pronunciation，通指标准英音，即英国的标准英语口音。

② 原文为 General American，又译为通用美国英语，是一种美式英语的标准化口音。它是一种概称，涵盖了多种美式英语的语言变体。

无论在英式英语中单词重音在什么位置，印度英语都倾向于落在倒数第二个音节上。在音段层面上，印度英语中的元音系统有 17 个，包括 11 个单元音和 6 个双元音（Kachru 1994：515）。不过，詹金斯（Jenkins 2003：24）观察到，印度英语使用者与其他新英语变体使用者一样，往往会将短长元音 /i/ 和 /i:/ 之间的差别最小化（sit 和 seat 中的元音都发 /i/）。主要的辅音差别可以归纳如下（见 Kachru 1994：514—515）：

1. 齿龈音（t, d）的卷舌倾向；
2. 摩擦音 /θ/ 和 /ð/ 被爆破音 [th]、[d]、[dh] 替代；
3. 清晰音 /l/ 和含糊音 /l/ 之间没有区别；
4. 通过加插元音来修饰辅音连缀中的第一个辅音（在诸如印地语的北方印度语言中未发现此种情况）。如 school 一词会被读作 [isku:l]。

6.2.1.2 语法

在不太正式的、口语化的亚变体中，语法与英式或美式规则有明显不同。比如，新加坡口头英语不属于受过良好教育的上层变体，它受低层语言[2]的影响，存在一种省略一定的语法屈折变化和功能词的趋向，包括：

1. 冠词（例如：You have book）；
2. 复数变化（例如：I got three sister）；
3. 第三人称单数的现在时"s"（例如：My mum, she come from China）；
4. 过去式曲折变化"ed"（例如：Yesterday, I work for seventeen hour）；
5. 系词 be（例如：This dress very cheap）。
其他显著的语法差异还包括：
6. 附加疑问句不加变化（例如：You are busy now, isn't it?）；
7. 将 already 用作标记完成的一个体标记（例如：Eight years she work here already）；
8. 将 use to 用作现在而非过去的习惯（例如：My mother, she use to go to market daily）；
9. 将英式英语中的物质名词用作可数，因而有复数变化（例如：

informations, luggages 等）；

10. 用 would 代替 will 指将来的情景（例如：We sincerely hope this would meet your requirements）。

类似的特征在非正式印度英语中也比比皆是，例如不变化的附加疑问句的使用、将物质名词用作可数（luggages 等）。其他已观察到的重要语法差异还包括：

1. 时和体：

比起英式或美式英语，更常使用进行时，且与静态动词一起使用（例如：*She is having many saris*）；

在时间和条件从句中使用 will 指将来（例如：*When you will reach Mumbai, please give me a call*）。

2. 疑问句的构成：

在特殊疑问句中，主语和助动词的倒装缺失，而在间接引语中却频繁出现（例如：*What this is made from?; and I asked her where does she work*）。

3. 动词补语结构：

与英式或美式英语中的动补结构极其不同（例如：*She was prevented to go*）。

4. 情态动词：

在英式英语可能倾向使用 be able to 的地方使用情态动词 could（例如：*He could do well in his exams because he studied hard*）。

5. 其他：

例如，在英式英语使用者更喜欢使用存现结构的地方使用方位副词 there（例如：*What do you want to drink? Coffee is there, tea is there, beer is there*）。

6.2.1.3 词汇

在词典中，文化适应（acculturation）、本土化和创新已经产生了与英式或美式英语最明显的差异，亚非新英语的特殊性也最充分地显现这种差异。其中涉及的语言学过程有借词、混杂（hybridisation）和语义扩展或限制。

关于借词，我们主要探讨的是从马来语、汉语、印地语或大量印度语言中借用单独的词条来指代当地的文化物品或概念。其中一些已经被英式或美式英语吸收，出现在权威词典，如牛津英语词典（如 *cheroot, pariah, pukka*）之中，但大多数并未被收录。因此，它们虽然在印度和新加坡被广泛使用，但对英美人而言并不熟悉。例如，新加坡英语中的 *jaga, padang, makan, kampong*；印度英语中的 *bindi, chota, lathi, swadeshi*。[3]

第二类创新词汇包含了结合来自不同语言的两个或更多成分形成的混杂词，例如印度英语诸如 *lathi charge*（baton charge）、*bindi mark*（mark on forehead）、*satyagraha movement*（insistence on truth movement）之类的混合搭配。

最后，还有些英语词条发生了语义扩展或限制。例如，在新加坡英语中，人们发现 deep 被引申用来表示"有教养的"或"正式的"意思，比如在 *My father speak the deep Hokkien*；*last time* 被用来表示"以前的"意思，比如在 *Last time they had a lot of monkeys in the Botanic gardens*。在印度英语中，人们会遇到诸如 *eating-leaves* 的创新用法，指可以在上面放食物供人们享用的香蕉叶。

在词汇的类别下面还值得关注的是创新搭配，例如印度英语中已被接受的 *yellow journalist*；新习语（例如：来自东非英语的 *to be on tarmac*，意为目前失业但正在寻找工作 [Jenkins 2003：27]）；以及在英美人或许更喜欢用非正式、口语化表达的地方，印度英语使用正式表达甚至是古语。这在印度英语中非常突出。

与此同时，超越句子层面也存在着独特的话语现象。这些包括：特定言语行为的不同词汇—语法实现方式（例如：表示感谢），文体结构与内容的差异（例如：求职信），以及那些不同于大都市变体中发现的修辞策略的使用。比如，从土著语言中翻译过来的隐喻，以及在书面对话和创新搭配中采用当地色彩的口语修辞方式[①]（见 Kachru 1995）。特别是一些颇有才华的作家（如 Raja Rao，Wole Soyinka，Chinua Achebe）更是乐于此道。

6.3 新英语的起源

在简要概述完新英语的特征之后，我们还需要考虑导致新英语出现的发展过程、心理语言学过程和社会文化过程。这些问题本身就很有趣，况

---

① international devices 这里指具有修辞色彩的对话，如在对话中使用拟人、排比等辞格。

且它们反映了人们对上文所述特征的立场（stance）：它们究竟是可接受的英式英语的偏差形式，还是就是错误，或是学习不到位的产物？

> 这里出现的主要问题是，需要决定什么时候人们注意到的一个特殊用法实际上是一种创新，什么时候不过是一种错误而已。创新是一种可接受的变体，而错误仅仅是用法错误或教育不足。（Bamgbose 1998：2）

考虑到创新与错误之间的强烈反差，人们对于与大都市变体的差异的根本来源或原因所持的观点却令人吃惊地一致。争论中的双方都承认新英语通常是作为第二语言在复杂的多语环境中习得的，承认土著语言（有时候被称为低层语）的迁移影响，承认简单化和复杂化的普遍学习策略的作用以及上层语言（习得者所实际接触的英语变体）[4]的作用，尽管人们对这些影响的相关贡献度意见不一。此外，人们倾向于同意词汇差异实质上是由英语移植到新的文化环境所引起的，他们发现有时候有必要对词汇进行加工以指代新环境中的物品、情境和习俗。

或许有人也会说，低层语的影响在发音中尤为明显，第一语言的语音与重音模式往往会迁移至英语。当然，这一影响在本地英语的语法和形态特征上也有体现。比如，新加坡口头英语明显受到马来语和汉语的低层语影响（例如在冠词使用上）。

同时，普遍学习过程（例如简单化和规则化）的影响证据源自世界各地的新英语（如尼日利亚、印度和新加坡）在与英式英语的差异方面有相似之处。这些相似之处在形态句法领域往往集中出现，对二语习得者构成不少问题，如介词的使用、物质／可数名词、疑问句语序、动词的屈折变化等。有人认为这种倾向表明它们可能是不完全学习的结果，而且产生了一些明显特征并在新言语社区中稳定下来。

正如我们所展现的，如果在新英语的个体产生上达成了一定程度的共识，那么对因此产生的变体的地位这个问题上却远非如此。评论者采取的理论视角不同，因而有不同的解读。为方便起见，我们将其中最重要的两个称为二语习得／中介语范式和宏观习得／语言变化范式。

6.3.1 新英语与二语习得：对一种范式的质询

在二语习得范式中，成功的习得被看作是不断接近一个目标语标准，即通常被认为具有像母语使用者一样的语言能力。当个体学习者努力接近该标准时，他们经过了一系列临时的中间阶段。这些阶段就学习者自己而言是连贯的，但是与目标标准而言则是不稳定和异常的。这些阶段，或更确切地说是实践中的个体过渡期语言系统，通常称为学习者中介语。然而，在这一过程中非常可能，而且也非常典型的是，学习者中介语会在距离目标语标准的某一点稳定下来，这种情况称为"石化"。有人指出，这恰恰是新英语的许多区别性特征产生的过程：学习者达不到目标语标准，他们的中介语石化了，合成的形式在社区中传播并成了惯例。当然，从这个角度来说，将这些特征看作错误而非偏差是符合逻辑的。

然而，该逻辑可能是错误的。不少评论者（如 Kachru 1992b，Sridhar and Sridhar 1992，Stroud 2002，Brutt-Griffler 2002）业已指出，人们有充分理由质疑二语习得概念性框架的适用性，最根本的一点是，在关注个体学习者（其目标是一种由母语使用者说的标准变体）时，这个标准的二语习得方法忽视了外部社会因素，尤其是习得新英语所处的复杂的多语环境。以下我们进一步考察这个复杂的习得情境，并对二语习得／中介语方法的主要批评进行一下归纳。

其中一些观点质疑将母语使用者使用的大都市变体（如标准英式英语）作为习得终点的可行性和恰当性。相关观点如下：

1. 在习得新英语的环境中，几乎或根本无法获得来自大都市母语使用者的输入，因此学习过程主要是以熟练程度不等的二语使用者为范本。他们的言语掺杂了大量当地化特征，虽然有时候他们坚信自己给出的例子是标准的英式英语范例。在这种情境下，通常被标准二语习得理论（一个理想化的母语使用者标准）认为是目标语的变体能否真正获得还不得而知。

2. 即使上述目标语能够获得，它是否恰当或是否就应是学习者的目标也是个问题。在与英式或美式英语不同的外圈国家中，当地化特征通常反映了被当地言语社区成员所珍视的东西，以及那些旨在与其他本地变体使用者进行交流的习得者所看重的一种独有认同。因此，不能想当然地认为这些学习者的实际目标就是掌握纯正的英式或美式英语。实际上，对该范本模仿得太过逼真，无论是发音还是语法，都会被当作过于造作而招致讥笑，或者被认为想要脱离当地社区的认同与标准。

3. 斯里德哈和斯里德哈（Sridhar and Sridhar 1992）也论及了理想化的母语使用者目标的恰当性。他们指出在外圈中英语是和说话者语言库中的其他语言一起使用的，比起单语母语使用者，其功能范围要小很多。因此，希望他们的英语能力成为单语母语使用者的镜像是错误的。此外，如前文所述，在一些拥有相似双语语言库的人们使用的英语变体中发现的迁移特征，充当了"有效的简单化策略、文化适应的模式……并作为一个特定的本土化变体使用者社区的成员标识"（Sridhar and Sridhar 1992：101）。

上述这些观点挑战了什么构成成功的二语习得终点的传统二语习得观以及广为接受的"目标语"概念。第二组观点对二语习得/中介语方法也持批评态度，不过它们关注的焦点是个体因素与社会因素之间的差异。这里的关键点在于：当被运用于习得一种第二语言的个人时，其言语被语法、语音或词汇等个人特征所加强，将个人从群体中凸显出来，诸如错误和石化的概念是合适的，但是当运用于在当地社区中被广泛传播和接受的特征时，却是非常不合适并且有问题的。

6.3.1.1 "宏观习得"

这让我们直接联系到伯如-格里夫勒（Brutt-Griffler 2002：135—136）的观点。她如下的论述无疑是颇具说服力的：在特定的社会历史环境中，将新英语看作社会二语习得而非个人二语习得的产物更为合适。她称之为"宏观习得"。正如个人二语习得产生了中介语，宏观习得，即整个社区的人们习得同样一种第二语言，产生了一种新变体。这一变体并不是出现在宏观习得过程之前，而是在这个过程中逐渐成形：

> 将二语习得当作一个社会过程要求在语言与学习者的关系上发生概念性转变。二语习得成为一个动态过程，在这个过程中语言不再是一个静态范畴或一个固定目标，而是随着学习人群的习得结果改变。言语社区不仅习得语言，而且将该语言变为该社区所有。（Brutt-Griffler 2002：137）。

总之，这些不同的论点具有说服力，并且表明：将新英语特征置于一个变异与变化的概念性框架中，比将之放在一个错误、石化和习得缺失的框架中更为恰当。[5]

6.3.1.2 区分错误与创新

然而，上述尝试并没有解决所有难题。首先，还存在着与教师和测试人员高度相关（见 Davies et al. 2003）的一个敏感问题，即如何把某一地方英语变体中广泛接受和传播的形式与带有个人特征因而是谬误的形式区分开来。传统观点认为，两者之间的界限，即什么是新英语特征，什么不是新英语特征，可以通过编撰整理得以确立（见第 2 章），但是，如班博塞（Bamgbose 1998）所论，对本地规范的编撰整理长期以来存在缺失。

当然，确实已经出现了大量、越来越多的关于新英语的描述性著作，其中包括以国际英语语料库（the ICE corpus）为基础的著述，它们确实提供了一定指导，但是，正如梅斯里（Mesthrie 2003：451）所说，并非所有这些著作都符合正式的社会语言学著作的标准。他认为，记录一些当地化特征的发生是不够的。如果我们想把错误与形成一种合理、自主的变体的特征区别开来，我们需要只有更正式的社会语言学调查才能提供的额外语料，比如某个特征的频率如何、由哪些亚群体使用、其在当地社区中如何被看待，以及其与更标准、更口语化的同等结构的关系如何等方面的信息（Mesthrie 2003：451）。

第二个问题是，接受新英语作为一种合理的变体、将变异看作活力而非颓化的标志，并不一定就意味着建议新加坡、印度或外圈任何地方的教师应该教授这一种本地英语变体。正如接受泰恩赛德英语作为一种系统的、非颓化的变体并不意味着教师就可以光明正大地在学校教授该变体。因为学校的传统角色之一就是教授一种有声望的语言的标准书写体，这一标准体可以拓展机会，使个人突破地方局限。因此，选择何种模式服务于教育目的，牵涉的不仅是对语言多样化的包容和某一语言变体的内部系统性，还有很多额外因素需要综合考虑。我们现在就来讨论这些因素。

6.4 新英语与教学模式

我们的讨论分为两个主要部分：一是将讨论置于历史视角之下并概述其中的术语，二是对涉及的主要论点进行评述。我们首先从历史视角看待这一讨论。

6.4.1 英语教学模式：历史视角的探讨

有关在世界各地教授英语应使用何种模式的争论由来已久，首先出现在韩礼德、麦金托什和斯特雷文斯（Halliday, MacIntosh and Strevens 1964：293）对后殖民时期英美模式持续主导的质疑中，以及普拉托（Prator 1968）在题为《作为第二语言的英语教学中的英国异端》一文中的还击。普拉托把前者的观点称为"有害的异端"，指出将第二语言变体作为教学模式是极不明智的。他认为（Prator 1968：464），这些变体是否"作为一致的、同质的语言系统"而存在尚不确定，即便确实如此，它们是否与"母语类英语"有质的不同及其拥有更弱的稳定性也不得而知。

然而，普拉托的关注焦点是可理解性（Intelligibility）。英语对学习者有价值是因为它是一种国际语言，但是只有不同群体使用者之间能够维持这种相互理解，英语的这一地位才能得以保持。因为第二语言变体不如"母语"变体稳定，而且在某些语言层次（如语音）的变化不是独立的，还会影响其他层次（如句法和形态）。因此，向"非母语"模式妥协从长远来看可能会促使英语不同变体的疏离。拉丁语及其分解为多种相互间无法理解的语言这一历史就是明证。普拉托（Prator 1968：469）总结道：仅认可一种土生的英式或美式标准英语作为模式才是审慎的：

> 如果世界各地的教师以同一种稳定的、有大量文献支持的模式为目标，他们教学的一般效果会趋同……如果选用许多不同的模式……整体效果必然会有分歧，广泛的相互理解将会丧失，而在本地的可理解性方面也将无法保证。

我们将在后文再重述这一观点。说到历史视角，我们可能还会注意到普拉托发表于1968年的论文令人惊诧地预示了差不多20年后英国文化委员会50周年（1984年）之际夸克和卡楚（Quirk and Kachru）发起的那场辩论。这场辩论后来在《今日英语》（*English Today*）杂志和其他出版物仍然如火如荼地持续了多年（Quirk 1985，1988，1990a；Kachru 1985，1988，1991，1992a）。

夸克认为，人们对于标准英语的尊重正在减少，而对各种变体则过度迷恋，有感于此，他与普拉托一样采取了保守立场，主张"一个单一单色的标准形式"，鼓吹以英国广播公司国际频道、全印广播电台、《海峡时报》和东京的《日本时报》为最适当的模式（Quirk 1985：6）。站在这一立场，他首先指出"非母语"变体是未成文的、未制度化的，其次在任何情况下在"非母语"和"母语"变体之间存在重要的本质差异。在此，夸克引证了来自考彼尔特斯（Coppieters 1987）的心理语言学证据，即母语使用者和非母语使用者有着根本不同的心理内化（internalisation），这意味着"非母语教师需要经常接触母语"（Quirk 1990a；重印于 Seidlhofer 2003：13—14）。

卡楚的观点与夸克截然相反。他驳斥了夸克对新英语的狭隘观点（Kachru1985，1988，1991，1992a），呼吁关注更大程度的社会语言现实，承认当语言不再成为任何一种文化的象征时，传播不可避免地会引起一些与英美规范的分歧，承认如果英语要成为一种国际语言，那么母语使用者需要接受一个事实，即他们"已经失去了控制其标准的专属特权"（Kachru 1985：30；也见 Widdowson 1994）。

他还呼吁重视更大的教育现实，提出很实际的一个观点，即让外圈地方的教师保持与以母语使用者为模式的母语的联系在很多时候根本就是不可能的。至于母语使用者极为不同的心理内化，卡楚（Kachru 1991）提请我们思考一下究竟什么是心理内化：母语使用者当然有自己的母语内化表达，而外圈地区的英语使用者——有些实际上是本地化变体的母语使用者——一样也有"联系其自身多语、社会语言和社会文化背景"的内化表达（Kachru 1991；重印于 Seidlhofer 2003：21）。

卡楚继续指出夸克的立场基于一系列错误的假设，特别是：

1. "在外圈和扩展圈中，英语学习主要用于与母语使用者打交道。"实际上，卡楚指出，其主要用途是为了在国内外与其他二语使用者进行交流；
2. "学习英语是为了理解英国或美国文化。"实际上，在外圈，英语在传授和表达当地的文化价值观与认同；
3. "非母语变体是中介语。"实际上，他们"本身就是变体，而不是通往更像英语母语路上的各个阶段"；
4. "母语使用者，如教师、行政人员和教材编写人员，高度参与到英语的全球教学之中。"实际上，世界各地的英语教学大多数源自二语使用者之手（Kachru 1991；重印于 Seidlhofer 2003：28）。

总之，卡楚的观点是：新英语是表示当地认同的稳定变体，能够传授当地文化价值观，因此它们应该在外圈情境中得到更大的认可。

回顾最近的文献（例如：《今日英语》中的文章和书籍出版物，例如McKay 2002），可以看出，在应用语言学界，或许在广大师生中，卡楚的观点较夸克的观点处于上升趋势。当然，赛德尔霍弗和詹金斯（Seidlhofer and Jenkins 2003：142）对下面发观点也相当自信：

> 当然，在多数外圈国家，为了获得他们自己的社会政治认同而进行的长期、有力的斗争大多数已经获得了成功……关于语言媒介是一个单独、统一、不可改变、由其最初使用者拥有并永远与他们的规则相关的天真观念已被证明恰恰与事实相反，因此需要让位于这样一种认识：本土化的英语变体本身即是合理存在的英语，并与英、美标准英语一样自我释放……总的来说，外圈语言独立已经获得了认可。

两位作者进一步提出，应将已给予外圈英语的合法性扩大到扩展圈，扩大到英语作为通用语的初显特征。我们以后将考虑这一观点的优缺点，但现在我们将从这一争论的历史阐释转向对中心论点的评估。

6.4.2 英语教学模式：评述论点

关于新英语是否应该被接受作为教学模式的争论，其核心问题包括可懂度、认同度、实用性、可接受性和标准化。这些问题一再出现，彼此交织，但为讨论之方便，我们不妨将它们拆分开来。首先，让我们从可懂度开始讨论。

6.4.2.1 可懂度问题

反对将第二语言变体当作教学模式（参见前文）的论点中一个主要的担心是害怕英语会分解为相互不可懂的变体。这种担心不无道理：只有世界不同地区的人们能够维持相互间的可懂度，英语作为一种国际语言才是有用的。但另一方面，普拉托提出的可懂度概念不完全令人满意。

首先，人们会提出一个经验性的观点：从普拉托（Prator 1968）的论文发表起差不多四十年间，几乎没有明确的迹象显示"英语语言体系"（English language complex）（McArthur 1998：xv）正在像普氏预测的那样分崩离析为互相不可理解的变体。原因之一是，虽然毫无疑问有离心倾向在起作用，但有多位学者（例如 Quirk 1985；Crystal 1997；McArthur 1998）已经指出：与之对抗的向心力也在发挥作用——比如电信、国际媒体、旅行和日益增强的个人流动。

与此相关而且实际上对整个关于标准的讨论都很重要的一点是，普勒姆（Pullum 2002）在 2002 年国际应用语言学学会（AILA）[①]发表大会报告时曾强有力地提出：标准书面印刷英语（standard written print English），如在《海峡时报》或《日本时报》中的英语，在世界各地是非常统一的。不少学者（例如 Gupta 2001：370；Crystal 1999：16）也对此积极响应。的确，在各种标准的和标准化的英语变体中存在一些语法差异，但是这些，正如赫德尔斯顿和普勒姆（Huddleston and Pullum 2002：5）所说，"与全部句法结构和形态词形式相比其实是很小一部分"。那么，变异性主要是体现在口语而非书面语中，最明显的当属发音和词汇。当然，还有在新英语（如新加坡英语）中的非标准、下层社会或非正式的亚变体中表现最为明显的语法差异。然而，关键的一点是，尽管有些许差异，人们仍然需要让相对统一的标准印刷英语稳固下来。

现在我们转向可懂度的概念层面。我们发现，它是一个比普拉托所设想更为复杂的概念，因为如史密斯和纳尔逊（Smith and Nelson 1985：334）所说，它可以分解为一个三层复合体，包括：（1）可懂度（intelligibility）（此处仅指单词和语音识别），（2）可理解性（comprehensibility）（指掌握字面的、命题的内容词/话语意义），（3）可解释性（interpretability）（理解言外之意，说话者的意图）。

詹金斯（Jenkins 2000：78）强调了以上第一个意义上的可懂度，指出：鉴于相对缺乏共享的背景知识，二语使用者/学习者比流利的（母语）使用者倾向于更加依赖听觉信号。据她的经验，比起语用理解的"更高层"困难，语音问题是造成前一类使用者误解的一个更常见问题。这使她（参见后文）特别关注发音，将它看作对清晰交流的一个严重而潜在的妨碍。再进一步，相对谈话者使用的语言形式中的一个固有属性，可懂度更是说话者和听话者之间交互的一个属性。正如詹金斯（Jenkins 2000：79）所说：

---

① 原文为 International Association of Applied Linguistics，AILA 成立于 1946 年，是应用语言学领域具有权威性的国际组织。

可懂度是可以在说话者和听话者之间动态协商的，而非静止固定在说话者的语言形式之中，即使参与者（即二语学习者）比流利的说话者发现协商过程有更多问题。

这可能意味着，在确定什么有助于可懂度时，在诸多因素中，我们需要考虑谈话者在交互中的态度和他们在获得含义方面准备投入的努力。更为重要的还有：谁是谈话者？可懂度是否应该继续仅仅从母语使用者单方面定义？还是如普拉托（Prator 1986）所说，应包含碰巧有不同的非英语第一语言、将英语作为国际通用语的使用者之间的互懂度（mutual intelligibility）？

詹金斯（Jenkins 2000）等人采纳了上述第二个观点。他令人信服地指出，考虑到当前全世界英语使用的人口统计和社会语言学因素，在所有情境中寻求"将（英式）第一语言的发音规范渗透给那些几乎不可能与英语第一语言使用者交流的学习者"（Jenkins 2000：11）不再合适。相反，英语作为国际语言的教师不应该将不同第一语言使用者之间的互懂度作为他们的目标。这一立场意味着采纳不同于英式英语标准发音的发音规范。詹金斯（Jenkins 2000：15）指出，这种发音规范不可能是国际上最可懂的发音，甚至在英国也不一定可懂。这与史密斯和拉费德（Smith and Rafiqzad 1979）的观点不谋而合。

6.4.2.2 通用语语音核心

詹金斯没有像某些评论者一样，呼吁完教学模式要改变然后就了事，而是更进一步，识别出对于国际可懂度必要的，但与任何英语的第一或第二语言变体不一定完全相同的音系特征的核心。被排除在核心之外的是一些对于二语使用者间的国际可懂度并非必要的英式标准发音的特征：

1. 辅音 /θ/ 和 /ð/ 与音位变体含糊音"l"；
2. 弱读式（即用非重读音节的元音替代全元音，比如，在"to""from""was"中）；
3. 连贯发音的其他特征，诸如同化；
4. 表示态度或语法意义的音高方位；
5. 单词的重音分布；

6. 重音计时节奏。①

(Jenkins 2002；2003：127)

另一方面，一些特征则因对国际可懂度必不可少，因而构成了面向英语作为国际语言学习者的语音教学大纲的核心要素，詹金斯（Jenkins 2000：124）称之为"通用语核心"（Lingua Franca Core；LFC），其特征如下：

1. 辅音清单（除了齿摩擦音 /θ/ 和 /ð/，以及音位中不重叠到其他音位上的音位变体）；
2. 额外的语音要求：词首清辅音 /p/、/t/ 和 /k/ 后面的送气；强辅音前面的元音缩短和弱辅音前面的长度保持；
3. 辅音连缀，即不省略词首辅音群中的发音（例如"strap"），以及仅仅根据作为第一语言的英语音节结构规则在词首辅音群中省略发音；
4. 元音：保留长、短元音之间的差别（例如在诸如"live"与"leave"这两个单词中的元音）；
5. 核心（语调）重音的发音与分布，特别是当对比使用的时候。

(Jenkins 2000：159，2003：126—127)

这些建议令人想起之前要定义一个核心英语的努力：比如，奥格登（Ogden 1930）的《基础英语》和夸克（Quirk 1981）的《核心英语》。然而，詹金斯（Jenkins 2000：131）指出，她分辨出来的语音核心，与早期建构的不同之处在于它是以针对不同母语说话者之间可懂度的实证研究为基础的，并且扎根于实际言语行为之中。

我们认为，詹金斯的研究具有实质价值，她不仅强有力地打破了普遍坚持的作为第一语言的英式或美式发音规则，而且提出了详细的可替换的通用语核心模式，从而在语音教学中实现了教学创新，使语音教学创新不再止步于纸上谈兵，而可以实际操作。另外一个优点是，与许多创新不同，她通过去除"不可教"或"不相关"的教学大纲条目，确实减少了教学负荷（Jenkins 2000：160）。然而，该替换模式最终是否会通过可接受性测试是另外一回事，稍后我们将予以讨论。接下来，我们将转向认同问题。

---

① 此项次原文为 5，原文应该错了，已调整。

6.4.2.3 认同与新英语

语言当然不仅是一种交际工具，它还是说话者和听话者构建或改变特定认同的一种重要手段——无论这种认同是个人的、民族的、社会的还是国家的（见 Joseph 2004）。正因如此，加之许多新英语使用者希望在他们的地方变体中体现，并且通过这些变体凸显一种独特的认同，于是有人指出不承认英语的地方变体就是拒绝接受这些变体所表达的认同。把英语分离出来就是发展所有权意识，把该语言视为己有，但如果已被广泛传播且稳定于当地教育变体中的特征继续被视为是"错误"，而非约瑟夫（Joseph 2004：161）所说的"在语言中表达独特认同的特点（或者可能表达的）"[6]，那么上述情形就不可能实现。

然而，这里主要有两点值得引起注意。第一点，关于认同的论点在有关口音和词汇方面特别有效，因为正是这些，而非上层社会语言变体的形态和句法能标识说话人身份，比如新加坡人。当然，低位语言变体，例如新加坡英语也可以通过明显与标准英式英语不同的语法特征标识独特的新加坡认同，但是该变体决不会作为一种教学模式，因为它是一种非标准的、未编典的交际变体，正如古普塔（Gupta 2001：378）所指出，它在功能上是受限的：

> 新加坡英语是一种渗透性的双言现象，且一直朝着一个方向——上层变体侵入低位变体领域——标准语几乎在新加坡任何地方都可以使用，但是新加坡口头英语却非如此。如果低位变体，即新加坡口头英语（亦称新加坡英语）消亡，也许这仅仅是新加坡经历的一个阶段。[7]

这样留给我们的便主要是发音和词汇，当然，这绝非微不足道的范围。一个教学方面的启示，正如詹金斯（Jenkins 2000）之前所说，就是坚持教授英式或美式英语的发音标准将是不明智的，不仅仅是因为这样做会侵犯认同敏感性，而且由于英式标准发音在其他一些独立场合也是不合时宜的：其威望正在减弱，它只是少数英国人的口音，它的许多特征要么不可教，要么学习者很难习得（Jenkins 2000）。关于词汇，鉴于英式或美式英语内部词汇的迅速变化，也有很好的理由接受新英语的词汇、搭配创新，或者至少不要禁止它们进入教育环境。

第二点与认可度（认知）有关。新英语的特定语言特征——语法的、语音的、词汇的、话语的——标志着重要的认同这一事实，为认可提供了充分理由。所谓认可，可理解为一种接受，即这些形式和变体是正当合理的不应以任何方式被贬低为不合标准或"糟糕的英语"。当然，这并不意味着采用这些变体作为教学模式，正如接受或承认泰恩赛德英语是乔迪人（Geordie）[8] 身份认同的一个重要组成部分，并不意味着就应该在学校教授这一变体。

原因在于，长期以来人们一直认为（可参见 Kingman Report 1989）教育事业的一部分责任就是传授关于标准变体，即一种普遍、统一的变体的知识以及应用能力。这一标准变体超越地方或地区的界限而广泛流行，而且也往往具有更好的社会声望。这不仅是因为只有最具社会声望的方言才能被选为标准，而是因为一旦被选中，它将为自己吸附更多层面的声望。雇主和其他社会团体也期望受过教育的人能够掌握它。熟练掌握这种变体的人将被赋予社会和经济流动能力，这也是教授该标准的关键原因。

然而，有不同标准和标准化的英语，如英式的、美式的、澳大利亚的、印度的、尼日利亚的等可供选择，这里情况极为复杂。但至少，无论哪种英语被选作教学模式，很显然，由于之前提及的原因，它非常可能是一种标准变体。如戴维斯（Davies 1999c：176）所言：

> 当然，选哪种模式是那些负责考试的人，往往是那些在国家层面有决策权的人的事。选择可以是英式英语、美式英语、新加坡英语、津巴布韦英语，但它必定是一种标准英语。

6.4.2.4 标准的特性

到目前为止，该澄清的都清楚了。但还有另外一个复杂因素，那就是即使对于英式标准英语，标准应如何界定仍然很不确定，更不用说新英语了。正是标准的特性，而不是学校里应该教授标准的命题，才是争议最大的焦点（见 Crowley 2003：254—257，他批评了 Kingman Report（1989）和 Cox Reports（1991）的倡议者对于"标准"这个术语的混乱使用）。

虽然此处并不适合对标准展开讨论，但还是可以谈几点。首先，所谓标准，如第 1 章所解释，比起经验可证的现实，更是"一种抽象的理想事物"（见 Milroy, J. 1999）。因此，关于标准的范围有争议一点也不令人感到吃惊。其次，虽然标准书面英语的概念被广泛接受，但克劳利（Crowley 2003）指出，关于一种标准英语口语是否存在还远未达成共识：

> 我们咨询了该领域内的权威专家，结果引人注目：对于"标准英语口语"的想法，存在着许多困惑和大量怀疑，几乎毫无共识。
>
> （Crowley 2003：259）

在持怀疑态度的专家队伍中，卡特（Carter 1999：165）在广泛研究最典型的自然口语（spontaneous speech）结构的基础上得出结论：《英格兰和威尔士国家课程大纲》如此关注标准英语口语，这很令人担忧，因为"几乎没人知道它到底是什么东西，只是将之定义为'不说不标准英语'。"切希尔（Cheshire 1999：129）在讨论伊始就指出，"不仅标准英语口语的概念本身是有问题的，而且英语口语的语法结构还远未被理解清楚"。然而，也有专家（例如：Quirk 1990b）准备向政治话语中被普遍认为理所当然的东西让步，即存在标准英语口语，至少，如戴维斯（Davies 1999c：177）所说，"口语无法免除标准化过程"。

然而，在该不确定区域也存在相对一致的方面。例如，大家普遍认为不存在标准发音，有的是享有或多或少声望的口音；当转为书面语，特别是印刷英语时，标准的概念才最为清晰。古普塔（Gupta 2001：320）也指出，标准的概念在语音和词汇中相对薄弱。而特鲁吉尔（Trudgill 1999：17）对普遍将正式或技术词汇与标准英语混淆提出异议，他甚至断言"不存在标准英语词汇"。

这就意味着，当我们说用于在外圈中开展教学的英语模式可能是一种标准变体的时候，我们主要指一种书面印刷变体的语法（形态和句法），该变体碰巧在世界各地几乎没有变化，在词汇和语音方面更是没有变化。很明显，还有其他教学方面的启示，我们将在讨论完两个重要因素，即实用性和可接受性之后，再回头进行讨论。

6.4.2.5 实用性

首先谈到实用性，我们发现会重现两种经常出现的考虑，虽然它们指向相反的方向：一种情况朝向在教育中认可当地的英语变体，另一种情况则远离该朝向。

第一种与诸如尼日利亚、印度、新加坡或赞比亚等外圈国家的教学骨干有关，那里的英语教学长期以来由当地教师掌握，他们本身说一种用于教育的、本土化的英语变体。班博塞（Bamgbose 1992）曾说，坚持让教师们用一种一旦走出课堂连自己都不模仿的言语形式在课堂使用不仅非常尴尬，而且显得荒谬绝伦：

> 拒绝接受存在一种尼日利亚英语的一个明显影响就是这样一个不朽的神话：在尼日利亚教授的英语，与英式英语是完全一样的……在我们的教学和考试中，我们专注于根据实际存在的言语形式进行操练，这种形式即使教师们在没有教科书时也会自由使用。（Bamgbose 1992：149）

这个观点说得很对，但是班博塞也注意到了一个相反的考虑：对本土英语变体的编典相对匮乏。这一点很重要，因为编典不只对标准化必不可少（见第1章），而且这种缺失会使教师们搞不明白什么是正确的，什么是不正确的；什么要阻止，什么能容忍。这种不确定性可能会由于复杂的外圈英语教学社会语言环境而恶化，因为当地用于教育的变体与下层社会语言变体、混合变体和都市标准英语往往共存。

> 防止革新和非母语规范的关键是编典。不编典，使用者将仍然无法确定什么是对什么是错。一般情况下，这些疑惑会在现有的、源自外生规范标准的编典规范基础上得以解决。（Bamgbose 1998：12）

夸克（Quirk 1988）也在约十年前提出了一个相似的观点，但视角不同。对班博塞而言，编典的缺失是一个需要通过激进的改革才能克服的障碍；而在夸克看来，它的功能是作为一个保守的论点来追随完善的英式或美式标准英语模式：

> 虽然二十五年来卡楚一直在出版关于印度英语的论述……多产、善辩、优雅……但是这些非母语规范（non-native norms）没有任何一种有语法、词典或语音描述，或者在印度有望被认定为一种权威，印度教师与学生能够以此为规范指导，从中可以获得教学材料。
> （Quirk 1988：235）

自夸克写下这些文字起，对新英语做出权威描述方面已经取得了重大进展，尤其通过建立了一个国际英语语料库（International Corpus of English；ICE）。然而，正如班博塞（Bamgbose 1998：12）所说，还有工作要做，因此对他而言，编典仍然是"当务之急"。此外，还需要包含各种教育变革的实施：例如教材改革，这样人们才会停止将地方化特征贬低为错误。还有考试改革。最后，或许一切之中最重要的是教师教育改革，这样所有教师才会对偏离与错误间的差别感到敏感。

6.4.2.6 可接受性

这将我们引到与编典一样重要的最后一个因素——可接受性，它又与态度和地位相关。一般认为（见 Joseph 2004：139），对一种新语言或新标准化变体的认可，取决于正式的语言差异，并将该差异视为正当且享有地位。班博塞（Bamgbose 1998：4）在评论新英语时承认，"可接受性因素是一项革新的最终入门测试"。

那么在社会语言学层面，一种新英语的存在既事关语言差异，也事关态度、信念和信心。因此，如果一个社区的人们无论出于认同或其他原因选择将他们自己描述为，比如，新加坡英语使用者，并且如果他们有信心将自己使用这种英语的方式视为合适的模式（见 Davies 1999c），那么这就是良好开端，说明他们承认了该本土变体的社会语言学现实。

然而，这种必要的接受程度和信心水平是否在外圈社会中实际存在并不明了。当然，许多英语教师和应用语言学家不再将每个不同于英式或美式英语规范的差异当作错误。他们已经在概念上向前迈进了一步。但是，在学术界以外受过教育的使用者中是否亦然还无法确定。他们是否准备好称自己为一种标准新加坡、印度、尼日利亚英语的使用者，还是如班博塞（Bamgbose 1998：5）隐含谈到，本族语规范仍然被当作熟练掌握英语的标准，保持着一定程度的吸引力？

尽管证据单薄，但这些单薄的证据确实表明了对英式或美式标准英语规范的偏好仍然顽固存在。例如，以一份由来自 14 个不同国家的有 400位学生参与的态度问卷为基础，蒂姆斯（Timmis 2002：248）总结道，"学生中仍然存在着某种希望符合母语使用者标准的愿望，而这一愿望不一定局限于那些主要与母语人士使用英语或打算使用英语的学生们"，虽然在这些回答问卷的学生中，很多人或许对关于英式或美式英语标准的恰当性争论所涉及的社会语言学问题并不敏感。与此同时，赖特（Wright 2004：176）报告称，参加 2002 年巴黎 TESOL 会议的欧洲教师显示了对英式英语标准模式的强烈依恋。

如果公众的态度难以判断，有关政府最高层面的立场却几乎是肯定的，即倾向于消极。比如，在新加坡，前总理李光耀曾对在电视情景剧中普遍出现的新加坡英语表示担忧，认为长期面对该口语变体将对学生习得标准英语产生不利影响。在以下《（新加坡）星期日先驱报》报道的一篇演讲摘录中，他阐述了新加坡英语的弊端和他所谓"标准英语"的好处。通过全文，显而易见，他在提及标准英语的时候，头脑中出现的是外生标准语而非内生标准语。

> 我们学习英语是为了让我们理解世界，让世界理解我们。因此，用标准英语说和写非常重要。媒体越是通过电视节目普及新加坡英语，使之被社会接受，人们就越相信他们能说新加坡英语也不错。这对于一半教育水平低下的人口将会不利。（来源：《星期日先驱报》，2000 年 1 月 30 日）

印度也表达了相似的态度。例如，夸克（Quirk 1988：236）引述了他与已故印度总理英吉拉·甘地的一段对话，其中她表达了对于"印度建立自己标准"的厌恶。

所以，当前几乎没有任何证据显示[9]，政界高层对建立内生标准语的印度或者标准新加坡英语有着任何热情。这具有重要的教学意义，因为虽然公开表达的保守观点或许在社会语言学方面是天真的，但是如果一种当地变体，无论它多么有社会语言学依据，要想作为一种教学模式被接受，那么高层的政治支持无疑是必要的。

但是，即使将一种标准的印度英语编典，并作为一种教学模式强制传播，它也不一定在所有场合取代英式英语模式。以社会因素为基础的声望不是一朝一夕就能改变的，它会顽强地反抗自上而下的规划，因此非常可能有一部分印度人会打出坚持英式标准英语的旗号，建立教授英式发音规范的机构。在这种情况下，私立学校教授英式英语，而公立学校则教授印度英语，这非常可能形成一种或许与阶级相关的新社会等级。（见 Sypher 2000）

6.4.3 教学模式与新英语: 一些教学方面的结论

上述讨论似乎表明当前坚持英式或美式标准英语模式更为容易。这不会完全令世界各地的许多英语教师不快,因为出于不难理解的原因,他们在规范方面的倾向(见 Timmis 2002)相当保守。首先,他们必须面对在教材使用和考试方面的日常实际现实,它们往往以标准的英式或美式英语为基础。其次,他们义不容辞地要使学生具备在学校以外的世界中取得成功所必需的技能与知识,这就限制了他们教授一种被整个社会接受并有声誉的语言变体。第三,或许也是最根本的,他们和他们周围许多其他人仍然执着于这个观念: 掌握如母语使用者般的能力是学习成就的终极标准(Timmis 2002: 243)。

然而,赞成全盘接受英式或美式标准是不合理的,也是不能成立的。通过卡楚(Kachru 1992a)和詹金斯(Jenkins 2000)等人的研究,我们得知,英语全球使用的人口统计数据和社会语言学转向使得继续坚持将理想化的母语使用者作为权威标准的最终来源过时了。事实是新英语已经出现,就自身而言,它们是系统的,而且随着对其所有权的形成,它已被重塑且在社区中体制化,其使用被视为认同的标志。这样,就需要一个更微妙的定位,在可能的情况下尽量调和变化的复杂社会语言现实与教学对清晰标准的需要,以及国际可理解性的要求与本地认同的推力。

6.4.3.1 写与说的比较

在此我们不妨从这一点开始,即承认写和说之间的重大区别,要求根据教学重点是说还是写来采取不同的模式。我们已经指出,标准在书面语语法中体现最为明显。尽管有不同版本的标准,但它们与语言的整个语法结构实际上几乎没有多大差异(Huddleston and Pullum 2002: 5)。的确,克里斯特尔(Crystal 1999: 16)声称实际上已经存在了事实上的世界标准书面英语(World Standard Print English; WSPE)的雏形,该变体仅认可细微的地区差异。因此,在书写方面,使用如在赫德尔斯顿和普勒姆(Huddleston and Pullum 2002)的语法书中那样编写和出现的书面语法模式来进行教学或许是明智的,尤其是因为这是一种使人们准入高等教育、国际商务和科学领域的书写变体。

然而,有必要首先就新英语口语亚变体的不同语法特征,例如物质 / 可数名词差别的消失、介词使用和动词补语变异方面的革新进行厘定和说明。所有这些应该被最大限度地重构为非标准的方言特征，而不是错误。这样它们之于标准英式英语就会类似于泰恩赛德英语。在教学上，这意味着对这些特征进行更为宽松的处理，不将其作为错误清除掉，而将其视为存库扩展。

第二个限定条件与词汇相关。我们已知，词汇就算有标准的话，也没有语法那么强的标准化（Trudgill 1999：17），而且对于正在努力应付新的交际需求的二语使用者而言更容易产生革新。显然，在标准变体中也存在变化，例如在英式英语和美式英语中。既然事实如此，我们允许母语使用者进行词汇革新，那么我们就不得不做出让步，给外圈英语使用者的词汇创新开绿灯。在教学上，这意味着接受新的词语搭配、语义扩展和限制、创造新词来指称事物，这是将英语移植到新的交际场景中被新的使用者使用的必然结果。

即便如此，词汇教学的目标必然需要按照学习者的特殊需求来定制。那些希望将英语作为国际通用语在科学、学术或商业中使用的人们将需要记住，并非所有他们使用的词条都会在国际通行。当然，这也适用于英国的母语使用者，他们"单方面的表达习惯"（Seidlhofer 2002a：211），即英国和其他内圈国家特有的习语和隐喻的使用，在通用语交际中是造成误解的更为常见的原因之一。

第三个也是最后一个限定条件是书面标准本身并非对变化免疫。比如，印度、新加坡或尼日利亚英语的口语亚变体一旦编典，可能会获得足够的政治支持和广泛接受，从而被引介为教育学模式。虽然这不大可能发生，但一旦真的发生这种情况，那么，如威多森（Widdowson 2003：43）所说，它将"与英国、美国或者其他任何地方的母语使用者……无关"。

回到英语口语，我们发现它与书写情况非常不同。最显著的一点就是，即使在那些声称说的是一种标准英语的都市版本的人群之中，也不存在标准英语发音，而是存在大量的地区语音变异。与词汇一样，口音也是当地、地区或者国家认同的独特标志之一。甚至会出现这样一种情况：即使一名外圈使用者能够说很地道的英式或美式口音，他也会被认为是矫揉造作而非纯正的英美口音。

所有这一切，如果我们再考虑到新英语的使用对象更多是本言语社区成员而非内圈母语使用者，说明试图"向很少有可能与英语母语（特别是标准发音）使用者进行交际的学习者灌输母语发音标准"就不再恰当了（Jenkins 2000：11）。更可取的方式或许是，要么教授国际可理解性标准（例如詹金斯的"通用语核心"），要么接受地方的受良好教育的变体，即上层方言，作为一种适合的发音模式。后者更有可能，因为正如古普塔（Gupta 1999：70）所说，学习者通过一种"捕捉"而非学习的过程获得的口音才是他们接触最多的口音。

在英语口语除发音之外的其他方面模式的选择，例如词汇语法，也极为复杂，因为与书写不同，不存在国际口语标准英语，甚至也没有关于一个假定的英式口语标准英语边界的明确共识。一些作者（例如 Crystal 1999：16）相信迟早会出现一种世界标准口头英语（World Standard Spoken English；WSSE）来稳定口语的全球多样化，但目前为止尚未有这一迹象。这一国际标准会采取何种形式也没有共识。班博塞（Bamgbose1998：12）建议其可以是一种合成的与任何国家变体不同的形式，而克里斯特尔（Crystal1999：16）则建议其在形式上可以接近美式英语。

更棘手的情况是，由于比伯（Biber et al. 1999）、卡特（Carter）和麦卡锡（McCarthy 1995）、利奇（Leech 2000）等人的研究工作，我们已知即兴说话的词汇语法在某种程度上不同于以书面语为基础的语法中的描述。比如，口语句子几乎不能作为语法分析单位。正常的即兴说话的典型特征是"正常非流利"，包括大量的独立从句和词组，在很多情况下这些成分甚至连动词都没有，以及其他口语所特有的结构（例如"句头"和"句尾"）。按照为书面语制定的语法标准，它们差不多统统不符合语法。

面对这一复杂情况，最现实的行动方案仍然是接受当地上层方言（acrolect），将其作为口语教学最合适的模式，而不是更口语化的下层方言（basilect）。毕竟，这在形式上与当地教师的语言最接近。然而，与此同时，需要考虑不同学习者的特定情况和目的：对很多人来说，上层方言是恰当与可接受的，但一些人或许希望学习所谓的英式口语标准英语。无论如何，可接受性是教学改革的一个重要制约因素。

最后，至于接受能力，学生们非常可能在一生中会遇到用各种形式、口音的英语，因此在教听力时，让学生们接触世界各地，包括内圈、外圈和扩展圈中所说的英语的各种口音、语法特征，将会非常有益。

6.4.3.2 教师教育

然而，没有语言教师教育的改革，这些试验性的处方无一能得以实施。具体而言，更为有效的方式是在课程大纲中添设一部分旨在提升对新英语特征的认知、使教师意识到全世界英语使用的社会语言学复杂性的内容。希望这种方案能够用有关标准与模式的更大灵活性和有原则的实用主义（pragmatism）替代语言中关于恰当与正确的绝对主义（absolutist）概念，对世界各地英语中存在的差异产生更敏感的教学反应。按照克里斯特尔（Crystal 1999：16）的构想，在未来，受过教育的个体将需要一种多方言能力，并能够在三种口头方言中合理转换：具有当地认同作用的地方口语变体（例如新加坡英语）、一种未来的标准国家变体（如教育用的新加坡英语）以及一种未来的国际标准口语英语（WSSE）。

当然，这些愿望能否真正实现仍然存疑。这很大一部分取决于教育当局的优先考虑、公众的态度、政治意愿和可获取的资源。不过我们确信，调和语言多样性与国际可理解性的斗争将继续激发关于在世界各地教授英语最合适的模式的辩论。

6.5 关于通用语的尾声

到目前为止，本章关注的是关于外圈社会中对新英语在教育领域是否予以认可的观点。[10] 但是还要考虑另外一个英语使用的语境，最近的文献（Jenkins 2000，2004；Seidlhofer 2001，2002a，2002b，2004）也已经关注到这一点，即英语作为一种国际通用语的使用，如詹金斯（Jenkins 2000：195）所说，已经超越了外圈和扩展圈的使用者，是全世界英语口语使用最为频繁的情况。

正如宽容度已经不断扩展到了外圈的新英语，赛德尔霍弗和詹金斯指出，以英语为通用语（英语作为外语）的使用者也应该在更大程度上被赋予不同于母语使用者的独立权。他们中的许多人作为扩展圈居民，[11] 迄今为止接受的几乎都是英式或美式标准英语模式的教学。这一观点实质上支持的是一种新的规范模式，即一种通用语（英语作为外语）的模式，而支持的理由与那些支持新英语的理由并没有多大不同：作为一种国际语言，英语不再是其母语使用者的独有财产；许多人学习英语不是为了与母语使用者，而是为了与其他通用语使用者开展交流，在他们生活中英语的重要性在于它是构成个人认同的一个元素，这些双语使用者不应被认为是有缺陷的英语使用者，而是独立自主的英语变体的熟练的、权威的使用者。

然而，麻烦的是目前尚没有英语作为通用语的权威描述能够使这一替换教学模式得以推广，更毋庸言课程大纲的再设计了。正因于此，赛德尔霍弗（Seidlhofer 2001：146）已经发起编辑了一个英语作为外语的语料库（维也纳—牛津作为外语的英语语料库），来填补她所谓的"概念鸿沟"。这项工作补充了之前詹金斯（Jenkins 2000）关于英语作为一种国际语言的音系学研究，以及豪斯（House1999）等人的英语作为通用语的语用学研究。其要旨之一，是要在赛德尔霍弗（Seidlhofer 2001：146）所谓"以英语作为通用语的流利使用者"——虽然这一术语并不十分严密——之间扩展口头交互的词汇和语法方面的知识。该研究的直接目标（Seidlhofer 2001：147；2004：219）是识别"作为通用语的英语使用的显著的共同特征"，这些特征即使在标准的作为母语的英语中不符合语法，但"在英语作为通用语交际中是不成问题的"。其长远目标则是整理编撰一种可供选择的英语作为通用语标准。

我们现在简要评述一下这些建议是否中肯。我们得承认在社会和政治层面它们非常值得称赞。例如，通过重新将作为通用语的英语使用者定位为他们自己变体的熟练使用者，它们会对最后一章结尾所期望达到的目标做出贡献，即英语的民主化。如果将作为通用语的英语标准付诸实践，或许将会加快英语的"去盎格鲁化"。安蒙（Ammon 2001：114）相信，如果非母语学者或科学家想要拥有他们自己的"语言特质"的权利，这一过程将必不可免。

也不会有人反对对作为通用语的英语进行描述。很显然，对英语是如何作为一种通用语来使用，是什么导致了误解，又是什么对有效交际而言是多余的，给出更加详尽的、经验性的描述会非常有用，因为这将有利于我们重新评估教学优先事项，制定更为实际的目标。

然而，从描述性工作过渡到规定性工作，要编撰一系列英语作为通用语的标准并将其作为一种新的教学模式传播时，困难就产生了。困难之一是，作为一种通用语来使用的英语本质上可能在不同母语、不同熟练水平的使用者之间是有差异的，因此，与封闭的语音系统相比，选定一系列普遍稳定的特征，从而能构成一个规定性的英语作为通用语的模式，或许将更为困难。例如，赛德尔霍弗（Seidlhofer 2004：219）的作为通用语的英语语料库收集了来自"非常流利的"说话者的语料，但是该描述所指的是什么样的流利程度我们并不清楚，按照什么标准来评估流利程度也不明确。我们猜测该描述应该存在某种熟练或流利水平的标准，否则制定英语作为通用语标准所依据的资料来源就可能是来自不同熟练程度的说话者，从而良莠不齐。

这里一个更广泛的启示是在辨认作为通用语的英语使用的"显著的共同特征"时，用社会语言学实地调查方法来补充语料库语料或许是有用的，因为尽管语料库在从大范围文本中确定某种结构的出现频率时非常有用，但它对于在何种语境下产生某种特征却往往不能提供多少信息。而这种语境非常重要，因为如果我们要确立英语通用语变体的语言特性，并建立一种新的编典标准，我们需要确定在某种情况下使用某种形式的稳定性如何。只有当我们对特定交际事件中的说话者、环境，以及他们语言产出的差异有了更加全面的了解，这些问题才能得到令人满意的解答。

另外一个需要解释说明的问题是作为通用语的英语变体的最终编典是否能从口头语言扩展到书面语。以维也纳—牛津语料库的当前状态而言，它与毛拉宁（Mauranen 2003）的学术通用英语语料库一样，仅限于口语语料。因为用赛德尔霍弗（Seidlhofer 2001：146）的话来说，它"与书面语的稳定、标准的影响仅一步之遥"，也由于口语互动具有交互性质，可以在更大范围提供相互可理解度的研究。这就暗示着，对一种英语作为通用语模式而言，或许运用于口语较之书面语更为合适，因为如前所述，一个相当统一的标准书面印刷变体（standard written print variety）已经存在且已被全世界广泛接受，要想用另一种书面通用语标准来对之加以补充，其效用是成问题的。

然而，传播英语作为通用语的教学模式的最大障碍是可接受性。这一困难远远超过上文所述各项。正如蒂姆斯（Timmis 2002：244）的数据所显示，同时也被赖特（Wright 2004：176）的观察所证实，人们对标准化的母语使用者标准还存在很大程度的情感依赖，主要原因是认为如母语使用者般的能力是最终学习成就的标准这一传统观念根深蒂固。甚至赛德尔霍弗（Seidlhofer 2004：244）本人在反对母语使用者标准霸权时，也无法完全躲避她所谓的"概念紧身衣"，因为在概述通用语特征本身没有问题，对成功交际不构成障碍时，她使用了一些消极词汇，例如"**混淆了**关系代词 who 和 which"或"**未能**使用反义疑问句的准确形式"。詹金斯（Jenkins 2004：64）在随后一篇文章中纠正了这些疏忽，把这些术语用引号括了起来。

考虑到这些态度根深蒂固，那么存在着一个危险，就是前文所指的英语作为通用语模式将会如其他"简化"模式一样被认为是一种二流英语，尽管这毫无根据。而且无论是欧洲学生还是东亚学生，似乎都不太可能轻易被说服以他们主要或仅仅与其他非母语使用者使用英语为由将作为通用语的英语（ELF）看作他们最适宜的模式。相反，他们或许会辩驳说他们未来的交际需要是不可预知的。而且考虑到英语母语使用社会依然引人瞩目的人口数量和经济实力，谁能预料在未来不会跟母语使用者打交道？在这种情况下一个有声望的、无论在国际上还是在内圈都广泛流行的英语变体，对他们而言就是最佳、最灵活的选择。

　　我们的结论并非追求英语作为通用语的模式毫无价值或毫无意义。尽管有种种方法上和概念上的困难，但我们绝非此意。获得接受和认可是一个巨大障碍，这种障碍或许只能通过说服教师、学生和广泛大众才能克服。大家不仅要认识到英语在社会语言学方面与所有其他语言相比显然处于不同地位，而且要认识到这一社会语言的独特性使我们有理由放弃一种影响大部分语言的普遍假设，即第二语言学习成就最靠谱的衡量标准，就是如母语使用者般的熟练程度以及符合母语使用者标准。

尾注

1. 重音计时语言和音节计时语言的差别是一种理想化的差别，很多语言介于连续统这两个极端之间。重音计时指重读音节每隔一段时间出现的倾向，该特征被称为"等时性"（isochronism）。音节计时指一句表达中所有音节同等重要的倾向，该特征被称为"等音节性"（isosyllabism）。

2. "低层"这个术语来自克里奥尔语研究，广义上指在一种克里奥尔语形成中第一语言母语的输入或影响。

3. 这些新加坡英语词汇，实际上是来自马来语的借词，分别指"守卫""运动场""食物"和"村庄"。后面的印度英语词汇分别表示"前额的圆形红色标记""小的或年少的""棍子或棒子"和"本地的或自家种植的"。

4. 如"低层"一样，"上层"这个术语来自克里奥尔语研究，指的是克里奥尔语所基于的许多词汇通常来源于的主导语言。梅斯里（Mesthrie 2003）指出新英语形成中的上层影响比有时候认为的更复杂、更大。

5. 或有人认为，词汇创新在很大程度上反映了英语向一个新文化环境的移植。随着文化与技术的变化，在英式英语本身词汇库增加的时代，很奇怪会对产生的词汇创新不予接受和承认。

6. 方括号中的文字来自作者，并非约瑟夫（Joseph）。

7. 与此相关的是新加坡政府1998年发起的从公共领域根除新式英语的一场运动，以推行他们所谓的"规范英语"（见 Gupta 2001：378）。

8. 乔迪人是英格兰东北部、纽卡斯尔和周边地区的本地人。

9. 然而，政治态度是不固定的，很可能会随着时间发生变化，变得更有利于内生标准。

10. 对于一小部分外圈社会的人们而言，新英语实际上是作为第一语言、母语来习得的。

11. 当然有很多英语作为国际通用语的使用者居住在外圈，这就是为何作为国际通用语的英语涵盖了卡楚（Kachru）的三圈使用模式。

12. 怀疑论者质疑英语作为通用语标准的实用性（practicality）以及政治与社会语言学可行性。例如，格拉赫（Görlach 1999：16）写道：

> 要形成一种欧洲英语，必须抛弃规定性的学校标准，并大量增加用英语开展的国际交流事件。然而，这并非一个现实的假设。很难想象法国人会开始用英语来相互交谈，也无法想象他们会用英语与德国人无数次交谈，以证明一个有别于英式英语的共同的大陆标准已经形成。

第 7 章　非洲后殖民地时期的语言教育政策及教学媒介语问题

本章我们回到之前讨论过的有关美国少数民族语言人士的语言问题，即教学媒介语问题，具体为学生的母语在教育过程中的角色。然而本章聚焦于非洲多语言后殖民地国家这个与众不同的语境，在这些国家，教学媒介语的选择是语言教育规划的核心问题。这也是学界广为争论的话题之一，很多学者（参见 Barrett 1994，Phillipson 1992，Rubagumya 1990，Trappes-Lomax 1990，Williams and Cooke 2002，Stroud 2003，Alidou 2004 和 Mazrui 2004）呼吁限制英语和其他前殖民语言的使用，以发挥非洲土著语言的作用。这一必要性体现在以下几个方面：（1）促进土著语言的发展；（2）提高学生的学习成效，尤其是能力较差者；（3）缓和因采用大多数民众无法掌握的外来官方语言而加剧的社会不平等现象而引发的矛盾。

本章回顾了其中一些论点，但重点不在于使用母语（土著语言）的教育价值问题，这在第 3 章已深入讨论过，本章主要探讨形成语言教育政策的社会政治制约因素。选择这个角度的理由是，我们认识到教学媒介语的政策不仅受教育因素驱动，也受政治因素导引，那么主张良好的教育政策改革将更有说服力。实际上，正如托勒夫森和徐（Tollefson and Tsui 2004b：2）在其著作的引言中所称，教育改革实践经常受制于政治、社会和经济事件。

考虑到本章要探讨的议题以及伴随的社会政治和实际制约因素，我们认识到根本性改革面临巨大的障碍，至少在短期内如此。但这并不意味着让试图影响教育政策的应用语言学家们不再鼓励土著语言发挥作用，而是提醒他们同时也要研究如何提高现行的教育实践质量，以及如何尽量减轻外语作为教学媒介语在教育过程中产生的劣势。

然而，我们还是先了解一下在撒哈拉以南的非洲地区现行的教学媒介语政策以及在这些政策影响下产生的问题。

7.1 关于教学媒介语的现行政策：问题的阐述

在大部分非洲英语国家，除一些特例[1]之外，基础教育的前三年或前四年使用土著语言[2]教学，之后转为英语教学已是一种趋势。而在葡萄牙语和法语非洲地区，葡萄牙语和法语自教育伊始就是官方语言，虽然在特定国家（例如莫桑比克，参见 Benson 2000），因有含土著语言在内的双语教学的成功先例，这项政策正在修订。[3] 表 7.1 总结了有代表性的英语国家情况（可能不全面）。

当然这仅是关于官方政策的一个反映。实际情形远比这复杂，因为在转向官方教学媒介语之后，往往持续数年使用土著语言教学或使用土著语言与外来官方语言的混合教学，导致了实际上的教学媒介语的双语制。使用这种课堂语言教学的语码转换模式最主要的原因之一是，借土著语言之便，帮助官方语言能力较差的学生学习理解官方语言。

表 7.1 部分非洲国家小学低年级教学语言情况

国家 ＼ 年级	1	2	3	4	5	6	7	8	9	10	11	12	土著语言教学
马拉维	░	░	░	░									齐切瓦语
坦桑尼亚	░	░	░	░	░	░							斯瓦希里语
博茨瓦纳	░	░	░	░									茨瓦纳语
布隆迪	░	░	░	░									基隆迪语
加纳	░	░	░										多种语言
尼日利亚	░	░	░										多种语言

注：
░	本地或土著语言教学
	英语或前殖民地语言

7.1.1 小学低年级的教学语言

对于处于初级教育阶段的学生，原则上来说，母语或某一语言社区所熟知的土著语言是最合适的教学语言，这已是学界达成的共识。简言之，从教育的角度来说，认知水平的发展和科目[①]的学习，通过孩子们都掌握的语言来教学，达到的效果最佳。用学生们都熟悉的语言来教学，能

---

① 原文为 subject learning。

极大提高师生间的互动性。同时这也能减小学校和家庭环境差异带来的心理障碍，使得学校能更好地融入社区环境，并能对学生带到学校的语言和文化背后的学生个体和社区给予肯定和尊重（见 Benson 2002）。康明斯（Cummins 1979，1984）与其他人的合著中更是提到，孩子第一语言的巩固对随后第二语言的习得起促进作用（见第 3 章）。

尽管早期的研究结果模棱两可（如 Engle 1975），但有越来越多的实证证据支持这些论点。例如，威廉姆斯（Williams 1996）近期的研究发现，马拉维小学五年级的学生们虽然在四年级之前都接受齐切瓦语[①]教学，但与从一年级起就接受用英语教学的赞比亚五年级学生相比，他们的英语阅读能力毫不逊色。另外，在土著语言阅读能力方面，马拉维的学生在齐切瓦语方面的表现，远远强于赞比亚的学生在尼昂加语[4]上的表现。

由此可见，对于早期教学，使用和母语相关的土著语言教学是更有效的方式。这一点无论对语言政策决策者，还是在学界，已是少有争执的共识。接下来我们将着重讨论更具争议性的话题，即在小学高年级和中学阶段教学媒介语的选择问题。

7.1.2 小学高年级与中学阶段教育的教学媒介语

在很多非洲国家，英语是小学高阶（高年级）和中学阶段的教学媒介语，但出了教室就失去了英语语境，尤其是在农村地区。再加之小学阶段语言教学的质量差，结果常常导致学生在中学阶段英语教学课程的学习效率低下。最极端而令人震惊的例子就是克里帕尔和多德（Criper and Dodd）1984 年在坦桑尼亚的研究发现：

> 大部分小学毕业生无法说或理解简单的英语。少数学生进入中学，但是英语很差，导致难以理解英语授课的内容，也不能阅读用英语编写的教材。（Criper and Dodd 1984）

诚然，坦桑尼亚由于自身的特定国情是一个极端的案例，但是也有研究表明类似的问题在相当多的非洲国家中存在。比如威廉姆斯和库克（Williams and Cooke 2002：307）发现在赞比亚、津巴布韦、桑给巴尔、毛里求斯和纳米比亚的小学高阶学校中，情况也不太理想：

[①] 该语言为马拉维广泛使用的一种土著语言。

　　不同学者对非洲国家的研究都同样呈现出令人沮丧的结果。在赞比亚，有大量的证据显示，虽然英语是唯一的教学媒介语，但绝大部分小学生不能充分阅读英语（Nkamba and Kanyika 1998；Williams 1996）。麦欣盖茨等人（Machingaidze et al. 1998）也发现在津巴布韦，60%—66% 的六年级学生不能达到英语阅读的"理想水平"。南部非洲教育质量监督联合委员会（代表 UNESCO）开展的大规模研究也发现在桑给巴尔（Nassor and Mohammed 1998）、毛里求斯（Kulpoo 1998）和纳米比亚（Voigts 1998）存在类似情况。

　　在非洲法语地区，情况也好不到哪去。例如阿利杜（Alidou 2003：108）报告称在布基纳法索、马里和尼日尔，小学四到五年级中的学生有 25% 的辍学率，且相对于国际水平，非洲学生在法语和英语[5]考试中持续表现不佳。

　　另有研究显示，非洲很多国家的教育质量效率低下，显然浪费了大量的人力和物力。尽管造成这一低效的原因很多，但使用含土著语言在内的双语教学（参见 Benson 2000，2002；Fafunwa et al. 1989）这一较为成功的教学实验可以说明，使用学生们感觉陌生的外语进行教学至少是导致教育质量低效的一个原因。这一解释在应用语言学学界中，的确是一种具有指导意义的假设（如 Rubagumya 1990，Trappes-Lomax 1990，Arthur 1994，Williams 1996，Mazrui 2004 等），他们认为教学媒介语应该由土著语言替代英语（或法语等）。因为学生对土著语言的理解能力较强，所以能产生较好的课堂互动效果以及更优秀的学业成绩。

　　这一观点从理论上和经验上来讲，都是很有说服力的，并且得到了一些准实验性研究证据的支持。例如，普罗菲特和道（Prophet and Dow 1994）在博茨瓦纳的一项研究中，对两组学生教授一些自然科学概念，其中实验组教学用茨瓦纳语，对照组用英语。然后对两组学生就概念的理解程度做了测试，结果发现用茨瓦纳语教授的中学一年级学生比用英语教授的学生明显能更好地理解所教概念。另外，后者在用英语表达自己想法的时候也有一些困难。但对三年级学生，研究者发现教学媒介语对课程涵盖的科学概念的理解并没有真正的影响（Prophet and Dow 1994：214），不论用茨瓦纳语还是英语都一样好。

　　鉴于此类证据，再加上理论依据的合理性和学界意见对改革的支持，人们不禁要问：为何土著语言没有取代英语成为教学媒介语？答案是，选择何种教学媒介语不仅仅是教育问题，还是政治问题。前面已提到，在非洲教育因素屈从于社会政治因素是一大趋势。我们现在就来分析这个问题。

7.2 教学媒介语改革：政策制约

影响教学媒介语改革的障碍有很多：有些是社会政治因素，有些是经济因素，有些是实际操作因素。我们先考虑第一种，即社会政治因素的制约。

7.2.1 社会政治因素制约

从历史的角度看，对保留前殖民地国家语言作为官方语言和教学媒介语较常见的一种解释或原因是：这些语言在种族上是中立的，因此更有利于促进而非阻碍国家建设和民族团结（见第 1 章）。相比之下，在中小学教育阶段，从一系列不同的土著语言中选择一个或一些作为教学媒介语，可能会引发种族之间的厚此薄彼，造成政治混乱或更糟糕的局面。

在某些方面，这些观点被认为只是自圆其说，掩盖了新殖民主义者和特权阶层巩固自身利益和地位的考虑。也有人认为，这不过是对过时的欧洲"一个国家，一种语言"民族主义思想的盲目依附。尽管这些说法不尽正确，但是当我们在讨论一个像欧洲部分地区一样有着严重种族冲突的非洲大陆时（如在刚果民主共和国、象牙海岸、苏丹、索马里和乌干达），完全充耳不闻是不明智的[①]。毕竟在非洲之外，例如斯里兰卡，有历史依据可以证明，使用何种教学媒介语的决策在加剧民族冲突中起了重要作用。

发生在赞比亚的一个例子可以说明这一点。凡·宾斯伯根（Van Binsbergen 1994：144—145）详细描述了在赞比亚西部的一个省份，在殖民地和前殖民地时期，恩科雅人作为一个少数民族群体，被征服并融入洛奇州，其对洛奇人统治的反抗一直持续到后殖民地时期。他们认为自己的土著语言没有得到官方的认可是因为洛奇人的压迫[6]。有鉴于此，不难想象如强制将洛奇语作为地区教学媒介语可能会引发紧张局势。如强制将洛奇语作为本巴人（Bemba）的教学媒介语甚至很可能会引发全国性冲突。推而广之，如果对区域性或次区域性内部政治史做一番深入研究，那么不

---

① 例如，在一洋之隔的斯里兰卡，历史表明教学媒介语的选择确实成了种族紧张关系恶化的原因之一。

仅在赞比亚，而且在非洲其他地区，在教育系统中将某一种土著语言的地位提升到另一种语言之上，很可能加剧紧张局势。

另一方面，有两大因素值得一提，它们会大大削弱民族团结的分量。第一，虽然殖民地语言作为教学媒介语在民族意义上是中立的，但它们在社会经济层面却远非如此，因为更富裕的城市阶层的子女更易于获得书籍、卫星电视和私教英语课，而农村地区贫穷人家的孩子根本接触不到这些。从这一点看，前殖民地语言在民族上是中立的，但在社会层面是分化的（见第 5 章）。然而正如我们将看到的一样，矛盾在于，正是社会分化和有益于少数强大的城市社会精英阶层的倾向，成了保持英语教学的动力。

第二，在少数非洲国家（如坦桑尼亚、斯威士兰、布隆迪和博茨瓦纳），由于语种的极度多样性（如坦桑尼亚）或语种的相对同质性（如斯威士兰），已经存在一种广为接受的土著语言（如坦桑尼亚的斯瓦希里语），将它作为教学媒介语，现实上绝不会被视为对民族团结构成潜在的威胁。然而尽管这样，在社会语言因素最有利于改革的环境下，英语却仍然被当作中学教学媒介语。因此，英语作为教学媒介语，肯定还存在其他社会政治或经济方面的原因。

7.2.1.1 英语的吸引力

最重要的原因，比民族团结因素更具解释力的是英语所代表的经济实力和吸引力。英语是公认的获取教育和就业机会的阈限，也是提升社会地位的条件。因此难怪对于家长、学生和社会公众来说，英语能力和英语教学受到高度重视，他们把英语视作一种"语言资本"。

很多国家的实例表明，人们对英语有着强烈的需求。例如，在莫桑比克，收入不多的城镇雇员愿意花费相当大比例的薪水去上私人英语课。在非洲很多地区，如坦桑尼亚，主要招收政界和商界精英子女的英语私立学校也在快速发展（Vavrus 2002：37；Mafu 2003：276；也可参见第 5 章）。赖特（Wright 2004：81）引用马富（Mafu 2001）的一项研究指出，坦桑尼亚中产阶级对全盘斯瓦希里语教育有强烈的反感，这在克赖德和多德（Criper and Dodd 1984：22）早几年的研究中也得到印证，他们发现取消英语课程或限制英语教学的提议遭到"所有我们问到的坦桑尼亚人的一致反对，不论是不是专业人士，因为这样的决定会让教育输在起跑线上"。

同时在南非，布鲁姆（Broom 2004：523）的报告也指出不仅父母对英语教育有强烈需求，而且校方也有持续的压力，希望尽早向英语教学过渡。如果校方不配合，父母宁愿将自己的子女转到另一所已经将英语作为教学媒介语的学校。

另一方面，英语的强吸引力也多少受到了家长不欢迎土著语言教育因素的影响。在南非，当然有被压迫和被剥夺权力的历史背景，但是南非国内外很多父母却也普遍认为，土著语言教育是一条死胡同，一是除了课本之外基本没有什么是土著语言读物，二是只掌握土著语言在获取高收入工作机会上没有任何优势。

显然，要改变这种态度非常重要，而且这也是一项大规模的语言规划工程，不啻全面恢复非洲语言的地位。要激励学者对它们的研究就需要改变这些语言的经济地位。要增强它们的声望就需要在重要的公众领域付诸使用；也需要增加以土著语言编写的教材、教育类或娱乐类读物，以增加其吸引力；更不用说还需要"发展使用这些语言的读写能力和阅读水平"（Broom 2004：524）。如此看来，想短期内快速实现这些态度转变是不太可能的。

同时，很多期望通过英语来提高自身社会地位的人会最终失望。很多人还是学不好英语，在这些仅有10%—20%中学升学率的国家，因为缺乏熟练的英语能力，很多人会被摒除于公共生活和现代劳动力市场之外。

但这并不意味着英语的需求在个人层面上是不合理的（见第5章），尽管维持这种倾斜性教育体系从整体上来说对大部分人是不利的。原因是，虽然学好英语不能保证个人飞黄腾达，但若不会英语，实际上就等于与高等教育、现代经济中的高薪职位、出国旅行等无缘了。也正由于这些原因，用金（King 1986：452）的话来说，"家长和学生们宁可学不好英语，也不愿压根连学习英语的机会都没有"。同样的原因还可以解释为什么政治家们不愿意采取限制英语或是取代英语作为中学教学媒介语的措施，因为这样做会引起相当大的公愤，甚至带来更糟糕的结果。

宽泛地来说，也是我们所熟悉的情形，学校反映社会，但学校能自己改变的力量十分有限。福斯特（Foster 1965）提到了类似的观点，影响深远，他提出一种叫"职业学校谬误"的说法。福斯特在批评职业培训作为增强加纳教育相关性手段时指出，除非大的劳动市场有改观，否则学校的课程实际上是职业性的，因为它们使学生可以找到较好的工作岗位。而另一方面，以职业为导向的课程却被视为低人一等，因为无论从理论上来说多么有价值，在实际中它只能适应二流的工作岗位。

同样地，在现行经济秩序下，只要这种情况继续存在，英语在非洲仍然会代表更有吸引力、薪酬更高的现代工作岗位。而实际上，在全球化背景和非洲很多地区仍处于经济落后的状态下，这种情况很可能会继续存在。那么，政治家们就不太可能与公众舆论背道而驰，改变英语作为教学媒介语的局面。

7.2.1.2 既得利益

另一个有时被认为是保留英语作为授课语言的因素是执政精英的既得利益（参见 Myers-Scotton 1990）。有学者认为，由于普通大众缺少接触英语的便捷途径以及无法获得足够的资源来提高英语水平，执政精英通过英语这个因素就可以将绝大部分的民众排除在外，从而巩固他们的特权地位。简而言之，通过这一机制，精英们可以在后代身上复制特权，因而精英阶层不会主动打破这一机制。

这个观点并非在所有国家都成立，过分强调这个因素并不明智，因为还有很多可能更有影响力的其他因素导致持续的政策惯性。我们将在下文简要讨论一下其中显而易见者。

7.2.2 经济与实际制约因素

在讨论任何关于非洲的教学媒介语政策问题时，不可忽视的是外部力量的制约。这种制约可能在坦桑尼亚体现得最为明显。如上文所说，在坦桑尼亚阻碍土著语言教学的社会因素相对较少。事实上，在 1982 年，这个国家似乎很希望中学很快就转向以斯瓦希里语为教学媒介语，但好景不长，1984 年这些希望就破灭了，官方宣布英语教学仍将继续保留。

要理解这个政策的逆转有两个相关的因素值得考虑。首先，20 世纪80 年代初坦桑尼亚进入了长期经济危机，导致这个国家越来越依赖外部的支持，在财政紧张的时局下，这个国家很难成功地实施这么一个深层次的改革。其次，当时的总统朱利叶斯·尼雷尔（Julius Nyerere）也许已意识到这种经济形势的困局，赞成将英语作为教学媒介语，以期防止狭隘主义，维持这个国家在非洲大陆内外的国际联系。根据罗素（Russell 1990：370）的说法，总统当时担心如果把英语仅作为一门课程，英语的使用会逐渐消失。

这里所反映的是，在非洲其他地区乃至非洲之外（如马拉西亚，参见 Gill 2004：144），政府的焦虑不无道理，即一旦英语不再是中学教育的教学媒介语，这个国家就有可能从国际社会中脱离，从而影响北部富裕国家在国内的投资，更重要的是会阻碍这个国家接触科学和技术，从而降低经济竞争力。[7]这些担忧在经济发展较为落后并依赖外部资金投入的国家（如坦桑尼亚）会更为明显。

全球化也是不可忽视的影响因素。和其他民族国家一样，非洲国家的自主决策权日益受到国际政治经济环境的影响。越来越多的非洲学者、作家、政治家、商业领袖、金融家、公务员和大学生们生活在全球化景观（globalised landscape）之下（Fardon and Furniss 1994：16）。电子通讯（电子邮件和互联网）和交通方式的改善增加了人与信息的跨国交流。全球化增进了国与国之间的相互依存，反过来也增强了对国际通用语能力，尤其是对英语能力的需求。

除了这些外部的大环境因素之外，还有一些更为实际的因素，可粗略分为以下三大类：（1）语言资源，（2）书籍和学习资料，（3）财政资源和教育基础设施。

7.2.2.1 语言资源

使用非洲土著语言作为教学媒介语，其中最常被引述来讨论的，甚至常被夸张的问题是，非洲语言缺乏能表现如下功能的语言资源：图形化、标准化、编典化、科学和技术术语以及大量高级词汇。诚然，很多土著语言还不够规范化，缺乏完善的拼写规则和词汇以作为教育媒介或教学媒介语。并且，将多种语言同时加以发展和雅化（intellectualising）（Liddicoat and Bryant 2002：10）也是一项耗时费力的工程。

尽管如此，但相关工作还有很大的进展，尤其是在国家通用语言方面。例如斯瓦希里语已经具备了很多必要的特征，可作为中学教育的教学媒介语，如规范化、编典化、有相当数量的高级词汇可供教学使用等。斯瓦希里语字典已于 1981 年出版，并于 1990 年出版了一套科学术语的斯瓦希里语词典（Roy-Campbell 2003：89）。同样，在津巴布韦，修纳语字典（*Duramazwi RechiShona*）在 1996 年出版，同时恩德贝勒语字典以及一些科学技术术语辞典的编纂工作也正在进行当中（Roy-Campbell 2003：92）。与此同时，在南非，主要负责南非语言规划的 PANSALB 被授权为历史上九种不具优势（边缘化）的官方语言（如文达语、聪加语等）制定术语。但是，尽管它们在书面形式、文学作品、字典和术语表（Finlayson and Madiba 2002：40）等方面取得了一定进展，然而在现代术语领域还有待进一步发展。

上述例子，以及其他成功的本体规划活动，如马来语[8]现已是高等教育的教学媒介语，都说明将非洲土著语言进行文明化或雅化在技术层面是完全可行的。虽然在行政管理层面和逻辑层面有一定的复杂性（Finlayson and Madiba 2002：48），但最大的障碍，其实并不在于扩建标准或制定标准等技术操作层面，而在于语言资源的利用程度和政治意愿的诉求程度，二者反之也取决于对待这些语言的态度。

这使得我们进一步考虑到很重要的一点，就是显然不可能使本体规划始终先于某一语言成为教学媒介语。功能在形式实现之后，如纳德卡尔尼（Nadkarni 1984：154）提出，如果一种语言不首先在使用中实现某种功能，那么就很难开发其相关的语言资源。

> 在一种语言中，关键的问题不是它有多少科学或技术术语……而是实际使用这种语言去"研究"科学和"使用"技术……科学话语是首要的……语言现代化的关键因素不是术语的创造，而是科学和技术话语使用的数量和质量。（Nadkarni 1984：154）

因此，语言的发展和声望的提高，是采用该语言作为教学媒介语的结果，而非一个必要的条件。

7.2.2.2 书籍和学习资料

另一个常被引述阻碍土著语言教学的实际因素，是以土著语言为内容的书籍和学习资料极度匮乏。解决这一问题的唯一办法，就是大量使用土著语言编著或翻译各学科的课程教材，这不仅需要寻找合适的作者或译者，还要有必要的文献、出版商和发行商。当然，这并不是不可能实现，但却是一个费时耗力的事情。诸如向发展中国家的学校提供英语单语教材的案例，任何参与过教材捐赠项目的人都能证实一点，那就是这其中需要付出的巨大努力和管理成本。

再言之，并不是说提供一种新语言的教材有不可逾越的障碍。桌面出版技术的最新发展可以有所帮助，尽管我们意识到，截至目前对这个问题还没有定论。更为重要的是，实现这种大规模的改变，自然要求每一位老师使用他们没有学过的语言来教学，这其中就需要信心、努力，以及最重要的"金钱"，即我们接下来要讨论的另一个关键因素。

7.2.2.3 财政资源和教育基础设施

对于非洲教育系统资源匮乏的地区来说，讨论教学媒介语最核心最关键的问题就是财政资源，这一点我们在上文中有所提及。在本节中，有必要一开始就回顾一些学校教育中常见的恶劣条件。

在马拉维和赞比亚的小学，威廉姆斯（Williams 1996）描述了这样的情况：50 多个孩子组成一个大班级，而且没有足够的桌椅，甚至没有足够的教室可以使用，以至于孩子们只能在露天的地方上课。在加纳的小学，奥·哈桑（Al-Hassan）（人际交流 [笔者个人通过访谈等了解到]）证实了类似的情形：粉笔定量配给，教材严重短缺。在某些国家，老师拿着唯一的一本教材，这种事情也并不罕见。本森（Benson 2002：307，2004：266）也提到莫桑比克恶劣的教学条件：不少学生患有慢性疾病，学校常因罢工或老师缺席而停课。在大部分国家，教师的薪资很少，而且很少经过专业的培训，甚至不经过培训（参见 Cleghorn and Rollnick 2002：350 关于肯尼亚的情况），所以，在第二语言 / 外语教学中采用的教学方法亟待提升，这也是不足为奇的了。最后，很多小学普及程度不高，而且辍学率很高，女孩尤其如此；而中学则倾向于有选择地只招收一小部分适龄少年。

我们引述上面这些令人沮丧的问题，主要是想突出三点。第一，对撒哈拉沙漠以南非洲国家的教育部门而言，有很多事情需要解决，这就存在孰先孰后的问题。考虑到教学条件的恶劣和为民众提供基本教育这一基础性任务，如果教育部门选择将可用的财政资源投入基础教育设施，如书、桌椅和教师培训等，而不是投入到改变教学媒介语的问题上，也不足为奇，虽然后者也是很必要的。

第二，考虑到改善学校条件所需要的大量支出，而且由于在许多国家小学教育预算中有 90% 用于教师薪金的常规支出——留给书籍、设备和维护的费用空间很小，因而改变教学媒介语的政策，无论在小学还是中学，可能都需要大量的多边或双边外部资金的支持。这样的援助会不会有，这本身也是一个不确定和有争议的问题。例如，马兹鲁伊（Mazrui

2004：45）指控世界银行就这个问题闪烁其词，一方面称支持在小学教育初期使用母语，但另一方面正如马兹鲁伊（Mazrui 2004：49）所言，则不予投入更多资金和资源推动"全小学教育的语言非洲化"（linguistic Africanisation of all primary education），因为世界银行出于既得利益想要维持欧洲语言的教学地位。

然而，要支撑这些有力的论点，实证证据还相对较少。当然，有理由相信，过去国际货币基金组织——世界银行的结构调整政策[9]对教育没有帮助，而且世界银行对推动小学阶段以后的"语言非洲化"议程并没有太大兴趣。但有迹象表明，它准备资助土著语言作为教学媒介语的小学低年级实验课程，莫桑比克的小学双语教育项目（1993—1997）就是一个例子（Benson 2000：50）。

第三或许也是最重要的一点，鉴于上述情况，我们需要质疑，小学高年级和中学阶段使用土著语言教学的改变能否解决自身教育不足的问题？造成这一问题的原因是多重的，包括不能完全理解教学媒介语、书籍和学习资料的缺乏、英语课程教学的低效性、不适合的教学大纲和教学方法以及参差不齐的教师水平。从这些因素的复杂性来看，教育质量的显著提升不仅要求政策的变化，而且要求教育实践的微观层面的变化，以及资源的供给和政策的实施，二者是相互依存的。正如康明斯（Cummins 1998）指出（见第3章），使用母语教学并不一定是解决教育问题的灵丹妙药；双语教育的实施可以是有效的，也可能实施不利。所以，有证据表明[10]，尽管使用更为熟悉的土著语言教学可能会有助于教学效果，但这种帮助也有赖于其他必要的改变才能实现。若把重担都放在政策改革层面，或是放在任何一个单一的因素上，经验表明这些都是行不通的。

7.2.2.4 高等教育的影响

谈到教育基础设施的影响，我们就将涉及制约中学教学媒介语的最后一个因素，即高等教育。这一点之所以很重要，是因为教育系统的不同阶段是相互关联的。一个阶段的结果通常成为另一个阶段入门的要求，处在下面的阶段通常被视为是为上一阶段做准备。结果高等教育就成了影响（常常是不当的）之前所有教育阶段中课程设置的重要因素，其影响力往往十分大。因此，当英语（或其他前殖民地语言）成为大学课程，尤其是科学和社会科学课程的教学媒介语（这在后殖民地非洲[11]十分常见）时，对教学媒介语的压力自然就转移到了中学阶段。这种压力主要来源于父母和学生。无论想法是否切合实际，他们都渴望能上大学。不仅在非洲如此，在其他地方也是一样。例如在中国香港，虽然很多人，甚至大部分人能理解母语教学所带来的好处，但父母们仍然希望中学实施英语教学，除了经济因素外，高等教育也是一个重要原因（Tsui 2004：100）。

有人认为，中学教育阶段教授英语可以让学生具备足够的语言能力，来支持大学阶段用英语授课的课程的学习。然而经验表明，这是过于乐观的想法。马来西亚的案例即为佐证。1993 年马来西亚重新将英语作为授课语言，用于公立大学的科学、技术和医学类课程教学[12]，这使得中学教育受到极大的压力，需要学生具备足够的语言能力来应对大学的英语教学。马来西亚曾一度将学术英语课程（EAP）作为提升大学新生英语水平的补救办法，但在 2002 年，政府意识到在高等教育迅猛发展和扩张的时代，上述措施是不够的，于是将中学教育的科学和数学课改为英语教学（Gill 2004：150）。

同时，在非洲也存在一种担忧，学生从一些名不副实的以英语为教学媒介语的中学毕业后，英语水平并不能达到大学英语教学的标准，因此很多大学（如肯尼亚的大学）设立了旨在培训沟通和交际能力的专门课程，主要为了满足一年级新生的需求。所以，可以推测，放弃中学阶段的英语教学只会加剧这些问题。当然一个显而易见的解决办法是在大学阶段采用土著语言教学，但这样一来，将会与我们前文提到的很多制约因素相抵触，而且还不止于此。

7.3 教学媒介语问题和应用语言学家的作用

本节是时候从政策和教育学的角度考虑上述观点和应用语言学的介入问题。首先要强调的是，我们并不主张在中学或任何学段保留英语教学。相反，大量的理论和实证证据显示，如前文所述的部分内容，以学生熟悉的土著语言作为教学媒介语给教育带来很多好处。非洲语言地位的复兴在其他方面看来也是非常合理和值得推崇的，比如可以减少社会不公。在教育层面推行土著语言教学能有力推动其复兴。

然而正如我们前文所述，有很多政策、现实和经济方面的因素阻碍这些目标的实现。而如果要使之改变，把学界的倡议付诸实践，那就不仅需要考虑教育理论方面的支持，还要考虑政治和更重要的经济等现实方面的制约因素。上文讨论中也提到过复兴非洲语言不能仅仅依赖于语言规划（见第一章），因为它和长远的经济发展是紧密相关的，如果乐观的话，可以恢复其与前殖民地语言一样的经济吸引力和声誉，并为非洲语言的推广和发展提供必要的资金支持。

那么顺理成章的结论是：在不久的将来，要在除小学低年级外对教学媒介语做出重大改变是不太可能实现的。英语教学有其强大的根基，尤其是在中学阶段，而原因其实与教育原理和价值没有太大关系。最大的影响可能是提示应用语言学家们继续支持政策改革，同时研究采取何种措施会缓解外语教学带来的负面影响。有鉴于此，我们简单提出一些政策和教育学层面的改进方法和改善建议。这些建议的不确定性和计划性的特点也揭示了本研究要继续努力尝试和完善的地方。

7.3.1 改善困境

7.3.1.1 双语教育

在撒哈拉沙漠以南的非洲地区，至少从政治层面来看，教学媒介语的问题似乎成了要么是英语、法语、葡萄牙语，要么是某种土著语言的二元选择。但是，如前文所讨论，事实远非如此。双语教育，即用两种教学媒介语进行教学——不管是什么学科或时间段（见 Jacobsen and Faltis 1990较全面的关于语言选择可能性的探讨）——是应用语言学家们可以提供给政策决策者的另一个可选项。除了第 3 章已讨论过的教育方面的好处，双语教育一方面可以满足民众对于英语的需求，另一方面可以帮助学生掌握和母语更相近的土著语言的能力，而这种语言能力对于他们习得英语作为第二语言也会有帮助。在一个人人都习惯了出于不同目的说不同语言的社会，这也是一项合理的策略。而且这也符合莱廷（Laitin 1992）提出的语言教育规划中的 3±1"合理化"公式，即为在多语言的非洲社会达到最佳交际效果，个人语言储备应包括 2—4 种语言：如果他们是小语种群体就掌握 4 种，如果他们的母语恰好是全国通用语就是两种。这个公式中的三种基本语言是：（1）一种具有较大范围交流价值的前殖民地语言（LWC）；（2）一种土著民族语言；（3）一种本地或区域性的官方语言。

当然这并不是否认推行双语教育策略所面临的巨大困难，或者否认以零星的渐进方式实现双语教育的可行性（参见 Benson 2002：313）。但至少双语教育实验项目（如在莫桑比克的实验）展示了在教育方面的积极结果，尽管实施的过程不是十全十美。正因于此，莫桑比克政府正在考虑以自愿为原则将实验项目推广到更多的小学（Benson 2004：307）。这也表明，传统上认为土著语言和前殖民地语言必定对立的官方观点正在松动，有望在政策改变上表现出更大的灵活性。

这也不是否认双语教育已经有了一些非官方的形式，如老师在教室中进行语码转换（CS），用孩子们听得懂的土著语言来帮助理解并不能完全听得懂的外语。重要的是，有证据表明（Ferguson 2003，Martin Jones 1995）这是正确的选择，语码转换双语教学确实对外语教学过程中遇到的困难起到很大的缓解作用。关于如何消解官方对语码转换教学的敌意态度，承认它的普遍存在，并将语码转换教学融入教师培训中去，有一个很好的例子，可见尾注中的说明。[13]

7.3.1.2 教学媒介语的过渡

在政策层面还有另一个问题值得注意：从一种教学媒介语向另一种教学媒介语的过渡。在非洲的小学教育中，这个过渡通常发生在小学教育的末期或中期，但在实际实施中都不是很理想。改革这个问题的努力可以聚焦在如下几个方面：（1）过渡的时间选择；（2）过渡的分阶段计划；（3）为语言过渡所做的准备。

关于时间的选择，教学媒介语过渡延后一到两年有很好的案例。在博茨瓦纳，英语教学在五年级或六年级被正式引入，而不是四年级；在坦桑尼亚，则在中学三年级而不是一年级。推迟语言过渡时间的好处在于，关键的第一语言技能可以得到更长时间的巩固，有助于小学中年级对学科内容的学习和理解以及提高土著语言的地位。另外一个好处在于，在小学阶段英语水平达到高标准的老师数量通常有限，这样做能更好地提高他们的教学效率，因为一个常见问题就是有限的英语老师承担过多的小学低年级课程，当然这种情况并不只存在于非洲（参见 Davies 1990a：70）。

然而，阻碍这种改革的，是一种大家颇为熟悉的情形，即公众和政治阶层对这种英语教育角色的厘定并不买账。在这种情况下，考虑的重点不是以时间为切入点，而是分阶段地渐进地向英语教学过渡。分阶段是指循序渐进地实现从一种教学媒介语向另一种教学媒介语的转换，这可能需要经过几年的时间。如克莱格（Clegg 1995：16）所建议，可以从情境性强的科目入手，一个科目一个科目来。当然，这样做是为了缓解突然的语言转用给学生带来的压力和不适感。另外，决策权也不妨适当下放到学校一级，让校长和教师可以根据本校实际教学资源和情况，自主决定从哪个科目开始实行语言转用。

关于为语言过渡做准备，也有一些方法可供参考。一种方法是，赶在语言过渡之前，进行第二语言的集中强化培训。例如在 20 世纪 60 年代末 70 年代初的坦桑尼亚，曾经很流行一种六周的集中强化语言课程，当时使用的教材是艾萨克（Isaac）编写的《通过语言学习》。在马来西亚也曾经出现过一种所谓的"置换"（remove）课程，从泰米尔语或中文小学升入中学的学生将参加为期一年的集中强化"置换"课程，为语言过渡做准备。当然，这一模式可能不太适合非洲国家。

7.3.1.3 课程创新

另一个有用的方法可能是从小学高年级阶段起引入或重新引入泛读课程。这曾经是 20 世纪 60 年代的东非和 20 世纪 70 年代马来西亚中学课标的一大特色，后来在中国香港地区的中学英语教学实践中也证明是成功的（Hill 1992：2）。只要实施得好（Hill 1992），这种方法能极大增强学生对目标语言的熟悉感。研究显示（Day and Bamford 1998；Hill 1992；Krashen 1993）在学生第二语言的阅读水平、词汇学习和总体的语言熟练程度层面都有较好的效果。遗憾的是，关于这一方法在非洲教育系统中使用的说明或评价性研究资料少而又少。一个特例是坎宁安（Cunningham 1991）关于桑给巴尔一个泛读项目的问题和成果的报告。

当然，人们也可以重新设计英语教学课程，使学生们能为未来的英语作为教学媒介语转换打下系统的基础，上述当务之急包括：（1）在语言过渡之前，对学生阅读和听力水平的重点培养；（2）使用能反映未来研读重要性的教学资料，其中包括地理、科学和数学等学科；（3）一个旨在充实学生词汇类型和数量，帮助学生进行第二语言学习的必要词汇发展要素（参见 Clegg 1995：16），这果不其然又恰好证明了泛读项目的必要性。

7.3.1.4 学习资料：数量和可读性

接下来谈到的是学习资料以及课堂教学法和教师培训的问题。关于第二语言学习资料，我们将从数量和可获得性这一简单的层面说起。由世界银行和其他组织（如 Fuller 1987，Fuller and Heyneman 1989，Heyneman et al. 1983）进行的关于教学质量因素的研究发现，教材的数量不足问题，在非洲的很多学校是非常常见的，在这样的情况下要提高学校教学质量和学生水平，最有效的方法就是增加教材数量，提高学生拥有教材的比例。没有教材，任何教学媒介语都发挥不了作用，也只有在教材足够的情况下，我们讨论教学媒介语才有意义。

然而，如果在教材使用不当或教材不具有可读性时，数量不能解决所有问题。从大量的数据来看（参见 Chimombo 1989），这一点显得尤为重要，现行的很多书从语言学角度根本不适合孩子阅读，因为编者并没有考虑到读者是通过第二语言学习的学生。例如皮科克（Peacock 1995：394）提到一份来自多国的调研，研究发现"科学课本的文本难度通常超出目标群体的小学生的水平和能力范围"。他还引用了麦克唐纳 1990 年的南非研究案例，揭示了在同一阶段科学课本和英语课纲的词汇存在巨大的差距（有 38%—55% 的词汇超出了英语教学计划），还有之前没有教过的很多逻辑连接词（Peacock 1995：393）。

显然，对第二语言教学所使用的教材的可读性，仍有大量的研究空间，其目的应能够提出一些指导教材编写者和发行者的纲领。这样的研究需要考虑的不仅仅是词汇和句法层面这些传统的可读性因素的输入，还有其他影响理解的因素，如话语表述、排版、视觉设计、使用隐喻和类比和承载的信息量等。当然，非教材因素也很重要，尤其是老师调节第二语言文本的方式（参见 Martin 1999）。

7.3.1.5 课堂教学和教师教育

最后一点涉及第二语言教学效率的关键问题，即教师教育的问题。关于教学法问题，克莱格（Clegg 1995：17）敦促教师们从语言需求层面，给所要教授的材料的语言难度进行经常性分析，以便他们在授课过程中对授课内容进行调整，使学生能最大限度理解，并使用适合展现的策略和手段。这些建议都很不错，但如果老师们的薪资很低，动力不足，或是他们自身对自己英语水平都不自信，以及对教师第二语言教学培训处于初级水平时，其有效性就无法保证了。

因此提高课堂教学水平的更可靠途径，可能还是要从改善教师培训入手。也正是通过这种方法，上述想法才能更好地发挥作用。因为它们让人们注意到一个事实，即在第二语言教学系统中，所有的老师，不论他们教授哪门学科，都是语言教师，都有责任充分利用和使用自己及学生掌握的各种语言。这就清楚地意味着：双语教育、第二语言学习理论、第二语言水平提高和语言意识的组成部分，可以有效地体现在教师培训课程上，不管是生物老师、地理老师还是语言艺术老师，特别是在中学阶段（关于发展中国家教师培训的更多建议，参见 Benson 2004：215）。同时，后者可以从教授双语教育原理知识和第二语言教学模式的课程内容中获益，这两种情况皆需辅以到在此方面较为成功的、教学效果好的学校进行课堂观摩。

7.3.2 结语

上文中提到的很多方法并不新鲜，很多也可能是不实用的，这恰好证明我们还需要进一步研究和试验。但至少上述讨论可能有助于制定一个以实践和政策为重点的新的研究议程。这无疑是必要的，因为现在的教育效果不佳，资源浪费严重，无益于长远发展。虽然在教学媒介语政策层面的变化可能会解决其中一些问题，但正如前文所述，根本性的政策变化不太可能很快实现。此外，虽然有大量关于非洲语言政策的文献，但对非洲第二语言教学的实证性研究，以及这些教学过程如何更有效地进行，上述方面的文献还远不充裕。因此对于应用语言学家们来说，还有很多工作需要去做，可谓任重道远。

尾注

1. 一个特例是赞比亚，从小学一年级起英语就是官方的教学媒介语。
2. 本章中用于指代不同类型语言或语言变体的术语（如"母语"或"土著语言"）牵涉到很多问题。例如"母语"这个术语本身就很有问题，因为非洲很多孩子是在多种语言环境中成长的，他们的母语可以是双语。并且"母语教育"可能是用词不当，虽然在家庭和学校早期基础教育中的语言是同一个名字，但实际上他们可能是非常不同的种类。"土著语言"用作与"前殖民地语言"对比时，也有很多问题。因为很多非洲人实际上第一语言是英语，甚至更多的人说葡萄牙语（参见 Vilela 2002：308），尽管是非洲式的英语或葡萄牙语。为方便之宜，我们将继续采用这些术语，因为它们使用甚广，而且我们已做如此提示，所以在我们的语境中也不会引起太大的误解。
3. 在一些法语国家，如布基纳法索、马里和尼日尔，小学双语教育的实践传统已久，它们通常将土著语言作为教学媒介语。但是经过二十年的实践，国家有关部门也没有将双语教育向所有主流小学推广的举动（Alidou 2003：110）。
4. 齐切瓦语和尼扬贾语（Nyanja）是很相近的语言。
5. 阿利杜（Alidou 2003：106—108）借鉴了联合国教科文组织的研究数据（2000 年，联合国教科文组织，《2000 年的现状与趋势：对学习成效的评估》，巴黎：联合国教科文组织）。

6. 笔者于 1977 年至 1982 年曾在恩科雅语（Nkoya）的心脏地区卡奥马（原曼科亚）生活，确信这些冲突的存在。

7. 时任马来西亚总理的马哈蒂尔·穆罕默德博士在其政策解释中突出了这些因素，在多年的马来语教学之后，政府于 1993 年决定重新确立英语作为高等教育中科学、工程和医学课程的教学媒介语（参见 Gill 2004：144）。

8. 马来西亚本体规划机构"马来西亚语文局"（*Dewan Bahasa dan Pustaka*）在制定马来语中的科学和技术术语料库方面发挥了主导作用（见第 2 章），极大方便了在 1983 年完成的公立大学教育中所有科目从以英语到以马来语为教学媒介语的转变。（参见 Gill 2004：142）

9. "结构调整"政策的鼎盛时期是在 20 世纪 80 年代到 20 世纪 90 年代初期。这些政策由国际货币基金组织和世界银行（部分原因是为缓解沉重的外债负担）实施，它们规定了国有企业私有化、资本管制自由化和减少包括教育在内的公共支出等一系列政策调整。

10. 使用土著语言教学的实验项目是一个成功的案例（如在莫桑比克）。然而在此，我们仍要谨慎释读这些案例的成功。众所周知，将实验项目扩大到整个教育体系是十分困难的，因为人们在这些实验项目中要倾注更多的注意力和资源，因而用克罗斯利（Crossley 1984：84）的话来讲，它们是注定要成功的。

11. 英语在学术写作出版中的压倒性优势以及发展土著民族语言的种种问题，往往使废除前殖民地语言在此阶段变得非常困难。因此，在绝大多数非洲后殖民国家，前殖民地语言仍然是大学教育的媒介。

12. 绝大多数的私立大学已经全部采用英语教学。

13. 囿于空间，我们很遗憾不能将这一重要现象进行更加详细的说明。可以参见弗格森（Ferguson 2003）的文章，可以从中了解到对于语码转换的官方态度及其作为教育资源的优缺点。有关课堂语码转换教学的研究，请参阅马丁·琼斯（Martin-Jones 1995）。

讨论问题、练习与延伸阅读

第 1 章和第 2 章 语言规划概览

1. 请思考本国语言状况或你所熟悉的国家的语言状况。在这些国家，人们都使用哪种语言或语言变体？通常在什么语域中使用？起什么作用？是否有一种指定的官方语言或国语？哪种语言在教育系统中是教学媒介语？请简要描述。

请描述一下政府或其他官方机构近期开展的语言规划活动及其目的与成效。

2. 斯波斯基（Spolsky 2004：17）曾说："如果审视一下现有国家的政策，我们常会发现宪法规定的语言政策与实际情况之间往往存在较大差异。"你的国家或你熟悉的国家是否如此？如果是的话，政策与实际（或实践）之间的差异是什么性质？

3. 欧里亚甘（Ó'Riagáin 1997）对于语言政策或语言规划实现预期结果的效能持怀疑态度。联系到爱尔兰的情况，他曾写道："国家政策实现预期结果的能力受到一系列社会、政治和经济结构的严重制约。然而社会语言学家往往没有注意过这些问题，虽然其影响极为深远，甚至较语言政策本身还要意义重大。"你是否同意欧里亚甘的说法？如果同意，你能否想出一些具体实例支持其观点？

延伸阅读建议：

很多语言规划的"经典"之作也值得一读（如 Rubin and Jernudd [ed.] 1971；Fishman, Ferguson and Das Gupta [ed.] 1968；Fishman [ed.] 1974）。另外还有豪根（Haugen 1966a, 1966b, 1966c）撰写或编写的重要著述与论文。就当代而言，库珀（Cooper 1989）、卡普兰与巴尔道夫（Kaplan and Baldauf 1997）的著作也是非常有价值的。

最近的语言政策和语言规划类著述有斯波斯基（Spolsky 2004）和赖特（Wright 2004）的新作，两者都很有启发意义。关于民族主义和语言的研究话题，巴伯与卡迈克尔（Barbour and Carmichael [eds.] 2000）的论文集非常有启发性，其收集的论文分别集中讨论了欧洲不同地区的情况。最后，我们还可以关注一下本领域内两个较新的期刊：《语言政策》与《语言规划中的当前问题》。

第3章 双语教育中的教育和政治维度：美国个案分析

1. 请评测一下保持移民语言小族学生语言教育中的双语教育及其过渡模式的优缺点。

2. 1981年美国前总统罗纳德·里根（Ronald Reagan）曾就美国双语教育评论道："现行的双语项目宣称要保护移民的语言，而不是帮助他们熟练掌握英语，进入劳动力市场，参与社会工作。这简直是大错特错。"你是否同意他的讲话内容？为什么？

3. 以下是《纽约时报》1995年9月发表的一篇社论的摘要。你是否同意《纽约时报》社论中的观点？你如何回应社论中的观点？你将如何为双语教育辩护？

社论：纽约的双语"监狱"

单一英语教学或许不是帮助移民学生融入社会主流的完美方法，但强迫学生参加双语项目同样只会强化他们对母语的依赖，再想从中逃离就更加不易。

去年，纽约教育局关于纽约市双语教育的一份措辞强烈的报告如是说。该报告的结论指出，接受单一英语教育的新移民比参加双语教育项目的学生表现要好。后者在学习中几乎不说英语。依据这份报告，布鲁克林的一个家长群体这周起诉教育当局称，成千上万的移民孩子被收容在双语课堂里，远远超过州政府规定的三年期限，而且既没学好英语也没学好其他任何课程。

……况且，一旦进入双语项目，学生们很快就身陷囹圄，布朗斯维克社区的家长组织聘用的律师团称之为"监狱"。学生们每天基本上说不了两句英语，因而英语学习速度缓慢，无法在州政府规定的三年期限内通过考试，逃离双语项目。

……布什维克社区的家长也抱怨称，他们希望自己的子女进入主流社会，但尽管他们提出抗议，其子女仍然经常被强行留在双语课堂。家长们还质疑州教育厅经常开启特例，使学生接受双语教育超过三年之限。而州教育厅则称特例程序符合法律规定，诉讼没有意义。

　　然而这种说法未免自欺欺人，因为根据纽约教育局的自我评价，这一项目缺乏成效。无论对双语教育的优点如何鼓吹，现行方案可能对学生害多利少。

（来源：《纽约时报》1995 年 9 月 21 日）

4. 美国（如加利福尼亚州）与西欧（如荷兰、英国）对移民语言小族的语言教育政策有何异同之处？（可参阅 Extra and Gorter 2001 与 Extra and Yağmur 2004 的著作，并以之为出发点，了解欧洲移民语言小族的情况。）

延伸阅读建议：

推荐以下书目：贝克在 2001 年出版的书（Baker 2001）是关于双语教育和双语制的一本内容广泛的优秀导读性教材，另外还有康明斯（Cummins 2000）的文献。贝克和杭伯格（Baker and Hornberger 2001）的论文集收录了一些康明斯更有影响的论文。

奥古斯特与白田健二（August and Hakuta 1997）、阿里亚斯与卡萨诺瓦（Arias and Casanova 1993）和克劳福德（Crawford 1997）的著作都是关于美国双语教育教育学方面不错的阅读文献。施密特在 2000 年（Schmidt 2000）和施密德在 2001 年发布的著作（Schmid 2001）是关于政治或认同方面的。克劳福德（Crawford 1999）则用通俗易懂的语言描述了双语教育的近代历史和政治形势。最后，美国有大量关于双语教育的网站，例如由克劳福德经营和管理的 http://ourworld.compuserve.com/homepages/jwcrawford。

第 4 章　少数民族语言与语言复兴

1. 保护濒危语言一般都有哪些观点？其中哪些观点更令人信服？

有没有一些情况你认为政府干预濒危语言的保护更合理或更不合理？是哪种情况？请从你熟悉的一个地区选择一些具体实例来说明。

2. 请思考一下你自己的族群身份（ethnic group membership）。哪些是界定族群身份最重要的因素：语言、宗教、起源传说或是其他？如果按重要性排序，上述因素该如何排列？

3. 请思考语言教学促进语言复兴的一些情形（如爱尔兰语、巴斯克语、毛利语、苏格兰凯尔特语和希伯来语等案例）。试与本章中讨论的威尔士语和布列塔尼语案例做比较。是否在某些案例中语言教学作用更为明显？语言复兴是否在某些案例中进展更大？为什么？哪些因素使得不同案例中语言复兴的成败不一，程度不等？

延伸阅读建议：

如对濒危语言感兴趣，可先从多里安（Dorian 1989）、克里斯特尔（Crystal 2000），以及内特尔和罗曼（Nettle and Romaine 2000）的研究读起。费什曼的著作（Fishman 1991, 2001a）则是语言复兴方面的基本读物。对少数民族语言权利感兴趣的读者可参阅梅（May 2001）和 金利卡与帕滕（Kymlicka and Patten 2003）的著作。

关于威尔士语和布列塔尼语，我认为琼斯（Jones，M. 1998a）、艾奇逊与卡特（Aitchison，J. and Carter，H. 2000）、詹金斯与威廉斯（Jenkins，G. and Williams，A. [eds.] 2000）和威廉姆斯（Williams，C. 2000b）的著述特别有益，其中最后一本著作包含了威尔士和其他地方的语言复兴案例。琼斯（Jones，M. 1998b）、汉弗莱斯（Humphreys 1993）、库特（Kuter 1989）、莫阿尔（Moal 2000）和特西尔与奥尼尔（Texier and O'Neill 2000）的论文则探讨了布列塔尼语的情况，可供参阅。

第 5 章 英语的全球传播：起因、能动因素、效果与应对政策

1. 确定一个你特别熟悉的国家，从以下几点思考英语在该国的地位：

- 英语在教育体系中的地位（英语从哪个阶段起被纳入学校课程？在哪个阶段是教学媒介语？在校学生学习英语的比例是多少？）
- 英语在公共机构（例如行政机构、新闻媒体）和商业中的地位。
- 公众对英语的态度，以及关于英语的话语（如在报纸、杂志和广播媒体中）。

按照你的思考，能否请你评论：

- 英语对社会中其他语言的影响。英语对其他语言是一种威胁吗？英语是否削减了其他语言的活力，例如通过占据哪些或许被其他语言放弃了的有声望的功能？
- 英语对社会不平等的影响。你相信英语导致或激化了这个国家的社会不平等吗？如果是的话，它又是如何导致或激化的？
- 英语对社会文化生活的影响。英语使当地文化与风俗受到破坏了吗？你认为它是美国化的一个矢量吗？

2. "如今，作为一种全球语言，英语是任何民族国家需要在其语言政策中加以考虑的一个因素"（Spolsky 2004：91）。

在何种程度上，如果真要做的话，民族国家层面的语言规划（语言政策）能够控制或阻止英语传播吗？你认为在一个民主国家削减公立学校的英语教学在政治上可行吗？

3. 是否存在类似这样的一些情况，即英国或美国的政府机构或非政府组织提供帮助以支持发展中国家的英语教学是合适的？如果你感到这样的情况确实存在，那么是哪些情况、哪些原则？如果存在，应该对上述情况如何管理？

延伸阅读建议：

如果希望进一步探讨本章讨论的话题，应选读有关英语全球传播的重要著述（如：Phillipson 1992，2000a；Phillipson and Skuttnab-Kangas 1996；Pennycook 1994，2001 [第 3 章]）与那些对采纳批评路径进行批判的文献（例如 Davies 1996，Bisong 1995 和 Ridge 2000）。值得一读的还有伯如−格里夫勒（Brutt-Griffler 2002）有关英语传播及其影响的著作，以及德斯旺关于全球语言动态系统中英语地位的研究（De Swaan 2001a）。

第 6 章　新英语与教学模式：持续的争论

1. 介词使用中的变化以及物质名词作可数，是新英语最常见的特征。以下是几个已被证实的例子：

a) When the police arrived, a small crowd was discussing about the robbery.

b）He isn't coping up with the amount of work he has to do.

c）The same names keep cropping in when they discuss about bad behaviour.

d）He was congratulated for his success in the exam.

e）Thank you for looking after all the equipments at the farm.

f）I lost a lot of furnitures in the robbery.

g）Can you provide us with some advices about the exam?

作为一名教师，对以上形式你会做何反应？你会根据它们所发生的情境做出不同反应吗？如果会，将如何根据不同语境做出不同的反应？

如果在诸如托业（TOEIC）和托福（TOEFL）等国际英语考试中，你认为以上形式该被视为正确吗？为什么？

2. 下文来自《德干先驱报》。是否存在一些特征，如语法的、词汇的、文体的、语篇的等，能够将此文识别为与英式英语相对的印度英语？如果是，这些主要事关语法或词汇，还是其他什么因素？此文有难以理解的部分吗？

Blame public for decline in snakes [①]

It is ironical that the snakes which are held in high esteem when it comes to prayer, are being hacked, apparently for fear, whenever they make a surprise appearance in residential areas.

However, snakes have a role to play in the food chain. Their staple diet, rodents, cause much loss to farmers as they gulp down more than 15 per cent of agricultural produce in an year.

But snakes are facing a major threat, particularly in rural areas, as the people are devoid of information on the necessity of snakes in the food chain.

The number of poisonous snakes are just a handful, but the residents have been ruthless in eliminating their nemesis for fear.

In urban areas, however, people are becoming quite aware about the necessity to protect snakes.

---

① 因为本文主要是为了区别英式英语和印度英语，所以没有翻译成汉语。

Even if a snake makes an appearance in a residential locality, people capture the reptile and release it into the forest.

According to the Wildlife Conservation Act, killing snakes is banned, but it is yet to be fully implemented. However, snake lovers hope that people will take the initiative in protecting a species which may soon become endangered.

(Source: *Deccan Herald* 13 May 2005)

3. 你同意赛德尔霍弗和詹金斯（Seidlhofer and Jenkins 2003：142）的如下观点吗？如今，在一些处于扩展圈的国家中，如意大利、日本、中国和希腊等，人们使用英语的标准已经在相当大的程度上不同于英语母语使用者，这种英语如今应该被看作扩展圈中的通用语。在上述地区，传统上几乎毫无例外地以英式或美式标准英语作为英语教学的标准。如果这样做会有障碍吗？[①]

延伸阅读建议：

关于那些有兴趣关注世界各地英语教学模式争论话题的人们，推荐阅读卡楚（Kachru 1992a）编辑的《另一种语言》（*The Other Tongue*），夸克（Quirk 1988，1990a）、卡楚（Kachru 1988，1991）以及班博塞（Bamgbose 1998）等人的论文。同时，詹金斯（Jenkins 2000）、格努茨曼（Gnutzmann 1999）和赛德尔霍弗（Seidlhofer 2001，2004）都有一些有趣且有启发性的评论，阐述了英语作为通用语（ELF）的出现及对教学法的启示。最后，詹金斯的书（Jenkins 2003）是一本关于世界英语话题很好的教科书。

第 7 章 非洲后殖民地时期的语言教育政策及教学媒介语问题

1. "教育机会的平等包含两个重要部分。其一，在条件允许的情况下，家庭中使用何种语言，在学校教育中也有使用该语言的权利；若条件无法满足，那么至少保证在学校教育中充分尊重这种语言的优势与潜力……其二是在条件允许的情况下，用最好的方式来学习标准或官方语言，或整体上对社会而言，可用作更大范围内交流的语言。"（Spolsky 1986：189）

[①] 该句可引申理解为：如果将上述非传统标准的"新标准"作为标准，会带来障碍或问题吗？

注意，斯波斯基（Spolsky）引用的是"在条件允许下（wherever feasible）"这一说法。在非洲特定的语境之下，是否存在一些因素使母语作为教学媒介语成为不可能？可以采取什么措施加强母语教育的可行性？

2. 二十多年前马来西亚语（马来语）曾替代英语，作为马来西亚中学教育的教学媒介语。在坦桑尼亚，英语而非斯瓦希里语，仍是中学教育阶段的教学媒介语。那么，什么因素（如经济、政治、社会和教育等）可以解释这种不同？

3. 想一想在你所熟悉的多语言环境的后殖民地（如肯尼亚、坦桑尼亚、印度、尼日利亚和马来西亚等）社会中私立教育（即非政府支持的教育）的地位。私立学校的规模有多大？选择私立学校的是哪些人群？私立学校是以英语为主要使用的语言吗？如果在政府支持的学校中，中断了以英语作为教学媒介语，那么会对私立学校产生什么影响？

4. 本章提出了很多方法，用于缓和外语作为教学媒介语带来的教育问题。你认为这些方法会起到实际作用吗？为什么？你能提出本章中没提到的其他方法吗？

延伸阅读建议：

关于非洲的研究（比起后殖民地亚洲）虽在某种程度上不够全面和深入，但托勒夫森和徐教授（Tollefson and Tsui 2004a）的著作是今后深入研究的很实用的参考。威廉姆斯（Williams 1996）和威廉姆斯与库克（Williams and Cooke 2002）的研究也是关于教育发展、教育有效性和教学媒介语这些主题的阅读文献。本森（Benson）在 2002 年的文章中曾提到一个关于发展中国家双语教育很有效的案例。在马科尼等人（Makoni et al.）2003 年编写的著述中，收录了阿利杜与罗伊·坎贝尔（Alidou and Roy-Campbell 2003）的论文，就社会因素对保留曾经的殖民地语言作为教学媒介语的影响，该文做过有趣的批评性分析。

参考文献

Achebe, C. (1976), *Morning Yet On Creation Day*, New York: Anchor.

Achebe, C. (1987), *No Longer At Ease*, London: Heinemann.

Aitchison, J. and H. Carter (2000), *Language, Economy and Society: The Changing Fortunes of the Welsh Language in the Twentieth Century*, Cardiff: University of Wales Press.

Alexander, N. (2000), Why the Nguni and Sotho languages in South Africa should be harmonised, in Deprez, K. and T. Du Plessis (eds.), *Multilingualism and Government*, Pretoria: Van Schaik, pp. 171–175.

Alidou, H. (2003), Language policies and language education in Francophone Africa: a critique and a call to action, in Makoni, S., G. Smitherman, A. Ball, A. Spears (eds.), *Black Linguistics: Language, Society and Politics in Africa and the Americas*, London: Routledge, pp. 103–116.

Alidou, H. (2004), Medium of instruction in post-colonial Africa, in Tollefson, J. and A. Tsui (eds.), *Medium of Instruction Policies: Which Agenda, Whose Agenda?*, Mahwah, NJ: Lawrence Erlbaum, pp. 195–214.

Alishjahbana, S. (1974), Language policy, language engineering and literacy in Indonesia and Malaysia, in Fishman, J. (ed.), *Advances in Language Planning*, The Hague: Mouton, pp. 391–416.

Alishjahbana, S. (1976), *Language Planning for Modernization: The Case of Indonesia and Malaysia*, The Hague: Mouton.

Alishjahbana, S. (1984), The concept of language standardisation and its application to the Indonesian language, in Coulmas, F. (ed.), *Linguistic Minorities and Literacy: Language Policy Issues in Developing Countries*, Berlin: Mouton de Gruyter, pp. 47–55.

Ammon, U. (1990), German or English? The problems of choice experienced by German-speaking scientists, in Nelde, P. (ed.), *Language Conflict and Minorities*, Bonn: Dümmler, pp. 33–51.

Ammon, U. (2000), Towards more fairness in international English: linguistic rights of non-native speakers?, in Phillipson, R. (ed.), *Rights to Language, Equity and Power in Education*, Mahwah, NJ: Lawrence Erlbaum, pp. 111–116.

Ammon, U. (2001b), English as a future language of science at German universities? A question of difficult consequences, posed by the decline of German as a language of science, in Ammon, U. (2001a) (ed.), *The Dominance of English as a Language of Science*, Berlin: Mouton de Gruyter, pp. 343–361.

Ammon, U. (2003), The international standing of the German language, in Maurais, J. and M. Morris (eds.), *Languages in a Globalising World*, Cambridge: Cambridge University Press, pp. 231–249.

Anderson, B. (1991), *Imagined Communities: Reflections on the Origin and Spread of Nationalism* (2nd edition), London and New York: Verso.

Annamalai, E. (2004), Medium of power: the question of English in education in India, in Tollefson, J. and A. Tsui (eds.), *Medium of Instruction Policies: Which Agenda? Whose Agenda?*, Mahwah, NJ: Lawrence Erlbaum, pp. 177–194.

Arias, M. and U. Casanova (eds.) (1993), *Bilingual Education: Politics, Practice and Research*, Chicago: National Society for the Study of Education/University of Chicago Press.

Arthur, J. (1994), English in Botswana primary classrooms: functions and constraints, in Rubagumya, C. (ed.),

Teaching and Researching Language in African Classrooms, Clevedon: Multilingual Matters, pp. 63–78.

August, D. and K. Hakuta (1997), *Improving Schooling for Language-Minority Children*, Washington, DC: National Academy Press.

Baker, C. (1993), Bilingual education in Wales, in Beardsmore, B. (ed.), *European Models of Bilingual Education*, Clevedon: Multilingual Matters, pp. 7–29.

Baker, C. (1997), Bilingual education in Ireland, Scotland and Wales, in Cummins, J. and D. Corson (eds.), *Encyclopedia of Language and Education, Volume 5: Bilingual Education*, Amsterdam: Kluwer Publishers, pp. 127–142.

Baker, C. (2001), *Foundations of Bilingual Education and Bilingualism* (3rd edition), Clevedon: Multilingual Matters.

Baker, C. (2002), Bilingual education, in Kaplan, R. (ed.), (2002), *Oxford Handbook of Applied Linguistics*, Oxford: Oxford University Press, pp. 229–242.

Baker, C. (2003a), Education as a site of language contact, *Annual Review of Applied Linguistics* 23, 95–112.

Baker, C. (2003b), Language planning: a grounded approach, in Dewaele, J.-M., A. Housen and Li Wei (eds.), *Bilingualism: Beyond Basic Principles*, Clevedon: Multilingual Matters, pp. 88–111.

Baker, K. and A. de Kanter (1981), *Effectiveness of Bilingual Education: A Review of Literature*, Washington, DC: Office of Planning, Budget, and Evaluation, US Department of Education.

Baldauf, R. Jnr (1994), "Unplanned" language policy and planning, in Grabe, W. (ed.), Language Policy and Planning, *Annual Review of Applied Linguistics* 14, 82–89.

Baldauf, R., R. Kaplan and R. Baldauf Jnr (eds.) (2000), *Language Planning in Nepal, Taiwan and Sweden*, Clevedon: Multilingual Matters.

Baldauf, R. and R. Kaplan (eds.) (2004), *Language Planning and Policy in Africa, Vol. 1: Botswana, Malawi, Mozambique and South Africa*, Clevedon: Multilingual Matters.

Bamgbose, A. (1992), Standard Nigerian English: issues of identification, in Kachru, B. (ed.), *The Other Tongue: English Across Cultures* (2nd edition), Urbana and Chicago: University of Illinois Press, pp. 125–147.

Bamgbose, A. (1994), Pride and prejudice in multilingualism, in Fardon, R. and G. Furniss (eds.), *African Languages, Development and the State*, London: Routledge, pp. 33–43.

Bamgbose, A. (1998), Torn between the norms: innovations in World Englishes, *World Englishes* 17, 1, 1–14.

Bamgbose, A. (2000), Language planning in West Africa, *International Journal of the Sociology of Language* 141, 101–117.

Barber, B. (1995), *Jihad Versus McWorld*, New York: Random House.

Barbour, S. (2000a), Nationalism, language, Europe, in Barbour, S. and C. Carmichael (eds.), *Language and Nationalism in Europe*, Oxford: Oxford University Press, pp. 1–17.

Barbour, S. (2000b), Germany, Austria, Switzerland, Luxembourg: the total coincidence of nations and speech communities?, in Barbour, S. and C. Carmichael (eds.), *Language and Nationalism in Europe*, Oxford: Oxford University Press, pp. 151–167.

Barbour, S. (2000c), Britain and Ireland: the varying significance of language for nationalism, in Barbour, S. and C. Carmichael (eds.), *Language and Nationalism in Europe*, Oxford: Oxford University Press, pp. 18–43.

Barrett, J. (1994), Why is English still the medium of education in Tanzanian secondary schools?, *Language, Culture and Curriculum* 7, 1, 3–28.

Bennicini, F. and W. Strang (1995), *An Analysis of Language Minority and Limited English Proficient Students from NELS:88*, Arlington, VA: Development Associates.

Benson, C. (2000), The primary bilingual education experiment in Mozambique, 1993–1997, *International Journal of Bilingual Education and Bilingualism* 3, 3, 149–166.

Benson, C. (2002), Real and potential benefits of bilingual programmes in developing countries, *International Journal of Bilingual Education and Bilingualism* 5, 6, 303–317.

Benson, C. (2004), Do we expect too much of bilingual teachers? Bilingual teaching in developing countries, *International Journal of Bilingual Education and Bilingualism* 7, 2 and 3, 204–221.

Biber, D., S. Johansson, G. Leech, S. Conrad and E. Finegan (eds.) (1999), *Longman Grammar of Spoken and Written English*, London: Longman.

Billig, M. (1995), *Banal Nationalism*, London: Sage.

Bisong, J. (1995), Language choice and cultural imperialism: a Nigerian perspective, *ELT Journal* 49, 2, 122–132.

Block, D. and D. Cameron (eds.) (2002), *Globalization and Language Teaching*, London: Routledge.

Blommaert, J. (1996), Language planning as a discourse on language and society: the linguistic ideology of a scholarly tradition, *Language Problems and Language Planning* 20, 3, 199–222.

Blommaert, J. (2001), The Asmara Declaration as a sociolinguistic problem: reflections on scholarship and linguistic rights, *Journal of Sociolinguistics* 5, 1, 131–155.

Bokhorst-Heng, W. (1999), Singapore's Speak Mandarin Campaign: language ideological debates in the imagining of the nation, in Blommaert, J. (ed.), *Language Ideological Debates*, Berlin: Mouton de Gruyter, pp. 235–265.

Boran, I. (2003), Global linguistic diversity, public goods and the principle of fairness, in Kymlicka, W. and A. Patten (eds.), *Language Rights and Political Theory*, Oxford: Oxford University Press, pp. 189–209.

Bourdieu, P. (1991), *Language and Symbolic Power*, Cambridge: Polity Press.

Bourhis, R. (2001), Reversing language shift in Quebec, in Fishman, J. (ed.) (2001a), *Can Threatened Languages be Saved?*, Clevedon: Multilingual Matters, pp. 101–141.

Braine, G. (ed.) (1999), *Non-Native Educators in English Language Teaching*, Mahwah, NJ: Lawrence Erlbaum.

Broom, Y. (2004), Reading English in multilingual South African primary schools, *International Journal of Bilingual Education and Bilingualism* 7, 6, 506–528.

Bruthiaux, P. (2002), Hold your courses: language education, language choice, and economic development, *TESOL Quarterly* 36, 3, 275–296.

Bruthiaux, P. (2003), Squaring the circles: issues in modelling English worldwide, *International Journal of Applied Linguistics* 13, 2, 159–178.

Brutt-Griffler, J. (2002), *World English: A Study of its Development*, Clevedon: Multilingual Matters.

Burchfield, R. (ed.) (1994), *The Cambridge History of the English Language, Volume 5: English in Britain and Overseas: Origins and Development*, Cambridge: Cambridge University Press.

Campbell, L. and M. Muntzel (1989), The structural consequences of language death, in Dorian, N. (ed.), *Investigating Obsolescence: Studies in Language Contraction and Death*, Cambridge: Cambridge University Press, pp. 181–196.

Canagarajah, A. (1996), "Nondiscursive" requirements in academic publishing, material resources of periphery scholars, and the politics of knowledge production, *Written Communication* 13, 4, 435–472.

Canagarajah, A. (2000), Negotiating ideologies through English: strategies from the periphery, in Ricento, T. (ed.), *Ideology, Politics and Language Policies: Focus on English*, Amsterdam: John Benjamins, pp. 121–132.

Carmichael, C. (2000), Conclusions: language and national identity in Europe, in Barbour, S. and C. Carmichael (eds.), *Language and Nationalism in Europe*, Oxford: Oxford University Press, pp. 280–289.

Carter, R. (1999), Standard grammars, spoken grammars: some educational implications, in Bex, T. and R. Watts (eds.), *Standard English: The Widening Debate*, London: Routledge, pp. 149–166.

Carter, R. and M. McCarthy (1995), Grammar and the spoken language, *Applied Linguistics* 16, 2, 141–158.

Cheshire, J (ed.), (1991), *English around the World: Sociolinguistic Perspectives*, Cambridge: Cambridge University Press.

Cheshire, J. (1999), Spoken standard English, in Bex, T. and R. Watts (eds.), *Standard English: The Widening Debate*, London: Routledge, pp. 129–148.

Chimombo, M. (1989), Readability of subject texts: implications for ESL teaching in Africa, *English for Specific Purposes* 8, 3, 255–264.

Christian, D. (1989), Language planning: the view from linguistics, in Newmeyer, F. (ed.), *Language: the Socio-Cultural Context*, Cambridge: Cambridge University Press, pp. 193–209.

Clegg, J. (1995), Education through the medium of a second language: time to get serious about results, in The British Council (1995), *Dunford House Seminar Report*, Manchester: The British Council, pp. 12–19.

Cleghorn, A. and A. Rollnick (2002), The role of English in individual and societal development: a view from African classrooms, *TESOL Quarterly* 36, 3, 347–372.

Cook, V. (1999), Going beyond the native-speaker in language teaching, *TESOL Quarterly* 33, 2, 185–209.

Cooper, R. (1989), *Language Planning and Social Change*, Cambridge: Cambridge University Press.

Coppetiers, R. (1987), Competence differences between native and near-native speakers, *Language*, 544–573.

Coulmas, F. (1991), *Language Policy for the European Community: Prospects and Quandaries*, Berlin: Mouton de Gruyter.

Coulmas, F. (1992), *Language and Economy*, Oxford: Blackwell.

Coulmas, F. (2002), Language policy in modern Japanese education, in Tollefson, J. (ed.), *Language Policies in Education*, Mahwah, NJ: Lawrence Erlbaum, pp. 203–223.

Cox, C. (1991), *Cox on Cox: an English Curriculum for the 1990s*, London: Hodder and Stoughton.

Crawford, J. (1997), *Best Evidence: Research Foundations of the Bilingual Education Act*, Washington DC: National Clearinghouse for Bilingual Education.

Crawford, J. (1999), *Bilingual Education: History, Politics, Theory and Practice* (4th edition), Los Angeles: Bilingual Educational Services.

Crawford, J. (2000), *At War with Diversity: US Language Policy in an Age of Anxiety*, Clevedon: Multilingual Matters.

Crawford, J. (2002), The Bilingual Education Act 1968–2002: an obituary, at http://ourworld.compuserve. com/homepages/jwcrawford/T7obit.htm

Criper, C. and W. Dodd (1984), *Report on the Teaching of the English Language and Its Use as a Medium in Education in Tanzania*, London: ODA/British Council.

Crossley, C. (1984), Strategies for curriculum change and the question of international transfer, *Journal of*

Curriculum Studies 16, 1, 75–88.

Crowley, T. (2003), *Standard English and the Politics of Language* (2nd edition), Basingstoke: Palgrave Macmillan.

Crystal, D. (1995), *The Cambridge Encyclopedia of the English language*, Cambridge: Cambridge University Press.

Crystal, D. (1997), *English as a Global Language*, Cambridge: Cambridge University Press.

Crystal, D. (1999), The future of Englishes, *English Today* 15, 2, 10–20.

Crystal, D. (2000), *Language Death*, Cambridge: Cambridge University Press.

Cummins, J. (1976), The influence of bilingualism on cognitive growth: a synthesis of research findings and explanatory hypotheses, in *Working Papers on Bilingualism* 1–43, Toronto: Ontario Institute for Studies in Education. (Reprinted in Baker, C. and N. Hornberger (eds.), *An Introductory Reader to the Writings of Jim Cummins*, Clevedon: Multilingual Matters, pp. 26–55.)

Cummins, J. (1979), Linguistic interdependence and the educational development of bilingual children, *Review of Educational Research* 49, 222-251. (Reprinted in Baker, C. and N. Hornberger (eds.), *An Introductory Reader to the Writings of Jim Cummins*, Clevedon: Multilingual Matters, pp. 63–95.)

Cummins, J. (1980), The entry and exit fallacy in bilingual education, *NABE Journal* 4, 25–60. (Reprinted in Baker, C. and N. Hornberger (eds.), *An Introductory Reader to the Writings of Jim Cummins*, Clevedon: Multilingual Matters, pp. 110–138.)

Cummins, J. (1981), Age on arrival and immigrant second language learning in Canada: a reassessment, *Applied Linguistics* 1, 132–149.

Cummins, J. (1984), *Bilingualism and Special Education: Issues in Assessment and Pedagogy*, Clevedon: Multilingual Matters.

Cummins, J. (1988), The role and use of educational theory in formulating language policy, *TESL Canada Journal* 5, 11–19. (Reprinted in Baker, C. and N. Hornberger (eds.), *An Introductory Reader to the Writings of Jim Cummins*, Clevedon: Multilingual Matters, pp. 240–247.)

Cummins, J. (1991), The politics of paranoia: reflections on the bilingual education debate, in Garcia, O. (ed.), *Bilingual Education: Focusschrift in Honor of Joshua Fishman* (volume 1), Amsterdam: John Benjamins, pp. 183–199.

Cummins, J. (1996), *Negotiating Identities: Education for Empowerment in a Diverse Society*, Los Angeles: California Association for Bilingual Education.

Cummins, J. (1998), *Beyond Adversarial Discourse: Searching for Common Ground in the Education of Bilingual Students*, Presentation to the California State Board of Education, Sacramento, CA, February 1998, at http://ourworld.compuserve.com/homepages/jwcrawford/cummins.htm

Cummins, J. (1999), Alternative paradigms in bilingual education research: does theory have a place? *Educational Researcher* 28, 2, 99–107. (Reprinted in Baker, C. and N. Hornberger (eds.), *An Introductory Reader to the Writings of Jim Cummins*, Clevedon: Multilingual Matters, pp. 326–341.)

Cummins, J. (2000), *Language, Power and Pedagogy*, Clevedon: Multilingual Matters.

Cummins, J. (2003), Bilingual education: basic principles, in Dewaele, J., A. Housen and Li Wei (eds.), *Bilingualism: Beyond Basic Principles*, Clevedon: Multilingual Matters, 56–66.

Cunningham, R. (1991), The Zanzibar English Reading Programme, *Reading in a Foreign Language* 8, 1, 663–675.

Dauenhauer, N and R. Dauenhauer (1998), Technical, emotional and ideological issues in reversing language shift: examples from South-east Alaska, in Grenoble, L. and L. Whaley (eds.), *Endangered Languages*, Cambridge: Cambridge University Press, pp. 57–98.

Davies, A. (1996), Ironising the myth of linguicism, *Journal of Multilingual and Multicultural Development* 17, 6, 485–496.

Davies, A. (1999a), *An Introduction to Applied Linguistics*, Edinburgh: Edinburgh University Press.

Davies, A. (1999b), Native speaker, in Spolsky, B. (ed.), *Concise Encyclopedia of Educational Linguistics*, Amsterdam: Kluwer, pp. 532–539.

Davies, A. (1999c), Standard English: discordant voices, *World Englishes* 18, 2, 171–186.

Davies, A. (2003), *The Native Speaker: Myth and Reality*, Clevedon: Multilingual Matters.

Davies, A., E. Hamp-Lyons and C. Kemp (2003), Whose norms? International proficiency tests in English, *World Englishes* 22, 4, 571–584.

Day, R. and J. Bamford (1998), *Extensive Reading in the Second Language Classroom*, Cambridge: Cambridge University Press.

De Klerk, V. (ed.) (1996), *Focus on South Africa: Varieties of English around the World*, Amsterdam: John Benjamins.

Department of Education and Science (1989), *Report of the Committee of Enquiry into the Teaching of English Language*. [The Kingman Report], London: HMSO.

De Swaan, A. (1998), A political sociology of the world language system (1): the dynamics of language spread, *Language Problems and Language Planning* 22, 1, 63–75.

De Swaan, A. (2001a), *Words of the World*, London: Polity Press.

De Swaan, A. (2001b), English in the social sciences, in Ammon, U. (ed.), *The Dominance of English as a Language of Science*, Berlin: Mouton de Gruyter, pp. 71–83.

Dixon, R. (1997), *The Rise and Fall of Languages*, Cambridge: Cambridge University Press.

Dorian, N. (1981), *Language Death: The Life Cycle of a Scottish Gaelic Dialect*, Philadelphia: University of Pennsylvania Press.

Dorian, N. (ed.) (1989), *Investigating Obsolescence: Studies in Language Contraction and Death*, Cambridge: Cambridge University Press.

Dorian, N. (1998), Western language ideologies and small-language prospects, in Grenoble, L. and L. Whaley (eds.), *Endangered Languages*, Cambridge: Cambridge University Press, pp. 3–21.

Edwards, J. (1994), *Multilingualism*, London: Routledge.

Edwards, J. (2003), Language and the future: choices and constraints, in Tonkin, H. and T. Reagan (eds.), *Language in the 21st Century*, Amsterdam: John Benjamins, pp. 35–45.

Engle, P. (1975), The use of vernacular languages in education, *Papers in Applied Linguistics: Bilingual Education Series No 3*, Virginia: Center for Applied Linguistics.

Eurydice (2000), *Key Data on Education in Europe 1999–2000*, Luxembourg: Office for Publications of the European Communities (available at http://www.eurydice.org/Search/frameset_en.html).

Eurydice (2002), *Key Data on Education in Europe*, Luxembourg: Office for Publications of the European Communities (available at http://www.eurydice.org/Documents/cc/2002/en/CC2002_EN_home_page.pdf).

Evans, S. (2002), Macaulay's Minute revisited: colonial language policy in nineteenth-century India, *Journal of Multilingual and Multicultural Development* 23, 4, 260–281.

Extra, G. and D. Gorter (eds.) (2001), *The Other Languages of Europe: Demographic, Sociolinguistic and Educational Perspectives*, Clevedon: Multilingual Matters.

Extra, G. and K. Yağmur (eds.) (2004), *Urban Multilingualism in Europe: Immigrant Minority Languages at Home and School*, Clevedon: Multilingual Matters.

Fafunwa, B., J. Iyabode Macauley and J. Sokoya (eds.) (1989), *Education in the Mother Tongue: The Primary Education Research Project (1970–1978)*, Ibadan, Nigeria: University Press Ltd.

Faltis, C. (1997), Bilingual education in the United States, in Cummins, J. and D. Corson (eds.), *Encyclopedia of Language and Education, Volume 5: Bilingual Education*, Dordrecht: Kluwer, pp. 189–197.

Fardon, R. and G. Furniss (1994b), Introduction: frontiers and boundaries – African languages as political environment, in Fardon, R. and G. Furniss (eds.) (1994a), *African Languages, Development and the State*, London: Routledge, pp. 1–29.

Ferguson, C. (1968), Language development, in Fishman, J., C. Ferguson and J. Da Gupta (eds.), *Language Problems of Developing Nations*, London: John Wiley, pp. 27–35.

Ferguson, G. (2003), Classroom code-switching in post-colonial contexts: functions, attitudes and policies, in Makoni, S. and U. Meinhof (eds.), *Africa and Applied Linguistics*, *AILA Review* 16, Amsterdam: John Benjamins, pp. 38–51.

Fettes, M. (1997), Language planning and education, in Wodak, R. and D. Corson (eds.), *Encyclopedia of Language and Education, Volume 1: Language Policy and Political Issues in Education*, Amsterdam: Kluwer, pp. 13–22.

Finlayson, R. and M. Madiba (2002), The intellectualisation of the indigenous languages of South Africa: challenges and prospects, *Current Issues in Language Planning* 3, 1, 40–61.

Fishman, J. (1968), Sociolinguistics and the language problems of developing countries, in Fishman, J., C. Ferguson and J. Das Gupta (eds.), *Language Problems of Developing Nations*, London: John Wiley, pp. 3–16.

Fishman, J (ed.) (1974a), *Advances in Language Planning*, The Hague: Mouton.

Fishman, J. (1974b), Language modernization and planning in comparison with other types of national modernization and planning, in Fishman, J. (ed.), *Advances in Language Planning*, The Hague: Mouton, pp. 79–102.

Fishman, J. (1991), *Reversing Language Shift*, Clevedon: Multilingual Matters.

Fishman, J. (1996), Summary and interpretation: post-imperial English 1940–1990, in Fishman, J., A. Conrad and A. Rubal-Lopez (eds.), *Post-Imperial English: Status Change in Former British and American Colonies 1940–1990*, Berlin: Mouton de Gruyter, pp. 623–641.

Fishman, J. (2000), The status agenda in corpus planning, in Lambert, R. and E. Shohamy (eds.), *Language Politics and Pedagogy: Essays in Honor of Ronald Walton*, Amsterdam: John Benjamins, pp. 43–52.

Fishman, J. (ed.) (2001a), *Can Threatened Languages be Saved?*, Clevedon: Multilingual Matters.

Fishman, J. (2001b), From theory to practice (and vice-versa): review, reconsideration and reiteration, in Fishman, J. (ed.) (2001a), *Can Threatened Languages be Saved?*, Clevedon: Multilingual Matters, pp. 451–483.

Fishman, J., A. Conrad and A. Rubal-Lopez (eds.) (1996a), *Post-Imperial English: Status Change in Former British and American Colonies 1940–1990*, Berlin: Mouton de Gruyter.

Fishman, J., C. Ferguson and J. Da Gupta (eds.) (1968), *Language Problems of Developing Nations*, London: John Wiley.

Foley, W. (1997), *Anthropological Linguistics: An Introduction*, Oxford: Blackwell.

Foster, P. (1965), The vocational school fallacy in development planning, in Anderson, A. and M. Bowman (eds.), *Education and Economic Development*, Chicago: Aldine Publishing Company, pp. 142–166. (Also reprinted in Karabel, J. and H. Halsey (eds.), *Power and Ideology in Education*, Oxford: Oxford University Press, pp. 356–365.)

Fuller, B. (1987), What school factors raise achievement in the third world?, *Review of Educational Research* 57, 3, 255–292.

Fuller, B. and S. Heyneman (1989), Third world school quality: current collapse, future potential, *Educational Researcher* 18, 2, 12–19.

Gandara, P. (1999), *Review of Research on the Instruction of Limited English Proficient Student: A Report to the California Legislature*, Santa Barbara, CA: University of California, Linguistic Minority Research Institute.

Gandara, P. and R. Rumberger (2003), *The Inequitable Treatment of English Learners in California's Public Schools*, University of California Linguistic Minority Research Institute Working Paper. (Available at http://lmri.ucsb.edu/resdiss/2/pdf_files/gandara_rumberger.pdf)

Gardner, N., M. Serralvo and C. Williams (2000), Language revitalization in comparative context: Ireland, the Basque Country and Catalonia, in Williams, C. (ed.), *Language Revitalization: Policy and Planning in Wales*, Cardiff: University of Wales Press, pp. 311–355.

Gellner, E. (1983), *Nations and Nationalism: New Perspectives on the Past*, Oxford: Blackwell.

Giddens, A. (1999), Runaway world: how globalization is reshaping our lives, The 1999 BBC Reith lectures, at http://www.lse.ac.uk/Giddens/reith_99 (Also published as *Runaway World*. London: Profile Books.)

Giddens, A. (2004), Globalisation – the state of the debate and the challenge for Europe, Lecture at the University of Sheffield 15 June 2004, at http://www.sheffield.ac.uk/escus/Giddens_transcript.pdf

Giles, H., R. Bourhis and D. Taylor (1977), Towards a theory of language in ethnic group relations, in Giles, H. (ed.), *Language, Ethnicity and Intergroup Relations*, London: Academic Press, pp. 307–348.

Gill, S. K. (2004), Medium of instruction policy in higher education in Malaysia: nationalism versus internationalization, in Tollefson, J. and A. Tsui (eds.), *Medium of Instruction Policies: Which Agenda? Whose Agenda?*, Mahwah, NJ: Lawrence Erlbaum, pp. 135–152.

Gnutzmann, C. (ed.) (1999), *Teaching and Learning English as a Global Language*, Tübingen: Stauffenberg Verlag.

Gonzalez, R. and I. Melis (2000), *Language Ideologies: Critical Perspectives on the Official English Movement, Volume 1: Education and the Social Implications of Official Language*, Mahwah, NJ: Lawrence Erlbaum.

Görlach, M. (1995), *More Englishes: New Studies in Varieties of English 1988–1994*, Amsterdam: John Benjamins.

Görlach, M. (1999), Varieties of English and language teaching, in Gnutzmann, C. (ed.), *Teaching and Learning English as a Global Language*, Tübingen: Stauffenberg Verlag, pp. 3–21.

Görlach, M. (2002), *Still More Englishes*, Amsterdam: John Benjamins.

Graddol, D. (1997), *The Future of English?*, London: The British Council.

Graddol, D. (1999), The decline of the native speaker, in Graddol, D. and U. Meinhof (eds.), *English in a Changing World, AILA Review* 13, Oxford: AILA, 57–68.

Gramley, S and K. Pätzold (1992), *A Survey of Modern English*, London: Routledge.

Gramsci, A. (1971), Selections from the prison notebooks, in Hoare, Q and G. NowellSmith (eds.), *Selections from the Prison Notebooks of Antonio Gramsci*, New York: International Publishers, pp. 77–80, 82–83.

Greene, J. (1997), A meta-analysis of the Rossell and Baker review of bilingual education research, *Bilingual Research Journal* 21, 2 and 3, 103–122.

Grillo, R. (1989), *Dominant Languages: Language and Hierarchy in Britain and France*, Cambridge: Cambridge University Press.

Grillo, R. (1998), *Pluralism and the Politics of Difference*, Oxford: Oxford University Press.

Grin, F. (2001), English as economic value: facts and fallacies, *World Englishes* 20, 1, 65–78.

Grin, F. (2002), *Using Language Economics and Education Economics in Language Education Policy*, Strasbourg: Language Policy Division, Council of Europe.

Grin, F. (2003a), *Language Policy Evaluation and the European Charter for Regional or Minority Languages*, London: Palgrave Macmillan.

Grin, F. (2003b), Language planning and economics, *Current Issues in Language Planning* 4, 1, 1–67.

Guitarte, G. and R. Quintero (1974), Linguistic correctness and the role of the academies in Latin America, in Fishman, J. (ed.), *Advances in Language Planning*, The Hague: Mouton, pp. 315–368.

Gunnarsson, B.-L. (2001), Swedish, English, French or German – the language situation at Swedish universities, in Ammon, U. (2001a) (ed.), *The Dominance of English as a Language of Science*, Berlin: Mouton de Gruyter, pp. 267–315.

Gupta, A. F. (1999), Standard Englishes, contact varieties, and Singapore Englishes, in Gnutzmann, C. (ed.), *Teaching and Learning English as a Global Language*, Tübingen: Stauffenberg Verlag, pp. 59–72.

Gupta, A. F. (2001), Realism and imagination in the teaching of English' *World Englishes* 20, 5, 365–381.

Guzman, M. (2002), Dual language programs: key features and results, *Directions in Language and Education* 14, 1–16. National Clearinghouse for Bilingual Education.

Haarman, H. and E. Holman (2001), The impact of English as a language of science in Finland and its role for the transition to network society, in Ammon, U. (ed.), *The Dominance of English as a Language of Science*, Berlin: Mouton de Gruyter, pp. 229–260.

Hakuta, K., Y. Butler and D. Witt (2000), *How Long Does It Take English Learners to Attain Proficiency?*, Santa Barbara, CA: University of California Linguistic Minority Research Institute Policy Report. (Available at http://www.stanford.edu/%7Ehakuta/Docs/HowLong.pdf)

Halliday, M., A. MacIntosh and P. Strevens (1964), *The Linguistic Sciences and Language Teaching*, London: Longman.

Haugen, E. (1959), Planning for a standard language in Norway, *Anthropological Linguistics* 1, 3, 8–21.

Haugen, E. (1966a), *Language Conflict and Language Planning: The Case of Modern Norwegian*, Cambridge, MA: Harvard University Press.

Haugen, E. (1966b), Linguistics and language planning, in Bright, W. (ed.), *Sociolinguistics: Proceedings of the UCLA Sociolinguistics Conference, 1964*, The Hague: Mouton, pp. 50–71.

Haugen, E. (1966c), Dialect, language and nation, *American Anthropologist* 68, 4, 41–61. (Reprinted in Pride, J. and J. Holmes (eds.), *Sociolinguistics*, Harmondsworth: Penguin, 97–111.)

Haugen, E. (1983), The implementation of corpus planning: theory and practice, in Cobarrubias, J. and J. Fishman (eds.), *Progress in Language Planning: International Perspectives*, Berlin: Mouton, pp. 269–289.

Heyneman, S., D. Jamison and X. Montenegro (1983), Textbooks in the Philippines: evaluation of the pedagogical impact of a nationwide investment, *Educational Evaluation and Policy Analysis* 6, 139–150.

Hill, D. (1992), *The EPER Guide to Organising Programmes of Extensive Reading*, Edinburgh: Institute for Applied Language Studies, University of Edinburgh.

Hinton, L. and K. Hale (eds.) (2001), *The Green Book of Language Revitalization in Practice*, San Diego: Academic Press.

Hobsbawm, E. (1983), Introduction: inventing traditions, in Hobsbawm, E. and T. Ranger (eds.), *The Invention of Tradition*, Cambridge: Cambridge University Press, pp. 13–14.

Holborow, M. (1999), *The Politics of English*, Newbury: Sage.

Hornberger, N. and K. King (2001), Reversing Quechua language shift in South America, in Fishman, J. (ed.), *Can Threatened Languages Be Saved?*, Clevedon: Multilingual Matters, pp. 166–194.

House, J. (1999), Misunderstanding in intercultural communication: interactions in English as a lingua franca and the myth of mutual intelligibility, in Gnutzmann, C. (ed.), *Teaching and Learning English as a Global Language*, Tübingen: Stauffenberg Verlag, pp. 73–89.

Howell, R. (2000), The Low Countries: a study in contrasting nationalisms, in Barbour, S. and C. Carmichael (eds.), *Language and Nationalism in Europe*, Oxford: Oxford University Press, pp. 130–150.

Huddleston, R. and G. Pullum (2002), *The Cambridge Grammar of the English Language*, Cambridge: Cambridge University Press.

Humphreys, L. (1991), The geolinguistics of Breton, in Williams, C. H. (ed.), *Linguistic Minorities, Society and Territory*, Clevedon: Multilingual Matters, pp. 96–120.

Humphreys, L. (1993), The Breton Language: its present position and historical background, in Ball, M. (ed.), *The Celtic Languages*, London: Routledge, pp. 606–643.

Hutchinson, J. and A. Smith (eds.) (1994), *Nationalism*, Oxford: Oxford University Press.

Jacobson, R. and C. Faltis (eds.) (1990), *Language Distribution Issues in Bilingual Schooling*, Clevedon: Multilingual Matters.

Jenkins, G. and A. Williams (eds.) (2000), *Let's Do Our Best for the Ancient Tongue: The Welsh Language in the Twentieth Century*, Cardiff: University of Wales Press.

Jenkins, J. (1998), Which pronunciation norms and models for English as an international language?, *ELT Journal* 52, 2, 119–126.

Jenkins, J. (2000), *The Phonology of English as an International Language*, Oxford: Oxford University Press.

Jenkins, J. (2002), A sociolinguistically based, empirically researched pronunciation syllabus for English as an international language, *Applied Linguistics* 23, 1, 83–103.

Jenkins, J. (2003), *World Englishes*, London: Routledge.

Jenkins, J. (2004), ELF at the gate: the position of English as lingua franca, *The European English Messenger* 13, 2, 63–69.

Jenkins, J., M. Modiano and B. Seidlhofer (2003), Euro-English, *English Today* 17, 4, 13–19.

Johnstone, R. (2002), Addressing the age factor: some implications for language policy, in *Guide for the Development of Language Education Policies in Europe: From Linguistic Diversity to Plurilingual*

Education, Strasbourg: Language Policy Division, Directorate of School, Out-of-School and Higher Education, Council of Europe.

Jones, Mari (1994), A tale of two dialects: standardization in modern spoken Welsh, in Parry, M., W. Davies and R. Temple (eds.), *The Changing Voices of Europe: Social and Political Changes and their Linguistic Repercussions, Past, Present and Future: Papers in Honour of Glanville Price*, Cardiff: University of Wales Press, pp. 243–264.

Jones, Mari (1998a), *Language Obsolescence and Revitalization*, Oxford: Clarendon Press.

Jones, Mari (1998b), Death of a language, birth of an identity: Brittany and the Bretons, *Language Problems and Language Planning* 22, 2, 129–142.

Jones, Robert (1993), The sociolinguistics of Welsh, in Ball, M. (ed.), *The Celtic Languages*, London: Routledge, pp. 536–605.

Joseph, J. (2004), *Language and Identity*, Basingstoke: Palgrave Macmillan.

Judge, A. (2000), France: one state, one nation, one language, in Barbour, S. and C. Carmichael (eds.), *Language and Nationalism in Europe*, Oxford: Oxford University Press, pp. 44–82.

Kachru, B. (1985), Standards, codification and sociolinguistic realism: the English language in the outer circle, in Quirk, R. and H. Widdowson (eds.), *English in the World: Teaching and Learning the Language and the Literatures*, Cambridge: Cambridge University Press in association with The British Council, pp. 11–30.

Kachru, B. (1988), The spread of English and sacred linguistic cows, in Lowenberg, P. (ed.), *Language Spread and Language Policy: Issues, Implications, and Case Studies: Georgetown University Round Table on Languages and Linguistics 1987*, Washington, DC: Georgetown University Press, pp. 207–228.

Kachru, B. (1991), Liberation linguistics and the Quirk concern, *English Today* 25, 3–13. (Reprinted in Seidlhofer, B. (ed.), *Controversies in Applied Linguistics*, Oxford: Oxford University Press, pp. 19–32.)

Kachru, B. (ed.) (1992a), *The Other Tongue: English across Cultures* (2nd edition), Urbana and Chicago: University of Illinois Press.

Kachru, B. (1992b), Models for non-native Englishes, in Kachru, B. (ed.), *The Other Tongue; English across Cultures* (2nd edition), Urbana and Chicago: University of Illinois Press, pp. 48–74.

Kachru, B. (1994), English in South Asia, in Burchfield, R. (ed.), *The Cambridge History of the English Language, Volume 5: English in Britain and Overseas: Origins and Development*, Cambridge: Cambridge University Press, pp. 497–552.

Kachru, B. (1995), Transcultural creativity in world Englishes and literary canons, in Cook, G. and B. Seidlhofer (eds.), *Principle and Practice in Applied Linguistics: Studies in Honour of H. G. Widdowson*, Oxford: Oxford University Press, pp. 271–287.

Kaiser, S. (2003), Language and script in Japan and other East Asian countries: between insularity and technology, in Maurais, J. and M. Morris (eds.), *Languages in a Globalising World*, Cambridge: Cambridge University Press, pp. 188–202.

Kamwangamalu, N. (2003), When 2 + 9 = 1: English and the politics of language planning in a multilingual South Africa, in Mair, C. (ed.), *The Politics of English as a World Language*, ASNEL papers 7, Amsterdam: Rodopi, pp. 235–246.

Kaplan, R. and R. Baldauf Jnr (1997), *Language Planning: From Practice to Theory*, Clevedon: Multilingual Matters.

Kaplan, R. and R. Baldauf (eds.) (1999), *Language Planning in Malawi, Mozambique and the Philippines*, Clevedon: Multilingual Matters.

Kaplan, R. and R. Baldauf (eds.) (2003), *Language and Language-in-Education Planning in the Pacific Basin*, Dordrecht: Kluwer Academic Publishers.

Karam, F. (1974), Toward a definition of language planning, in Fishman, J. (ed.), *Advances in Language Planning*, The Hague: Mouton, pp. 103–124.

Kedourie, E. (1960), *Nationalism*, London: Hutchinson.

Kennedy, C. (ed.) (1984), *Language Planning and Language Education*, London: Allen and Unwin.

Kindler, A. (2002), *Survey of the States' Limited English Proficient Students and Available Educational Programs and Services, 2000–2001 Summary Report*, Washington, DC: National Clearinghouse for English Language Acquisition and Language Educational Programs.

King, K. (1986), Conclusion, in Davies, A. (ed.), *Language in Education in Africa*, Seminar Proceedings 26, Edinburgh: Centre of African Studies, University of Edinburgh.

Kloss, H. (1967), *Abstand* and *Ausbau* languages, *Anthropological Linguistics* 9, 90–101.

Kloss, H. (1969), *Research Possibilities on Group Bilingualism*, Quebec: International Center for Research on Bilingualism.

Kloss, H. (1977), *The American Bilingual Tradition*, Rowley, MA: Newbury House.

Knapp, K. (2002), The fading out of the non-native speaker, in Knapp, K. and C. Meierkord (eds.), *Lingua Franca Communication*, Frankfurt: Peter Lang, pp. 217–244.

Krashen S. (1993), *The Power of Reading*, Eaglewood Colorado: Libraries Unlimited.

Krashen, S. (2001), Bilingual education: arguments for and (bogus) arguments against, in Alatis, J. and T. Ai-Hui (eds.), *Language in Our Time: Georgetown University Round Table on Language and Linguistics 1999*, Washington, DC: Georgetown University Press.

Krauss, M. (1992), The world's languages in crisis, *Language* 68, 4–10.

Kuter, L. (1989), Breton vs French: language and the opposition of political, economic, social and cultural values, in Dorian, N. (ed.), *Investigating Obsolescence: Studies in Language Contraction and Death*, Cambridge: Cambridge University Press, pp. 75–89.

Kymlicka, W. (1995), *Multicultural Citizenship: A Liberal Theory of Minority Rights*, Oxford: Clarendon Press.

Laitin, D. (1992), *Language Repertoire and State Construction in Africa*, Cambridge: Cambridge University Press.

Lambert, R. (1999), A scaffolding for language policy, *International Journal of the Sociology of Language* 137, 3–25.

Lambert, W. (1975), Culture and language as factors in learning and education, in Wolfgang, A. (ed.), *Education of Immigrant Students*, Toronto: Ontario Institute for Studies in Education.

Leech, G. (2000), Grammars of spoken English: new outcomes of corpus-oriented research, *Language Learning* 50, 4, 675–724.

Lewis, G. (1992), *Just a Diplomat* (translation of Kuneralp, Z. (1981), *Sadece Diplomat*), Istanbul: Isis Press.

Lewis, G. (1999), *The Turkish Language Reform: A Catastrophic Success*, Oxford: Oxford University Press.

Liddicoat, A. and P. Bryant (2002), Intellectualisation: a current issue in language planning, *Current Issues in Language Planning* 3, 1, 1–4.

Lieberson, S. (1982), Forces affecting language spread: some basic propositions, in Cooper, R. (ed.), *Language Spread: Studies in Diffusion and Social Change*, Bloomington, IN: Indiana University Press, pp. 37–62.

Lindholm, K. (1997), Two-way bilingual education programs in the United States, in Cummins, J. and D. Corson (eds.), *Encylopedia of Language and Education, Volume 5: Bilingual Education*, Dordrecht: Kluwer, pp. 271–280.

Lindholm-Leary, K. (2001), *Dual Language Education*, Clevedon: Multilingual Matters.

Linn, A. (1997), *Constructing the Grammars of a Language: Ivar Aasen and Nineteenth-Century Norwegian Linguistics*, Münster: Nodus Publikationen.

Linn, A. (2004), *Johan Storm*, Oxford: Blackwell.

Lo Bianco, J. and M. Rhydwen (2001), Is the extinction of Australia's indigenous languages inevitable?, in Fishman, J. (ed.), *Can Threatened Languages Be Saved?*, Clevedon: Multilingual Matters, pp. 391–422.

Lucas, T. and A. Katz (1994), Reframing the debate: the roles of native languages in English-only programs for language minority students, *TESOL Quarterly* 28, 3 537–561.

Luke, A., A. McHoul and J. Mey (1990), On the limits of language planning: class, state and power, in Baldauf, R. and A. Luke (eds.), *Language Planning and Education in Australasia and the South Pacific*, Clevedon: Multilingual Matters, pp. 25–44.

Lyons, J. (1995), The past and future directions of federal bilingual policy, reprinted in Garcia, O. and C. Baker (eds.), *Policy and Practice in Bilingual Education*, Clevedon: Multilingual Matters, pp. 1–14.

Macdonald, C. (1990), *School-Based Learning Experiences: A Final Report of the Threshold Project*, Pretoria: Human Sciences Research Council.

Machin, D. and T. Van Leeuwen (2003), Global schemas and local discourses in *Cosmopolitan*, *Journal of Sociolinguistics* 7, 4, 493–512.

Macias, R. (2000), The flowering of America: linguistic diversity in the United States, in McKay, S. and S. Wong (eds.), *New Immigrants in the United States*, Cambridge: Cambridge University Press, pp. 11–57.

MacLean, C. (1999), Language diffusion policy, in Spolsky, B. (ed.), *Concise Encyclopedia of Educational Linguistics*, Amsterdam: Kluwer, pp. 92–101.

Mafu, S. (2003), Postcolonial language planning in Tanzania: what are the difficulties and what is the way out?, in Mair, C. (ed.), *The Politics of English as a World Language*, Amsterdam: Rodopi, pp. 267–278.

Makerere (1961), *Report of the Commonwealth Conference on the Teaching of English as a Second Language*, Entebbe, Uganda: Government Printer.

Makoni, S. and U. Meinhof (2003b), Introducing applied linguistics in Africa, in Makoni, S. and U. Meinhof (eds.), *Africa and Applied Linguistics. AILA Review* 16, Amsterdam: John Benjamins, pp. 1–12.

Marivate, C. (2000), The mission and activities of the Pan South African Language Board, in Deprez, K. and T. du Plessis (eds.), *Multilingualism and Government*, Pretoria: Van Schaik, pp. 130–137.

Martin, P. (1999), Bilingual unpacking of monolingual texts in two primary classrooms in Brunei Darussalam, *Language and Education* 13, 1, 38–58.

Martin-Jones, M. (1995), Code-switching in the classroom: two decades of research, in Milroy, L. and P. Muysken (eds.), *One Speaker, Two Languages: Cross-Disciplinary Perspectives on Code-Switching*, Cambridge: Cambridge University Press, pp. 90–111.

Mauranen, A. (2003), The corpus of English as lingua franca in academic settings, *TESOL Quarterly* 37, 3,

513–527.

May, S. (1999), Extending ethnolinguistic democracy in Europe: the case of Wales, in Smith, D. and S. Wright (eds.), *Whose Europe? The Turn towards Democracy*, Oxford: Blackwell/Sociological Review, pp. 142–167.

May, S. (2000), Uncommon languages: the challenges and possibilities of minority language rights, *Journal of Multilingual and Multicultural Development* 21, 5, 366–385.

May, S. (2001), *Language and Minority Rights*, Harlow: Longman.

Mazrui, Alamin (2002), The English language in African education: dependency and decolonization, in Tollefson, J. (ed.), *Language Policies in Education: Critical Issues*, Mahwah, NJ: Lawrence Erlbaum, pp. 267–281.

Mazrui, Alamin (2004), *English in Africa after the Cold War*, Clevedon: Multilingual Matters.

Mazrui, Ali and Alamin Mazrui (1998), *The Power of Babel: Language and Governance in the African Experience*, Oxford: James Currey.

McArthur, T. (1998), *The English Languages*, Cambridge: Cambridge University Press.

McChesney, R. (1999), The new global media, *The Nation*, Illinois: Illinois University Press. Reprinted in Held, D. and A. McGrew (eds.) (2003), *The Global Transformations Reader* (2nd edition), Oxford: Polity Press, pp. 260–268.

McDonald, M. (1989), *We Are Not French: Language, Culture and Identity in Brittany*, London: Routledge.

McKay, S. (2002), *Teaching English as an International Language*, Oxford: Oxford University Press.

McKay, S. (2003), Toward an appropriate EIL pedagogy: re-examining common ELT assumptions, *International Journal of Applied Linguistics* 13, 1, 1–22.

McLean, D. and K. McCormick (1996), English in South Africa: 1940–1996, in Fishman, J., A. Conrad and A. Rubal-Lopez (eds.), *Post-Imperial English: Status Change in Former British and American Colonies 1940–1990*, Berlin: Mouton de Gruyter, pp. 307–337.

McMahon, A. (1994), *Understanding Language Change*, Cambridge: Cambridge University Press.

Mercator-Education (2003), *The Breton Language in Education in France* (2nd edition), Regional Dossier, Leewarden, Netherlands: Mercator–Education. (Available at http://www.mercator-education.org/15/12/03)

Mesthrie, R. (2003), The world Englishes paradigm and contact linguistics: refurbishing the foundations, *World Englishes* 22, 4, 449–461.

Milroy, J. (1999), The consequences of standardisation in descriptive linguistics, in Bex, T. and R. Watts (eds.), *Standard English: The Widening Debate*, London: Routledge, pp. 16–39.

Milroy, L. (1999), Standard English and language ideology in Britain and the United States, in Bex, T. and R. Watts (eds.), *Standard English: The Widening Debate*, London: Routledge, pp. 173–206.

Milroy, J. and L. Milroy (1998), *Authority in Language: Investigating Language Prescription and Standardisation* (3rd edition), London: Routledge.

Moal, S. (2000), Broadcast media in Breton: dawn at last?, *Current Issues in Language and Society* 7, 2, 17–134.

Moss, M. and M. Puma (1995), *Prospects: The Congressionally Mandated Study of Educational Growth and Opportunity: First Year Report on Language Minority and Limited English Proficient Students*, Cambridge, MA: ABT Associates.

Mphahlele, E. (1963), Polemics: the dead end of African literature, *Transition* 2, 11, 7–9.

Mufwene, S. (2001), *The Ecology of Language Evolution*, Cambridge: Cambridge University Press.

Mufwene, S. (2002), Colonisation, globalisation, and the future of languages in the twenty-first century, *International Journal on Multicultural Societies*, vol. 4, no. 2, http://www.unesco.org/most/vl4n2mufwene.pdf

Mühlhäusler, P. (1996), *Linguistic Ecology: Language Change and Linguistic Imperialism in the Pacific Region*, London: Routledge.

Mühlhäusler, P. (2000), Language planning and language ecology, *Current Issues in Language Planning* 1, 306–367.

Murray, H. and S. Dingwall (2001), The dominance of English at European universities: Switzerland and Sweden compared, in Ammon, U. (ed.), *The Dominance of English as a Language of Science*, Berlin: Mouton de Gruyter, pp. 85–112.

Myers-Scotton, C. (1990), Elite closure as boundary maintenance: the case of Africa, in B. Weinstein (ed.), *Language Policy and Political Development*, Norwood: Ablex, pp. 25–32.

Nadkarni, K. (1984), Cultural pluralism as a national resource: strategies for language education, in Kennedy, C. (ed.), *Language Planning and Language Education*, London: Allen and Unwin, pp. 151–159.

National Assembly for Wales (2002), *Our Language, its Future: Policy Review of the Welsh Language*, Cardiff: National Assembly for Wales.

National Assembly for Wales (2003), *Digest of Welsh Statistics 2002*, Cardiff: National Assembly for Wales.

Nettle, D. and S. Romaine (2000), *Vanishing Voices*, Oxford: Oxford University Press.

Ngugi wa Thiong'o (1986), *Decolonising the Mind: The Politics of Language in African Literature*, London: Heinemann.

Nunan, D. (2003), The impact of English as a global language on educational policies and practices in the Asia-Pacific region, *TESOL Quarterly* 37, 4, 589–613.

Oakey, R. (2000), Lesser-used languages and linguistic minorities in Europe since 1918: an overview, in Jenkins, G. and A. Williams (eds.), *Let's Do Our Best for the Ancient Tongue: The Welsh Language in the Twentieth Century*, Cardiff: University of Wales Press, pp. 627–656.

OECD (2003), *OECD in Figures: Statistics on the Member Countries, Volume 2003*, Paris: OECD Publications. (Available at http://www1.oecd.org/publications/e-book/0103061E.PDF)

Ogbu, J. (1978), *Minority Education and Caste*, New York: Academic Press.

Ogbu, J. (1992), Understanding cultural diversity and learning, *Educational Researcher* 21, 8, 5–14 and 24.

Ogden, C. (1930), *Basic English*, London: Kegan Paul, Trench and Trubner.

O'Hare, W. (1992), America's minorities – the demographics of diversity, *Population Bulletin* 47, 4, 2–47.

Ohly, R. and A. Gibbe (1982), Language development: lexical elaboration of Kiswahili to meet educational demands, in Trappes-Lomax, H., R. Besha and Y. Mcha (eds.), *Changing Language Media*, Dar-es-Salaam: University of Dar-es Salaam.

Omar Asmah Haji (1992), *The Linguistic Scenery in Malaysia*, Kuala Lumpur: Dewan Bahasa dan Pustaka, Ministry of Education.

Ó'Riagáin, P. (1997), *Language Policy and Social Reproduction: Ireland 1893–1993*, Oxford: Clarendon Press.

Ó'Riagáin, P. (2001), Irish language production and reproduction 1981–1996, in Fishman, J. (ed.), *Can*

Threatened Languages Be Saved?, Clevedon: Multilingual Matters, pp. 195–214.

Ovando, C. (2003), Bilingual education in the United States: historical development and current issues, *Bilingual Research Journal* 27, 1–24.

Pakir, A. (2004), Medium of Instruction policy in Singapore, in Tollefson, J. and A. Tsui (eds.), *Medium of Instruction Policies*, Mahwah, NJ: Lawrence Erlbaum, pp. 117–133.

Parekh, B. (2000), *Rethinking Multiculturalism: Cultural Diversity and Political Thought*, Basingstoke: Macmillan Press.

Patten, A. (2003), What kind of bilingualism?, in Kymlicka, W. and A. Patten (eds.), *Language Rights and Political Theory*, Oxford: Oxford University Press, pp. 296–321.

Patten, A. and W. Kymlicka (2003), Introduction: language rights and political theory: contexts, issues and approaches, in Kymlicka, W. and A. Patten (eds.), *Language Rights and Political Theory*, Oxford: Oxford University Press, pp. 1–51.

Peacock, A. (1995), An agenda for research on text material in primary science for second language learners of English in developing countries, *Journal of Multilingual and Multicultural Development* 16, 5, 389–401.

Peal, E. and W. Lambert (1962), The relationship of bilingualism to intelligence, *Psychological Monographs* 76, 27, 1–23.

Pennycook, A. (1994), *The Cultural Politics of English as an International Language*, London: Longman.

Pennycook, A. (1995), English in the world / The world in English, in Tollefson, J. (ed.), *Power and Inequality in Language Education*, Cambridge: Cambridge University Press, pp. 34–58.

Pennycook, A. (2000), English, politics, ideology: from colonial celebration to postcolonial peformativity, in Ricento, T. (ed.), *Ideology, Politics and Language Policies: Focus on English*, Amsterdam: John Benjamins, pp. 107–119.

Pennycook, A. (2001), *Critical Applied Linguistics: A Critical Introduction*, Mahwah, NJ: Lawrence Erlbaum.

Phillipson, R. (1992), *Linguistic Imperialism*, Oxford: Oxford University Press.

Phillipson, R. (1997), Realities and myths of linguistic imperialism, *Journal of Multilingual and Multicultural Development* 18, 3, 238–247.

Phillipson, R. (2000a), English in the new world order: variations on a theme of linguistic imperialism and 'world' English, in Ricento, T. (ed.), *Ideology, Politics and Language Policies: Focus on English*, Amsterdam: John Benjamins, pp. 87–106.

Phillipson, R. (ed.) (2000b), *Rights to Language, Equity and Power in Education*, Mahwah, NJ: Lawrence Erlbaum.

Phillipson, R. (2001), Global English and local language policies: what Denmark needs', *Language Problems and Language Planning* 25, 1, 1–24.

Phillipson, R. (2003), *English-Only Europe? Challenging Language Policy*, London: Routledge.

Phillipson, R. and T. Skutnabb-Kangas (1995), Linguistic rights and wrongs, *Applied Linguistics* 16, 4, 483–504.

Phillipson, R. and T. Skuttnab-Kangas (1996), English only worldwide or language ecology? *TESOL Quarterly* 30, 3, 429–452.

Phillipson, R. and T. Skuttnab-Kangas (1997), Linguistic human rights and English in Europe, *World Englishes* 16, 1, 27–43.

Phillipson, R. and T. Skutnabb-Kangas (1999), Englishisation: one dimension of globalisation, in Graddol, D. and U. Meinhof (eds.), *English in a Changing World, AILA Review* 13, 19–36.

Platt, J. and H. Weber (1980), *English in Singapore and Malaysia: Status, Features and Functions*, Oxford: Oxford University Press.

Platt, J., H. Weber and M. Ho (1984), *The New Englishes*, London: Routledge.

Porter, R. (1990), *Forked Tongue: The Politics of Bilingual Education*, New York: Basic Books.

Prator, C. (1968), The British heresy in TESL, in Fishman, J., C. Ferguson and J. Das Gupta (eds.), *Language Problems of Developing Nations*, New York: John Wiley, pp. 459–476.

Press, I. (1994), Breton speakers in Brittany, France and Europe: constraints on the search for an identity, in Parry, M., W. Davies and R. Temple (eds.), *The Changing Voices of Europe*, Cardiff: University of Wales Press, pp. 213–226.

Price, Glanville (1984), *The Languages of Britain*, London: Arnold.

Price, Glanville (2000), The other Celtic languages in the twentieth century, in Jenkins, G. and A. Williams (eds.), *Let's Do Our Best for the Ancient Tongue: The Welsh Language in the Twentieth Century*, Cardiff: University of Wales Press, pp. 601–626.

Pride, J. (1986), *New Englishes*, Rowley, MA: Newbury House.

Prophet, R. and J. Dow (1994), Mother tongue language and concept development in science: a Botswana case study, *Language, Culture and Curriculum* 7, 3, 205–217.

Quirk, R. (1981), Nuclear English, in Smith, L. (ed.), *English for Cross-Cultural Communication*, London: Macmillan, pp. 151–165.

Quirk, R. (1985), The English language in a global context, in Quirk, R. and H. Widdowson (eds.), *English in the World: Teaching and Learning the Language and the Literatures*, Cambridge: Cambridge University Press in association with The British Council, pp. 1–10.

Quirk, R. (1988), The question of standards in the international use of English, in Lowenberg, P. (ed.), *Language Spread and Language Policy: Issues, Implications, and Case Studies, Georgetown University Round Table on Languages and Linguistics 1987*, Washington, DC: Georgetown University Press, pp. 229–241.

Quirk, R. (1990a), Language varieties and standard language, *English Today* 21, 3–10. (Reprinted in Seidlhofer, B. (ed.), *Controversies in Applied Linguistics*, Oxford: Oxford University Press, pp. 9–19.)

Quirk, R. (1990b), What is standard English?, in Quirk, R. and G. Stein, *English in Use*, London: Longman, pp. 112–125.

Ramirez, J. (1992), Executive summary, *Bilingual Research Journal* 16, 1 and 2, 1–62.

Ramirez, J., S. Yuen and D. Ramey (1991), *Executive Summary: Final Report: Longitudinal Study of Structured English Immersion, Early-Exit and Late-Exit Transitional Bilingual Education Programs for Language-Minority Children* (report submitted to the US Department of Education), San Mateo, CA: Aguirre International.

Raz, J. (1994), *Ethics in the Public Domain: Essays in the Morality of Law and Politics*, Oxford: Clarendon Press.

Ricento, T. (1996), Language policy in the United States, in Herriman, M. and B. Burnaby (eds.), *Language Policy in English-Dominant Countries: Six Case Studies*, Clevedon: Multilingual Matters, pp. 122–158.

Ricento, T. (1998), National language policy in the United States, in Ricento, T. and B. Burnaby (eds.),

Language and Politics in the United States and Canada, Mahwah, NJ: Lawrence Erlbaum, pp. 85–112.

Ricento, T. (ed.) (2000a), *Ideology, Politics and Language Policies: Focus on English*, Amsterdam: John Benjamins.

Ricento, T. (2000b), Historical and theoretical perspectives in language policy and planning, in Ricento, T. (ed.) (2000a), *Ideology, Politics and Language Policies: Focus on English*, Amsterdam: John Benjamins, pp. 9–24.

Ridge, S. (2000), Mixed motives: ideological elements in the support for English in South Africa, in Ricento, T. (ed.), *Ideology, Politics and Language Policies: Focus on English*, Amsterdam: John Benjamins, pp. 151–172.

Ritzer, G. (1996), *The McDonaldization of Society*, London: Sage.

Romaine, S. (2002), The impact of language policy on endangered languages, *International Journal on Multicultural Societies* 4, 2, 1–28.

Rossell, C. and K. Baker (1996), The educational effectiveness of bilingual education, *Research in the Teaching of English* 30, 1, 7–74.

Roy-Campbell, Z. (2003), Promoting African languages as conveyors of knowledge in educational institutions, in Makoni, S., G. Smitherman, A. Ball and A. Spears (eds.), *Black Linguistics: Language, Society, and Politics in Africa and the Americas*, London: Routledge, pp. 83–102.

Rubagumya, C. (ed.) (1990), *Language in Education in Africa: a Tanzanian Perspective*, Clevedon: Multilingual Matters.

Rubin, J. (1971), Evaluation and language planning, in Rubin, J. and B. Jernudd (eds.), *Can Language Be Planned? Sociolinguistic Theory and Practice for Developing Nations*, Honolulu, East-West Center: Hawaii University Press, pp. 271–252.

Rubin, J. and B. Jernudd (eds.) (1971), *Can Language Be Planned? Sociolinguistic Theory and Practice for Developing Nations*. Honolulu, East-West Center: Hawaii University Press.

Ruiz, R. (1984), Orientations in language planning, *NABE Journal* 8, 2, 15–34.

Rumberger, R. (2000), *Educational Outcomes and Opportunities for English Language Learners*, University of California Linguistic Minorities Research Institute.

Russell, J. (1990), Success as a source of conflict in language planning: the Tanzanian case, *Journal of Multilingual and Multicultural Development* 11, 5, 363–375.

Safran, W. (1999), Politics and language in contemporary France: facing supranational and intranational challenges, *International Journal of the Sociology of Language* 137, 39–66.

Schiffman, H. (1996), *Linguistic Culture and Language Policy*, London: Routledge.

Schmid, C. (2001), *The Politics of Language: Conflict, Identity and Cultural Pluralism in Comparative Perspective*, Oxford: Oxford University Press.

Schmidt, R. (1998), The politics of language in Canada and the United States: explaining the differences, in Ricento, T. and B. Burnaby (eds.), *Language and Politics in the United States and Canada*, Mahwah, NJ: Erlbaum, pp. 37–70.

Schmidt, R. (2000), *Language Policy and Identity Politics in The United States*, Philadelphia: Temple University Press.

Schmied, J. (1991), *English in Africa: An Introduction*, Harlow: Longman.

Schneider, E. (ed.) (1997), *Englishes Around the World 1: Studies in Honour of Manfred Görlach*, Amsterdam:

John Benjamins.

Scovel, T (2000a), "The younger, the better" myth and bilingual education, in Gonzalez, R. and I. Melis, *Language Ideologies: Critical Perspectives on the Official English Movement, Volume 1: Education and the Social Implications of Official Language*, Mahwah, NJ: Lawrence Erlbaum, pp. 114–136.

Scovel, T. (2000b), A critical review of the critical period research, *Annual Review of Applied Linguistics* 20, 213–223.

Seidlhofer, B. (1999), Double standards: teacher education in the expanding circle, *World Englishes* 18, 2, 233–245.

Seidlhofer, B. (2001), Closing a conceptual gap: the case for the description of English as a lingua franca, *International Journal of Applied Linguistics* 11, 2, 133–158.

Seidlhofer, B. (2002a), *Habeas corpus* and *divide et impera*: "global English" and applied linguistics, in Spelman-Miller, K. and P. Thompson (eds.), *Unity and Diversity in Language Use*, London: British Association of Applied Linguistics in association with Continuum, pp. 198–217.

Seidlhofer, B. (2002b), The shape of things to come? Some basic questions about English as a lingua franca, in Knapp, K. and C. Meierkord (eds.), *Lingua Franca Communication*, Frankfurt: Peter Lang, pp. 269–302.

Seidlhofer, B. (2004), Research perspectives on teaching English as a lingua franca, *Annual Review of Applied Linguistics* 24, 209–339.

Seidlhofer, B. and J. Jenkins (2003), English as a lingua franca and the politics of property, in Mair, C. (ed.), *The Politics of English as a World Language*, ASNEL Papers 7, Amsterdam: Rodopi, pp. 139–154.

Shuibhne, N. (2001), The European Union and minority language rights: respect for the cultural and linguistic diversity, *International Journal on Multicultural Societies* 3, 2, 67–83. (Accessible at www.unesco.org/shs/ijms/vol 3)

SIPRI (Stockholm International Peace Research Institute) (2003), Armaments, disarmament and international security, in the *SIPRI Yearbook 2003*, Oxford: Oxford University Press. (Data on military expenditure accessed from SIPRI website http://editors.sipri.org/pubs/yb03/ch10.html, 21/01/04)

Skuttnab-Kangas, T. (2000), *Linguistic Genocide in Education or Worldwide Diversity and Human Rights?*, Mahwah, NJ: Lawrence Erlbaum.

Skuttnab-Kangas (2003), Linguistic diversity and biodiversity: the threat from killer languages, in Mair, C. (ed.), *The Politics of English as a World Language*, ASNEL papers 7, Amsterdam: Rodopi, pp. 31–52.

Smith, L. and C. Nelson (1985), International intelligibility of English: directions and resources, *World Englishes* 4, 3, 333–342.

Smith, L. and K. Rafiqzad (1979), English for cross-cultural communication: the question of intelligibility, *TESOL Quarterly* 13, 3, 371–380.

Snow, C., H. Cancino, J. De Temple and S. Schley (1991), Giving formal definitions: a linguistic or metalinguistic skill?, in Bialystok, E. (ed.), *Language Processing in Bilingual Children*, Cambridge: Cambridge University Press, pp. 90–112.

Spolsky, B. (1986), Overcoming language barriers to education in a multilingual world, in Spolsky, B. (ed.), *Language and Education in Multilingual Settings*, Clevedon: Multilingual Matters, pp. 182–191.

Spolsky, B. (2003), Preface in Kaplan, R. and R. Baldauf (eds.) (2003), *Language and Language-in-Education Planning in the Pacific Basin*, Dordrecht: Kluwer, pp. xi–xii.

Spolsky, B. (2004), *Language Policy*, Cambridge: Cambridge University Press.

Sridhar, K. and S. Sridhar (1992), Bridging the paradigm gap: second-language acquisition theory and indigenized varieties of English, in Kachru, B. (ed.), *The Other Tongue: English across Cultures* (2nd edition), Urbana and Chicago: University of Illinois, pp. 91–107.

Stroud, C. (2002), *Toward a Policy for Bilingual Education in Developing Countries*, New Education Division Documents Number 10, Stockholm: Swedish International Development Agency.

Stroud, C. (2003), Postmodernist perspectives on local languages: African mother-tongue education in times of globalisation, *International Journal of Bilingual Education and Bilingualism* 6, 1, 17–36.

Sypher, C. (2000), *New Englishes: An investigation into the Debate on New Englishes as Pedagogical Models in TESL*, unpublished M.Sc. Dissertation, University of Edinburgh.

Tardy, C. (2004), The role of English in scientific communication: lingua franca or Tyrannosaurus Rex, *Journal of English for Academic Purposes* 3, 3, 247–269.

Tay, M. (1982), The uses, users and features of English in Singapore, in Pride, J. (ed.), *New Englishes*, Rowley, MA: Newbury House, pp. 51–70.

Taylor, C. (1994), The politics of recognition, in Gutmann, A. (ed.), *Multiculturalism*, Princeton, NJ: Princeton University Press.

Temple, R. (1994), Great expectations? Hope and fears about the implications of political developments in western Europe for the future of France's regional languages, in Parry, M., W. Davies and R. Temple (eds.), *The changing voices of Europe: Social and Political Changes and their Linguistic Repercussions, Past, Present and Future: Papers in Honour of Glanville Price*, Cardiff: University of Wales Press, pp. 193–207.

Texier, M. and C. O'Neill (2000), The Nominoe study of the Breton language compiled from field research, at http://www.breizh.net/icdbl/saozg/nominoe.htm

Thomas, B. (1987), A cauldron, a rebirth: population and the Welsh language in the nineteenth century, *Welsh History Review* 13, 418–437.

Thomas, G. (1991), *Linguistic Purism*, London: Longman.

Thomas, W. and V. Collier (1997), *School Effectiveness for Language Minority Students*, Washington, DC: National Clearing house for Bilingual Education.

Thomas, W. and V. Collier (2002), *A National Study of School Effectiveness for Language Minority Students' Long-Term Academic Achievement*, Washington, DC: Center for Research, Diversity and Excellence. (Available at http://www.crede.ucsc.edu/research/llaa/1.1_final.html)

Thomason, S. (2001), *Language Contact: An Introduction*, Edinburgh: Edinburgh University Press.

Thompson, J. (2003), The globalization of communication, in Held, D. and A. McGrew (eds.), *The Global Transformations Reader* (2nd edition), London: Polity Press, pp. 246–259.

Thorburn, T. (1971), Cost-benefit analysis in language planning, in Rubin, J. and B. Jernudd (eds.), *Can Language Be Planned? Sociolinguistic Theory and Practice for Developing Nations*, Honolulu, East-West Center: Hawaii University Press, pp. 283–305.

Thorne, D. (1994), "Tafodieithoedd Datguddiad Duw": the change in the voice of the Welsh Bible, in Parry, M., W. Davies and R. Temple (eds.), *The Changing Voices of Europe*, Cardiff: University of Wales Press, pp. 265–279.

Timm, L. (1980), Bilingualism, diglossia and language shift in Brittany, *International Journal of the Sociology of Language* 25, 29–41.

Timmis, I. (2002), Native speaker norms and international English: a classroom view, *ELT Journal* 56, 3, 240–249.

Tollefson, J. (1991), *Planning Language, Planning Inequality*, London: Longman.

Tollefson, J. (ed.) (2002a), *Language Policies in Education*, Mahwah, NJ: Lawrence Erlbaum.

Tollefson, J. (2002b), Limitations of language policy and planning, in Kaplan, R. (ed.), *Oxford Handbook of Applied Linguistics*, Oxford: Oxford University Press, pp. 416–425.

Tollefson, J. and A. Tsui (eds.) (2004a), *Medium of Instruction Policies: Which Agenda, Whose Agenda?*, Mahwah, NJ: Lawrence Erlbaum.

Tollefson, J. and A. Tsui (2004b), The centrality of medium-of-instruction policy in sociopolitical processes, in Tollefson, J. and A. Tsui (eds.), *Medium of Instruction Policies: Which Agenda, Whose Agenda?*, Mahwah, NJ: Lawrence Erlbaum, pp. 1–18.

Tomlinson, J. (1997), Cultural globalization and cultural imperialism, in Mohammadi, A. (ed.), *International Communication and Globalization*, London: Sage Publications, pp. 170–190.

Torrance, E., J. Gowan, J. Wu and N. Aliotti (1970), Creative functioning of monolingual and bilingual children in Singapore, *Journal of Educational Psychology* 61, 72–75.

Trappes-Lomax, H. (1990), Can a foreign language be a national medium?, in Rubagumya, C. (ed.), (1990), *Language in Education in Africa: a Tanzanian Perspective*, Clevedon: Multilingual Matters, pp. 94–104.

Truchot, C. (2001), The language of science in France: public debate and language policies, in Ammon, U. (ed.), *The Dominance of English as a Language of Science*, Berlin: Mouton de Gruyter, pp. 319–328.

Trudgill, P. (1999), Standard English: what it isn't, in Bex, T. and R. Watts (eds.), *Standard English: The Widening Debate*, London: Routledge, pp. 117–128.

Trudgill, P. (2000), Greece and European Turkey: from religious to linguistic identity, in Barbour, S. and C. Carmichael (eds.), *Language and Nationalism in Europe*, Oxford: Oxford University Press, pp. 240–263.

Tsuda, Y. (1994), The diffusion of English: its impact on culture and communication, *Keio Communication Review* 16, 49–61.

Tsui, A. (2004), Medium of instruction in Hong Kong: one country, two systems, whose language?, in Tollefson, J. and A. Tsui (eds.), *Medium of Instruction Policies: Which Agenda, Whose Agenda?*, Mahwah, NJ: Lawrence Erlbaum, pp. 97–116.

US English (2003), US English home page, http://www.us-english.org/inc

Van Binsbergen, W. (1994), Minority language, ethnicity and the state in two African situations: the Nkoya of Zambia and the Kalanga of Botswana, in Fardon, R. and G. Furniss (eds.), *African Languages, Development and the State*, London: Routledge, pp. 142–188.

Vavrus, F. (2002), Postcoloniality and English: exploring language policy and the politics of development in Tanzania, *TESOL Quarterly* 26, 3, 373–397.

Veltman, C. (2000), The American linguistic mosaic, in McKay, S. and S. Wong (eds.), *New Immigrants in the United States*, Cambridge: Cambridge University Press, pp. 58–93.

Verhoeven, and R. Aarts (1998), Attaining functional literacy in the Netherlands, in Verhoeven, L. and A. Durgunoglu (eds.), *Literacy Development in a Multilingual Context*, Mahwah, NJ: Lawrence Erlbaum, pp. 111–134.

Vikør, L. (2000), Northern Europe: languages as prime markers of ethnic and national identity, in Barbour,

S. and C. Carmichel (eds.), *Language and Nationalism in Europe*, Oxford: Oxford University Press, pp. 105–129.

Vilela, M. (2002), Reflections on language policy in African countries with Portuguese as an official language, *Current Issues in Language Planning* 3, 3, 306–316.

Voluntary Service Overseas (VSO) (2001), *English and Disadvantage: A Study of the Impact of VSO'S ELT Programme in China*, London: Voluntary Service Overseas. (Available at www.vso.org.uk)

Voluntary Service Overseas (VSO) (2002), *English Language Teaching: The Criteria for Supporting ELT as Part of a VSO Country Programme*, London: Voluntary Service Overseas. (Available at www.vso.org.uk)

Weinstock, D. (2003), The antinomy of language policy, in Kymlicka, W. and A. Patten (eds.), *Language Rights and Political Theory*, Oxford: Oxford University Press, pp. 250–270.

Welsh Language Board (1999), *Continuity in Welsh Language Education*, Cardiff: Welsh Language Board.

Widdowson, H. (1994), The ownership of English, *TESOL Quarterly* 28, 2, 377–389.

Widdowson, H. (2001), The monolingual teaching and bilingual learning of English, in Cooper, R., E. Shohamy and J. Walters (eds.), *New Perspectives and Issues in Educational Language Policy: in Honor of Bernard Dov Spolsky*, Amsterdam: John Benjamins, pp. 7–18.

Widdowson, H. (2003), *Defining Issues in English Language Teaching*, Oxford: Oxford University Press.

Williams, C. H. (ed.) (1991a), *Linguistic Minorities, Society and Territory*, Clevedon: Multilingual Matters.

Williams, C. H. (1991b), Conclusion: sound language planning is holistic in nature, in Williams, C. H. (ed.), *Linguistic Minorities, Society and Territory*, Clevedon: Multilingual Matters, pp. 315–322.

Williams, C. H. (1994), *Called Unto Liberty*, Clevedon: Multilingual Matters.

Williams, C. H. (2000a), Restoring the language, in Jenkins, G. and A. Williams (eds.), *Let's Do Our Best for the Ancient Tongue: The Welsh Language in the Twentieth Century*, Cardiff: University of Wales Press, pp. 657–681.

Williams, C. H. (ed.) (2000b), *Language Revitalization: Policy and Planning in Wales*, Cardiff: University of Wales Press.

Williams, C. H. (2001), Welsh in Great Britain, in Extra, G. and D. Gorter (eds.), *The Other Languages of Europe*, Clevedon: Multilingual Matters, pp. 59–81.

Williams, E. (1995), *Images of Europe – Television and Lesser-used Languages*, Brussels: European Bureau for Lesser-Used Languages.

Williams, E. (1996), Reading in two languages at year five in African primary schools, *Applied Linguistics* 17, 2, 182–209.

Williams, E. and J. Cooke (2002), Pathways and labyrinths: language and education in development, *TESOL Quarterly* 36, 3, 297–322.

Williams, Glyn. (1992), *Sociolinguistics: A Sociological Critique*, London: Routledge.

Williams, Glyn and D. Morris (2000), *Language Planning and Language Use*, Cardiff: University of Wales Press.

Willig, A. (1985), A meta-analysis of selected studies on the effectiveness of bilingual education, *Review of Educational Research* 55, 3, 269–317.

Willig, A. and J. Ramirez (1993), The evaluation of bilingual education, in Arias, M. and U. Casanova (eds.), *Bilingual Education: Politics, Practice and Research*, Chicago: National Society for the Study of Education/University of Chicago Press, pp. 65–87.

Wood, A. (2001), International scientific English: the language of research scientists, in Flowerdew, J. and M. Peacock (eds.), *Research Perspectives on English for Academic Purposes*, Cambridge: Cambridge University Press, pp. 71–83.

Wright, S. (2004), *Language Policy and Language Planning*, Basingstoke: Palgrave Macmillan.

译名表

A

aboriginal languages 土著语言

absolutist 绝对主义

Accademia della Crusca 秕糠学会

academic domain 学术领域

Academy 研究院，学派

accents 口音

acceptability 可接受性，可接受度

access to English 英语接触

accommodation to dominant culture 适应主导文化

acculturation 文化适应，文化归化

acrolect 上层方言

Act 法案

Act of Union《联合法案》

action at a distance 远程行动

additive bilingualism 增益性双语

administration language 行政用语

Africa 非洲

African Englishes 非洲英语

African languages 非洲语言

Afrikaans 南非荷兰语

agency 能动性；组织机构

Agency for International Development 国际开发署

American English 美式英语

Americanisation 美国化

Ammon, U. U. 安蒙

ancestral language 祖籍传承语，祖传语

Anglification broadcasting 英式语音广播

Anglification of commerce 商业语言的英语化

anti-colonial and anti-globalisation 反殖民与反全球化

applied linguistics 应用语言学

appropriateness 恰当性

appropriation 政策援用

appropriation of English 英语援用

archaizing purism 泥古（仿古）纯洁主义

Asian English 亚洲英语

Asmara Declaration 阿斯马拉宣言

assimilationism 同化主义

attitude survey on standard language 标准语言态度调查

Australia 澳大利亚

Australasia 澳大拉西亚（包括澳大利亚、新西兰及太平洋西南岛屿）

Authoritatian 威权主义

authenticity 正统性，纯正性

authoritarian 威权主义

B

Bahasa Indonesia 印度尼西亚语，印尼国语

Bahasa Malaysia Campaign 印尼马来语运动

Bahasa Malaysia 马来西亚语言

Baker, C. C. 贝克

balance of power 权力平衡

Baldauf, R. R. 巴尔道夫

Bamgbose, A. A. 班博塞

Barbour, S. S. 巴伯

Basic English《基础英语》

basilect 下层方言

BBC World Service 英国广播公司世界新闻节目

Bemba 本巴人

Benson, C. C. 本森

bilingual education 双语教育

bilingual speakers 双语使用者

bilingualism 双语现象，双语主义

Billig 比利希

Biolinguistic diversity 生物语言多样性

Blommaert, J. J. 布隆马特（或 J. 布洛姆特尔）

borrowings （语言）借用

Bourdieu, P. P. 布尔迪厄（或 P. 布迪厄）

Breton 布列塔尼语

British Council 英国文化委员会

British Empire 大英帝国

British English 英式英语

Brutt-Griffler, J. J. 伯如-格里夫勒

Brythonic 布立吞语

business English 商务英语

C

Cameron, D. D. 卡梅伦

Canada 加拿大

Canagarajah, A. A. 卡纳加拉贾

Cantonese 粤语，广东话

capitalism globalisation 资本的全球化

Cardiff 加的夫

Carter, R. R. 卡特

centreperiphery thesis 中心—外围（边缘）理论

centripetal upward tendency in language learning 语言学习向心和向上趋势

challenge to centrality of native speakers 对母语者中心地位的挑战

Cheshire, J. J. 切希尔

Chichewa 齐切瓦语

China 中国

chronology 年代

civic realm 公民领域

cline of varieties of English 英语变体的渐变群

code mixing 语码混合

code-switching 语码转换

codification of international norms 国际标准的编典，国际标准的编撰整理

codification 编典（化），编撰整理

coercive relations of power 强制式权力关系

coinages 新造词

Cold War 冷战

Colloquial Singapore English 新加坡口头英语

colloquial varieties 非正式变体，口语变体，大众变体

colonial English 殖民英语

colonial languages as instruments of elite closure 充当精英圈工具的殖民语言

colonies exploitation 殖民地开发

colonisation 殖民化

common core variety 共同核心语言变体

common good 共同利益

common underlying proficiency (CUP) model of bilingualism 深层共享能力双语模式

communication potential 交际潜力

communicative language teaching (CLT) 交际语言教学

competence nativelike as learning goal 以母语者语言能力为学习目标

complementarity principle of language policy 语言政策互补原理

complementarity principle 互补原理

complexification 复杂化

comprehensibility 可理解性

conception of nationhood 民族观念

Congo 刚果

connectedness 连通性

consumerism global culture 消费主义全球文化

context 情境

Cook, V. V. 库克

Cooper, R. R. 库珀

Coppieters, R. R. 考彼尔特斯

corpus of academic 学术语料库

correct language 正确语言

cosmopolitanism 世界主义

Coulmas, F. F. 库尔马斯

Cox Report 《考克斯报告》

Crawford, J. J. 克劳福德

creativity in bilingualism 双语中的创造性

critical writing 批判性写作

Crowley, T. T. 克劳利

Crystal, D. D. 克里斯特尔

cultivation 培育功能

cultural diversity 文化多样性

cultural homogenisation 文化同质化

cultural imperialism in media domain 传媒文化帝国主义

cultural imperialism 文化帝国主义

cultural reproduction 文化再生产

Cummins, J. J. 康明斯

Cummins's thresholds hypothesis 康明斯的阈限假说

expanding circle　扩展圈

exposure to varieties　接触多种变体

external network effects　外部网络效应

F

family language policy　家庭语言政策

Fichte, J. G.　J. G. 费希特

field independence　场独立性

Finnish　芬兰语

Fishman, J.　J. 费什曼

Foley　福勒伊

foreign policies and national self-interest　外交政策与国家利益

Foucault, Michel　米歇尔·福柯

France　法国

Fuller, B.　B. 富勒

functional demarcation of languages　语言的功能划分

functional potential　功能潜力

functions of language　语言功能

G

Gandara, P.　P. 甘达拉

German　德语

Ghana　加纳

Giddens, A.　A. 吉登斯

global diglossia　全球双言制

global English　全球英语

global language system　全球语言系统

global language constellation　全球语言集团

global spread of English　英语全球传播

Görlach, M.　M. 格拉赫

governance　治理

Graddol, D.　D. 格拉多尔

Graded Intergenerational Disruption Scale　语言世代断层等级表

Gramsci, A.　A. 葛兰西

Graphisation　图形化

Grin, F.　F. 格林

Gumbaynggin　冈拜厄金语

Gupta, A. F.　A. F. 古普塔

H

Haarman, H. H.　哈尔曼

Halliday　韩礼德

Haugen　豪根

Hausa　豪萨语

hegemony and spread of English　英语霸权与扩张

hierarchyglobal language　全球语言层级

higher education　高等教育

Hindi　印地语

Hokkien　福建话，闽南话

Holborow, M. M.　霍尔博罗

home language　家庭语言

home stimulation　家庭激励

homogeneity　同质性

homogenisation　同质化

Humphreys, L. L.　汉弗莱斯

Hungary Service English Project　匈牙利服务英语项目

hybridisation　（语言）混杂

hybridity of cultures and identities　文化与身份混杂

hybridity of varieties　变体混杂

hypercentral language　"超中心"语言

I

identity features　认同特征，身份特征

identity politics　身份认同政治

idiomaticity unilateral　单方面的表达习惯

imagined community　想象的共同体

IMF　国际货币资金组织（International Monetary Fund）

indigenisation　本土化

indigenous languages　土著语言

individual or social features　个人或社会特征

Indonesia　印度尼西亚

inequalities in communication　语言交际中的不平等

inequality of varieties　变体的不平等

innovative idioms　创新型习语

institution　国家机构（引申义为公共资源）

institutional bilingualism　制度化双语（现象）

institutional control　制度控制

S

schema of three circles of English　英语三圈模式

Schiffman, H.　H. 希夫曼

Schmidt, R.　R. 施密特

science domain　科学领域

second language　第二语言

Seidlhofer, B.　B. 赛德尔霍弗

selfreinforcing dynamic　自我强化的动力

sheltered English (ESL-content)　保护式英语沉浸
　　教学项目

semantic extension　语义扩展

semantic restriction　语义限制

Senegal　塞内加尔

separate domains　单独领域

separate underlying proficiency (SUP) model of
　　bilingualism　深层分离能力的双语模式

Setswana　茨瓦纳语

sheltered English immersion　保护式英语沉浸教
　　学法

Singapore Colloquial English (Singlish)　新加坡非
　　正式英语（新式英语）

Singapore English　新加坡英语

Singapore　新加坡

Skuttnab-Kangas, T.　T. 斯古纳伯-康格斯

Smith, L.　L. 史密斯

social actor　社会行动者

social justice　社会公正

sociological dynamic　社会积极的能动性

socioeconomic inequalities　社会—经济不平等

sociolinguistic balance of power　社会语言权力平衡

sociolinguistic characteristics　社会语言特征

sociolinguistic contexts　社会语境

sociolinguistic variation　社会语言变异

sole hypercentral language　超超核心语言

source language　源语言

South Africa Constitution　南非宪法

South Africa　南非

Soyinka, W.　W. 索因卡

Spain　西班牙

Spanish　西班牙语

Speech community　言语社区

speech repertoires　言语库

Spolsky, B.　B. 斯波斯基

spontaneous speech　自然口语

spread by speaker migration　移民传播

spread of English　英语传播

Sridhar, K.　K. 斯里德哈

Sri Lanka　斯里兰卡

stance　立场

standard as teaching model　语言教学标准模式

standard language　标准语

standard pronunciation　标准发音

standard variety　标准变体

standard written print English　标准书面印刷英语

standardisation　标准化

state　国家

state nations　国家民族（国族）

status planning　地位规划

Stockholm International Peace Research Institute
　　(SIPRI)　斯德哥尔摩国际和平研究所

Straits Times（新加坡）《海峡时报》

stress-timed　重音计时

Strevens, P.　P. 斯特雷文斯

Structured English Immersion（SEI）结构性英语
　　沉浸项目

style shifting　风格转换，文体转换

subgroup　亚族群

substrate languages　低层语

subvariety　亚变体

superstrate languages　上层语言

Swahili　斯瓦希里语

Sweden English　瑞典英语

Swedish　瑞典语

Switzerland　瑞士

syllable-timed languages　音节计时语言

symbolic capital of language　语言的象征性资本

system of governance　治理体系

T

Tamil　泰米尔语

Tanzania　坦桑尼亚

Tardy, C. C. 塔迪

target language 目标语

teacher education 教师教育

teaching models 教学模式

teaching overseas 海外教学

technist positivism 技术学派实证主义

TESOL 对外英语教学

Timmis, I. I. 蒂姆斯

time-space compression 时空压缩

Tollefson, J. J. 托勒夫森，J. 托尔夫森

Tomlinson, J. J. 汤姆林森

tonebased 以声调为基础的

tonic stress 语调重音

transformative pedagogy 转型教学法

Truchot, C. C. 特吕绍

Trudgill, P. P. 特鲁吉尔

Tshivenda 文达语

Tsuda, Y. Y. 楚达

Tuyuca 图尤卡语

two-way bilingual 双向双语的

U

United Nations English proceedings 联合国英语会议文集

United States Information Agency（USIA）美国新闻处

unity 统一性

universalisation 普遍化

urbanisation 城市化

urban vernacular 城市方言

V

validity 效度

van Leeuwen, T. T. 范莱文

variation 变异

variety 变体

Vavrus 瓦瑞斯

vernacular 本地语，白话，土语

vernacular languages 本地语言

Vienna-Oxford corpus 维也纳—牛津语料库

Vlaams 佛兰芒语

Voluntary Service Overseas（VSO）海外志愿服务社

voluntary minorities 志愿少数民族

vote-counting 投票式计算

W

Washington consensus 华盛顿共识

Whorfianism 沃尔夫理论（假说）

Widdowson, H. H. 威多森

Williams, C. H. C. H. 威廉姆斯

Wolof 沃洛夫语

Wood, A. A. 伍德

Wood's Despatch 伍德派遣令

World Bank 世界银行

World Englishes 世界英语

World Standard Print English (WSPE) 世界标准书面英语

Wright, S. S. 赖特

written form 书写形式

X

xenophobic purism 排外纯洁主义

Xitsonga 聪加语

Z

Zambia 赞比亚

译后记

当我一个人在异国他乡的芝加哥大学语言学系办公室里提笔写这本书的译后记的时候，周围的寂静令自己的内心格外明晰起来。这本译著缘起于"语言资源与语言规划丛书"主编之一方小兵老师的热情邀请。我和方老师有幸结识于 2015 年 6 月在北京外国语大学召开的"语言政策与规划研讨会暨中国语言学会语言政策与规划研究会成立大会"，后来因研究方向相同和研究兴趣相近，我们颇为投缘，在学术上相互支持，有很好的学术合作。方老师向我提出邀请后，于 2016 年 2 月 19 日晚给我发了一个拟翻译丛书的书单，并建议我选择新近引进版权的爱丁堡大学出版社出版的两本原著之一。我当时毫不犹豫地应允并选择此书的翻译，主要有两个原因：一是我的工作单位——教育部人文社会科学重点研究基地北京外国语大学中国外语与教育研究中心当时重点发展的三大方向之一就是语言政策，我看到该书书名便眼前一亮，因为它正与我一直在想的将语言政策研究与语言教育结合起来的想法不谋而合。我想以这本书为切入点，看能否在翻译的过程中擦出一些思想的火花，顺便做些相关的研究。二是2012 年我在博士后合作导师文秋芳教授的指引下，开始进入语言政策研究领域。刚进入这个领域时一头雾水，经过不断研读文献、收集语料和探索研究方法，2014 年博士后出站后才感觉自己真正入门。因此看到此书前两章关于语言规划学科概览和语言规划实践的主要概念后，我想正好通过此书，把语言政策的理论基础打扎实一些。有鉴于此，我决心将这本书翻译好。

理想和现实之间总是有差距的，如何将理想与现实之间的鸿沟打破，实现现实与理想之间的自洽，将昨日的理想变为今日的现实，是摆在我面前的一个特别现实的问题。在翻译此书的过程中，我面临的首要问题也是最主要的一个困难是时间保证。我所在的中心工作繁忙，每个研究员都身兼数职，除了日常教学科研工作外，还有很多事务性工作和突发事情需要处理，因此很难有整块时间集中精力翻译书稿。曾经一段时间，我最怕的事就是外语教学与研究出版社张立萍编辑的催稿，一见她的微信和电话，心里就发颤，有种说不出的负罪感。虽然自己也试图 making a way out of no way，但限于实际情况，翻译工作时断时续。幸好自己在芝加哥大学做博士后期间，能够集中精力进行统稿和校译，过程虽然艰辛，但总能对方老师和张编辑有个交代。此外，自己面临的另一个挑战是知识掌握得不够扎实，学术素养还十分欠缺。该书属于语言政策类专业书籍，语言政策本身又是交叉学科，涉及教育学、政治学、民族学、国际关系、社会学和历史学等不同学科背景，如第 3 章对美国双语教育立法历史的梳理，又如 sheltered English immersion、pluricentric languages、linguistic streamlining 等术语的翻译，再如 agency、national 在不同语境中的不同含义等，都极大增加了翻译的难度。此外，直译和意译的采用问题也一直困扰着我，有时只能秉承"忠实原文"的原则，根据语境，具体问题具体分析处理了。

在这本译著即将收尾之际，我要感谢的人实在太多。一直以来，我最想表达却最难以表达的是对我的导师文秋芳教授的感激之情，是文老师将我引入语言政策研究的广阔天地。文老师高尚的人格、勤勉的作风和慈母般的关爱深深地感染和感动了我，使我真正明白了学术，更明白了如何做事和做人。感谢本书的审订专家挪威卑尔根大学赵守辉教授，赵老师在语言政策与规划方面造诣很深，也是该领域的国际知名学者，赵老师在审订过程中，对本书辛勤付出，常常于深夜反馈审订和修改意见，其深厚的学术素养和广博的专业知识，令我颇为受益。感谢原书作者英国谢菲尔德大学弗格森博士，他有求必应，及时反馈相关咨询并提供资料。感谢上海外国语大学语言研究院朱晔副教授，朱老师在繁忙的工作之余，承担了本书第五、六章的初译工作。感谢方小兵老师和张立萍编辑，没有他们的鼓励、督促和耐心帮助，我是难以完成这部译著的翻译工作的。方老师为了保证丛书译名表体例、译名及顺序的统一，仔细帮我整理、润饰译名表的初稿和校译 5.2 小节，让我深受感动。张编辑仔细认真地编辑和校对了全书，特别是一些细节问题，与我数次沟通，十分敬业。感谢段庆春、唐倩雯、李艳红、吕梦婵、陶丹、王竹等，他们都对我的翻译给予了很多帮助，特别是段庆春老师，翻译功底扎实，实践经验丰富，通读全文并提出了很多宝贵的校译意见，令我受益匪浅。此外，李艳红博士也在百忙之中审阅了部分译稿，提出了很多建设性意见。

感谢我的父母和岳父母。多年来，父母一直在精神上和物质上全力支持我的学习和工作，特别是我的岳父母承担了照顾孩子和日常家务的重任，使我能够安于此项工作，没有后顾之忧。寸草之心，难报暖暖春晖。

　　感谢我的爱人赵卓伦，她平常的工作压力也很大，但为了让我安心学习和工作，她更多地承担了照顾家庭的责任，让我更专心地投入工作和研究。感谢我的孩子萧萧和肃肃，他们虽然年幼，但却聪明可爱，我愿意为他们，每一天都比昨天更努力。

　　最后，限于本人学识和出版时限，书中肯定有不少疏漏，漏译、误译和错译之处概由本人负责，敬请各位专家、读者批评指正！

张天伟

2017 年 11 月 17 日

于芝加哥 Dorchester 公寓